beck'sche reihe

bsr

Wann beginnt die deutsche Literatur, und mit welchem Werk? Was ist ein Volksbuch? Warum und für wen ist die jüdische Aufklärung wichtig? Haben Goethe und Schiller die Weimarer Klassik erfunden? Wie naturalistisch ist der Naturalismus? Hat Hermann Hesse den Nobelpreis verdient?
Kenntnisreich und unterhaltsam führt Oliver Jahraus seine Leser durch die deutsche Literatur vom Mittelalter bis in die unmittelbare Gegenwart. Das Buch gibt Antworten auf ungewöhnliche Fragen, stellt die wichtigsten literarischen Werke vor und sagt, was an ihnen neu und wichtig ist. Es ist zugleich ein kurzweiliger Grundkurs in deutscher Literatur.

Oliver Jahraus ist Professor für Neuere deutsche Literatur und Medien an der Ludwig-Maximilians-Universität München. Zahlreiche Veröffentlichungen zur Literaturtheorie und Literaturgeschichte.

Oliver Jahraus

Die 101 wichtigsten Fragen

Deutsche Literatur

Verlag C.H.Beck

Originalausgabe

Satz: Fotosatz Amann, Aichstetten
Druck und Bindung: Druckerei C.H.Beck, Nördlingen
Umschlaggestaltung: malsyteufel, willich
Printed in Germany
ISBN 978 3 406 64760 4

www.beck.de

Inhalt

Von den Anfängen

Vom Mittelalter zur Frühen Neuzeit

Sturm und Drang

Goethezeit: Klassik und Romantik

Nach dem Idealismus: Junges Deutschland und Frührealismus

Realismus

Jahrhundertwende: Naturalismus und neue Strömungen

Von den Anfängen

1. Wann beginnt die deutsche Literatur? Um genau zu sein, im März 1774, als Johann Wolfgang Goethe seinen ersten Roman mit noch nicht einmal 25 Jahren vollendet. Am 1. Februar hatte er mit der Niederschrift begonnen, am 8. März war er sich sicher, dass es gut werden würde. Goethes *Werther* – der genaue Titel trägt dieses heute überflüssige Genitiv-s: *Die Leiden des jungen Werthers* – ist der erste moderne deutsche Roman, wie der Germanist Gerhard Neumann feststellt. Mit ihm beginnt die moderne deutsche Literatur. Man kann heute kaum mehr ermessen, welche tiefgreifende literarische Revolution mit diesem Roman verbunden war. Er hat Goethe an die Spitze einer literarischen Bewegung katapultiert. *Werthers* Erfolg und *Werthers* Wirkung sind wesentliche Faktoren und Indikatoren einer tiefgreifenden Neuerung.

Am 29. Oktober 1772 erschoss sich der Jurist Karl Wilhelm Jerusalem, der zu den Bekannten Goethes zählte, am Tag darauf erlag er seiner Verletzung, also nur fast zwei Monate früher als dann Goethes fiktive Werther-Figur. Bei Jerusalem soll auch Lessings *Emilia Galotti* aufgeschlagen auf seinem Pult gefunden worden sein, ein Motiv, das Goethe übernimmt. Dass der *Werther* nun selbst eine Selbstmordserie ausgelöst hat, darf schon längst, zum Beispiel durch die Untersuchungen von Georg Jäger, als widerlegt gelten. Dennoch war der Werther ein Kultbuch, das vor allem eine junge Generation gelesen haben musste. Und dass wir noch heute diese Wirkung erahnen können, liegt daran, dass die Figur Werthers tatsächlich zu seinen Lesern spricht. Denn der *Werther* ist ein Briefroman. Fast das gesamte Buch besteht aus den Briefen Werthers, die er an seinen Freund Wilhelm schreibt.

Die Geschichte Werthers ist schnell erzählt. Zu Beginn des Romans hat sich Werther aus seinen bisherigen Verpflichtungen losgesagt und sich nach Wahlheim begeben. In dieser Umgebung gibt er sich ganz der Naturwahrnehmung hin, feiert sein subjektives Gefühl, hält sich von allen Büchern fern und ist auch sonst nicht mehr künstlerisch tätig. In dieser Situation lernt er auf einer Tanzveranstaltung Lotte kennen, die jedoch schon mit Albert verlobt ist. Werther verliebt sich in Lotte, er schwärmt und treibt einen ungeahnten Gefühlskult. Da diese Situation nicht auf Dauer zu stellen ist, muss Werther Wahlheim verlassen, er begibt sich in diplomatischen Dienst, kommt mit seinem Vorgesetzten wie überhaupt mit den gesellschaftlichen Regeln nicht mehr zurecht und kehrt zurück. Die Situation eskaliert. Er erschießt sich am 22. Dezember 1772 und stirbt am Tag danach. Weihnachten erlebt er nicht mehr, und kein Geistlicher, wie der berühmte letzte Satz des Romans lautet, hat ihn begleitet.

Neu im *Werther* ist die Absolutsetzung des eigenen Ichs, das die Natur nicht mehr als Gegenüber, sondern lediglich als Entfaltungs- und Reflexionsraum erfahren kann. Am 22. Mai schreibt Werther: «Ich kehre in mich selbst zurück, und finde eine Welt!» Jede Form der Naturaneignung, insbesondere durch Kunst, wird daher überflüssig, jede Form von gesellschaftlicher Vermittlung zwischen dem Ich und den anderen wird zum Störfaktor. Dieser Selbstfindungsprozess ist allerdings in erster Linie ein Selbsterfindungsprozess. Und Goethe liefert mit seiner eingängigen und spannenden Geschichte, die man so empathisch lesen kann, zugleich das Modell der Entstehung moderner Subjektivität. Das ist die epochale Revolution, die sich in diesem Briefroman abzeichnet: Hier wird ein neues Menschenbild entworfen, das auf einem neuen Verständnis von Subjektivität beruht.

Doch steckt in dieser Konzeption ein Problem: Derjenige, der sich als Subjekt begreift, ist zugleich derjenige, der als Subjekt begriffen wird. Ein Kurzschluss, und sehr schnell wird im Roman deutlich, dass es nicht ausreicht, sich selbst als Subjekt anzuerkennen, dass man einen anderen Menschen braucht, den man anerkennen kann, auf dass dieser einen selbst als Subjekt anerkennt. Bei Goethe hat diese Konzeption einen Namen: Liebe. In der Liebe erfährt Werther die Hoffnung auf diese Anerkennung – und muss enttäuscht werden. Der Selbstmord Werthers, das Scheitern seiner absoluten Subjektivität, erscheint daher fast als Bedingung dafür, literarisch ein solches Konzept ausprobieren zu können. Dass der Leser dennoch eine – durchaus objektive – Geschichte zu lesen bekommt, liegt an der genialen Erzählweise Goethes, dem es gelingt, die Unvermittelbarkeit absoluter Subjektivität eben doch noch zu vermitteln. Und genau damit schafft er ein Beispiel von Literatur, die gerade das Unvermittelbare vermitteln kann. Das ist so neu, dass es die Vorstellung von Literatur nachhaltig verändert. Insofern beginnt mit *Werther* wirklich eine neue deutsche Literatur.

2. Womit beginnt die deutsche Literatur? Als ab dem Jahr 1997 die Buchreihe zu dem jugendlichen Zauberer Harry Potter erscheint, kann man eigentümliche Beobachtungen machen, die so gar nicht zum kulturpessimistischen Bild einer illiteraten Jugend passen wollen. Die Reihe wird schnell zum größten Bucherfolg des endenden 20. und beginnenden 21. Jahrhunderts. Aber was hat dies mit dem Beginn der deutschen Literatur zu tun? Nun, es scheint so, als ob sich mit dem modernen Medienphänomen des Zauberns ein Bogen zurückschlagen ließe zu den allerersten Texten, die in deutscher Sprache überhaupt erhalten sind und aus denen so etwas wie die Literatur und ihr Wirkpotenzial, das sie bis heute ungebrochen besitzt, hervorgehen. Denn die deutsche Literatur beginnt – mit Zaubersprüchen.

Dass diese Zaubersprüche überhaupt auffindbar waren, liegt daran, dass sie aufgeschrieben wurden. Wie lange sie schon vor dem schriftlichen Beginn in Gebrauch waren, lässt sich nicht sagen. Man kann annehmen, dass sie vielleicht um 750 herum entstanden sind. Erhalten geblieben sind uns die beiden Merseburger Zaubersprüche, so genannt, weil sie in der Bibliothek des Domkapitels in Merseburg seit dem 11. Jahrhundert aufbewahrt und dort 1841 aufgefunden wurden.

Vermutlich im 10. Jahrhundert hat jemand begonnen, Zaubersprüche aufzuschreiben. Wir können nur spekulieren, warum er (und es ist hochwahrscheinlich, dass es ein Mann und zudem ein Mönch war) das getan hat. Die Zaubersprüche wurden ja zu einer Zeit schriftlich festgehalten, in der ihr Status als Zauberspruch schon fragwürdig geworden war. Die Zaubersprüche passen nicht mehr so recht zu einem christlichen Weltbild. Sie wechseln das Medium und das Weltbild. Sie wandern vom Mündlichen ins Schriftliche und sie treten in eine christliche Welt ein, in der der Zauber nicht mehr gilt. Sie verlieren das, was sie ausmacht, und gewinnen etwas Neues hinzu: Sie werden in einen Traditionszusammenhang eingeordnet, der sich noch heute durch unsere Literaturgeschichten zieht, kurz gesagt: sie werden zu den ersten Texten der deutschen Literatur. Und kann nicht auch Literatur – zauberhaft eigene Wirklichkeiten schaffen?

Vom Mittelalter zur Frühen Neuzeit

3. Wann gab es noch richtige Helden in der Literatur? Der Begriff des Helden ist in der heutigen Literatur, wenn überhaupt, nur noch in seiner negativen Variante zu haben: der Antiheld. Und so fragt man sich, ob es überhaupt je Helden gegeben hat. Tatsächlich gibt es in der frühesten Phase der deutschen Literatur so etwas wie eine Heldendichtung oder Heldenepik – Erzählungen also, die in ganz besonderer Weise von Helden und Heldentaten erzählen.

Die berühmtesten Heldensagen drehen sich um Dietrich von Bern, eine Zwittergestalt zwischen Sage und Geschichte. Gemeint ist damit Theoderich, der von ca. 471 bis 526 gelebt hat und seine Herrschaft über sein versprengtes Gotenreich in Verona errichtet hat, das in der Sage als Bern (nicht mit der Schweizer Hauptstadt zu verwechseln) bezeichnet wird. Erhalten geblieben ist uns aus diesem Sagenkreis unter anderem das *Hildebrandslied*, das ungefähr aus dem Beginn des 9. Jahrhunderts stammen dürfte. Was überliefert ist, besteht aus 68 Zeilen, die vermutlich um 830 auf den Deckblättern einer theologischen Schrift abgeschrieben wurden. Hildebrand ist der Waffenmeister von Dietrich von Bern, er hat einen Sohn, Hadubrand. Eines Tages stehen sich Hildebrand und Hadubrand mit ihren Heeren gegenüber, ohne dass sie sich wechselseitig erkennen. Es droht ein kriegerischer Konflikt zwischen zwei Heeren und zwischen Vater und Sohn. Hadubrand gibt sich zu erkennen, auch als Hildebrands Sohn, und rühmt den Vater, den er tot glaubt. Der Vater gibt sich daraufhin seinem Sohn zu erkennen, will ihn auch beschenken, doch der Sohn lehnt ab, weil er in Hildebrand nicht den Vater erkennt, sondern einen hinterlistigen Hunnen vermutet. Im vollen Bewusstsein, dass nun der Vater den Sohn oder der Sohn den Vater töten wird, kommt es zum Kampf. Das Ende ist nicht überliefert, aber aus anderen Quellen erfährt man, dass der Vater den Sohn erschlägt.

Warum musste es so weit kommen? Die Doppelperspektive zwischen Geschichte und Literatur deutet es schon an: Es geht in der Heldenepik um eine historische Zeit, so dass man sagen kann, dass erstmals in der Literatur historische Erfahrungen verarbeitet werden. Konkret geht es um die Völkerwanderung und damit um eine Zeit größtmöglicher politischer und sozialer Unsicherheit und Instabilitäten. Ehre ist ein Verhaltensmodell, beruhend auf einem Normenkatalog, das Stabilität im Instabilen garantieren kann. Doch auch die familialen Bande, zumal die in der direktesten genealogischen Linie vom Vater zum Sohn, stellen im Denken dieser Zeit einen nicht zu unterschätzenden Wert dar.

4. Kann man mit Literatur Frauen erobern? Nein, und diejenigen, die die Frauen besingen, wollen das auch gar nicht. Im Gegenteil: «Wenn ein Sänger dieses Ziel je erreichen würde, würde es keine Inspirierung mehr geben, der Traum wird vorbei sein, und es würde keinen Minnesang mehr geben", soll Rainer Maria Rilke gesagt haben. Diese Aussage hätte direkt auf Kafka gemünzt sein können. Sind Kafkas Briefe an seine langjährige Verlobte eine Form des späten Minnesangs? Immerhin hat er ihr immer wieder seine Liebe geschworen, aber er hat auch immer danach getrachtet, dass diese Liebe sich niemals in einer Ehe vollenden konnte. Als Erich Heller diese Briefe herausgab, überlegte er, seiner Einleitung folgenden Satz voranzustellen: «Die folgenden Gesänge sind das Werk eines unbekannten Minnesängers aus der ersten Hälfte des zwanzigsten Jahrhunderts.» Interessant an dieser Bemerkung ist zweierlei: Der Sänger selbst sorgt dafür, dass die Frau ihn nicht erhört, und zweitens, die Frau als Adressatin ist eine notwendige Voraussetzung, dass Literatur überhaupt entsteht. Und das gilt im besonderen Maße für den Minnesang: Frauen und die Liebe zwischen Mann und Frau – allerdings, darüber darf man sich nicht hinwegtäuschen, noch ganz in männlicher Perspektive – geben jenen Gegenstand ab, um den im 12. Jahrhundert erstmals eine deutschsprachige Lyrik entsteht und mit dieser Lyrik insbesondere der Minnesang.

Der Minnesang ab der Mitte des 12. Jahrhunderts zum Beispiel eines Friedrich von Hausen, Ulrich von Gutenberg, Heinrich von Morungen oder eines Reinmar von Hagenau ist vielmehr eine späte und zugespitzte Entwicklung. Die beiden Bestandteile des Wortes Minnesang beschreiben im Grunde genommen nicht allein eine Textgattung, sondern vielmehr einen Zusammenhang von Text, Gesang, Musik und Vortrag vor Publikum. Minne können wir nur in einem bestimmten Kontext mit Liebe übersetzen, aber man darf dabei nicht übersehen, dass das, was man heute unter dem Gefühl der Liebe versteht, nicht mit dem zur Deckung zu bringen ist, was sich im Minnesang ausdrückt. Gleichermaßen sind unsere heutigen Vorstellungen vom durchweg positiven Wert der Liebe, von ihrer individuellen Exklusivität, ja geradezu von ihrem subjektiven Totalitätsanspruch doch deutlich verschieden von der Liebeskonzeption des Minnesangs.

Die hohe Minne ist absolut einseitig und muss einseitig bleiben. Dahinter verbirgt sich die Idee, dass sich der Mann einer Frau verschreibt, dass er alles, was er tut, im Gedenken an sie und für sie tut, dass er gänzlich in ihren Dienst tritt. Das macht es notwendig, dass der Mann sich selbst prüft und sein Handeln danach befragt, ob er diesem Dienst auch gerecht werden kann. Hierfür liefert ein höfisches Männlichkeitsideal mit einem entsprechenden Tugendkanon die Grundlage. Auf der anderen Seite wird die Frau erhöht, sie wird ganz grundsätzlich als Ideal vorgestellt, in dessen Dienst der Mann vor allem sich selbst zu beweisen und an sich selbst zu bewähren hat. Körperliche Liebe und sinnliches Begehren fallen gänzlich aus dieser Konzeption heraus. Gleichzeitig aber ist die Frau auch kein Gegenüber, das in den Texten einen eigenen Ausdruck oder sogar eine eigene Stimme finden könnte. Erst später dann, beispielsweise durch zwei Autoren, die durch ihre Romane bekannt geworden sind und die auch Liebeslyrik verfasst haben, Hartmann von Aue und Wolfram von Eschenbach, wird diese Vorstellung kritisiert, auch weil man sieht, dass diese Form der Lyrik dazu tendiert, zum bloßen Formalismus zu werden.

5. Waren die Ritter der Tafelrunde Abenteurer? Ganz im Gegenteil. Im Grunde begann alles mit einer Geschichtsklitterung. Daraus erwuchs das große Modell einer Weltordnung, die jedem Einzelnen seinen Platz zuwies. Die englische Geschichte seit dem frühesten Mittelalter war ja nicht unbedingt grandios zu nennen, also hat man einen geradezu mythischen König – Arthur oder Artus – erfunden. Es gibt eine Reihe von älteren Quellen der Artus-Sage, doch selbst in der berühmten *Historia Regum Britanniae* aus dem Jahre 1136 spielt Artus eine entscheidende Rolle. Im 15. Jahrhundert (1485) dann erfährt der Artus-Stoff eine maßgebliche Bearbeitung durch Thomas Malory als *Le Morte Darthur*. Umso interessanter sind die Fragen, wie und warum der Artus-Stoff seinen Weg in die deutsche Literatur gefunden hat. Einer der wichtigsten Gründe war wohl, dass mit diesem Stoff und insbesondere seiner Idee einer Tafelrunde zum ersten Mal das Modell einer funktionsfähigen Weltordnung gegeben war. Es umfasste die Legitimierung von Herrschaft ebenso wie den erotischen Verhaltenskodex der Elite dieses Reiches, politische Vorstellungen ebenso wie ethische, es regelte das Verhältnis zwischen König und Gefolgsmann ebenso wie das zwischen Mann und Frau. Und vor allem war es in der Lage, mit Krisenfällen umzugehen. Ein letztes Problem konnte Artus wohl nicht lösen, nämlich das Grundproblem jeder Herrschaft: wie sie über den Tod des Herrschers hinaus auf Dauer zu stellen wäre?

Einer der wichtigsten Vermittler war der französische Kleriker und Hofdichter Chrétien de Troyes (ca. 1140–1190), der immerhin auch drei Versromane schrieb, die von deutschen Autoren eigenständig bearbeitet wurden: *Erec et Enide* (etwa 1170), der Hartmann von Aue als Grundlage seines Romans *Erec* (ca. 1185) diente, sodann *Yvain ou Le Chevalier au lion* (etwa 1177–1181), den ebenfalls Hartmann von Aue seinem *Iwein* (ca. 1202) zugrunde legte, und schließlich den unvollendete Roman *Perceval le Gallois ou Le Conte du Graal* (1182–1191), den Wolfram von Eschenbach für seinen *Parzival* (1200–1210) nutzte. Die deutschen Autoren haben das französische Original weder nur übersetzt noch haben sie abgeschrieben. Vielmehr haben sie die früheren französischen Texte eher konsultiert, dann aber völlig eigenständige Werke geschaffen. Dennoch folgen sie einem grundsätzlichen Erzählschema, das sich stabil durchzieht, nämlich die Bewährungsprobe des Mannes bzw. Ritters. Dafür hat sich der Begriff der aventiure eingeprägt – das hat aber nichts mit Abenteurern zu tun.

Die beiden Romane Hartmanns von Aue (gestorben vermutlich zwischen 1210 und 1220) sind fast gegenläufig angelegt: Während Erec seine Frau Enide so sehr liebt, dass er zunächst die Aufgabe der Bewährung vernachlässigt, vernachlässigt Iwein seine Ehe, weil er nur noch als Ritter in Bewährungsproben unterwegs ist. Es geht also darum, eine Balance zu halten: Ritterschaft und Liebe bzw. Ehe sind nicht einfach miteinander zu vereinbaren, sie beinhalten beide die Gefahr, den Mann zu vereinnahmen. Wenn der Ritter auszieht, um Aventiuren zu bestehen, bedeutet dies immer auch eine Läuterung seiner Persönlichkeit als Partner in einer Partnerschaft.

6. Wirken Liebestränke? Wer einen Liebestrank braucht, um die Liebe einer Frau oder eines Mannes zu erobern, der hat die Liebe schon von Anfang an verloren. Zwei haben es gewusst: Gottfried von Straßburg und Richard Wagner, als sie beide ihre Geschichte von

Tristan und Isolde erzählen, der eine bis 1210, vermutlich seinem Todesjahr, so dass sein Roman unvollendet blieb, und der andere, Richard Wagner, von 1856 bis 1860, der wiederum auf Gottfrieds von Straßburg Text zurückgreift.

Im Kern erzählen beide dieselbe Geschichte. Doch bei Gottfried von Straßburg gibt es einen großen ersten Teil, der von Tristans Herkunft und Ausbildung erzählt, bis er die Voraussetzungen hat, an König Markes Hof zu gehen und dort zum Ritter geschlagen zu werden. Marke schickt Tristan nach Irland, um gegen Morolt zu kämpfen. Tristan tötet Morolt, wird aber von seinem giftigen Speer verwundet. Morolts Schwester Isolde (die Mutter der Titelheldin) pflegt ihn gesund. – Im zweiten Teil fährt Tristan unter dem Pseudonym Tantris ein zweites Mal nach Irland, diesmal, um für seinen König um die Hand der jungen Isolde anzuhalten. Nach etlichen Abenteuern und während der Rückfahrt trinken Tristan und Isolde einen Liebestrank, der eigentlich für Isolde und Marke vorgesehen war. Beide entbrennen in hoffnungsloser Liebe zueinander. Die Affäre muss, aber kann nicht geheim bleiben. Marke verbannt beide, sie kehren zurück, versöhnen sich mit ihm, können aber von ihrer Liebe nicht lassen. Tristan wird endgültig verbannt.

Wagner lässt die Handlung seiner Oper auf dem Schiff beginnen, das Tristan und Isolde nach Cornwall zurückbringt. Weil Isolde dieser Situation nicht gewachsen ist, in der sie den einen Mann lieben, den anderen ehelichen muss, will sie mit Hilfe eines Todestrankes mit Tristan einen erweiterten Suizid begehen. Brangäne, die Vertraute, vertauscht den Trank mit einem Liebestrank. Beide sinken sich in Liebesleidenschaft in die Arme. Die Affäre lässt sich dann vor Marke nicht mehr geheim halten. Tristan begibt sich ins Exil und ist tödlich getroffen. Nur Isolde kann ihn retten. Er fiebert dem verlorenen Liebesglück nach und verflucht den Liebestrank. Ein Schiff kommt an, das Isolde bringt. Es ist zu spät, und Tristan stirbt in Isoldes Armen.

Man macht es sich wohl zu einfach, wenn man dem Liebestrank im mittelalterlichen Text eine magische Funktion zuschreibt, im Text des 19. Jahrhunderts in ihm lediglich ein psychologisches Symbol erblickt, das nur äußerlich verdeutlicht, was schon längst im Inneren der Figuren geschehen ist: der Fall in die Liebe (wie der Engländer so schön sagt). Vielleicht würde man dabei auch mit zweierlei Maß messen. Im 19. Jahrhundert eine Ehebruchsgeschichte zu erzählen war wohl en vogue. Anders stellt es sich bei Gottfried dar: Dass eine Liebe mehr als die Ehe gilt, dass Liebe als alle Normen sprengende Kraft dargestellt und gefeiert wird, ist neu.

7. Hat der Untergang Spielregeln? Der Untergang führt in die Katastrophe, in die Zerstörung der sozialen Ordnung, ins Regellose. Kann ein Untergang Regeln haben? Ja, und das beweist das *Nibelungenlied.* Es wird damit zu einem Dokument der Literatur, das aufzeigt, dass sich Literatur nicht nur mit der sozialen Verfasstheit der Welt, in der die Menschen leben, auseinandersetzt, sondern die Bedingungen sozialer Ordnung insofern austestet, indem sie die Ordnung einer Zerstörung unterwirft, die ihrerseits wiederum ästhetisch erfahren werden kann.

Im Jahr 2009 hat die UNESCO die drei wichtigsten Dokumente, auf denen das Nibelungenlied überliefert wurde, zum Weltdokumentenerbe erklärt. Damit hat ein sehr alter und sehr bekannter Text der deutschen Literatur auch eine geradezu politische Anerkennung gefunden, der das Gegenteil von dem erzählt, für das die UNO steht: für einen blutrünstigen Krieg ohne jede Gnade, ohne jede Regel. Und es vollziehen sich dieser Krieg und der von ihm hervorgerufene Untergang so folgerichtig, dass es wert ist, nach den Regeln dieses Untergangs zu fragen, wie dies auch der Mediävist Jan-Dirk Müller getan hat, der sein Buch über das Nibelungenlied «Regeln für den Untergang» nennt.

Der Autor des *Nibelungenlieds* ist unbekannt, vermutlich ein Passauer Kleriker; ein Originaltext, entstanden wahrscheinlich um 1204, ist nicht mehr vorhanden, wohl aber eine ganze Reihe von Abschriften. Die drei wichtigsten Handschriften – es gibt wohl über 35 – unterscheidet man danach, wie sie enden. Keine davon dokumentiert das Original. Zwei von ihnen enden mit dem Vers «daz ist der Nibelunge not», eine davon endet mit dem Vers «daz ist der Nibelunge liet». «Not» hat man gemeinhin mit Untergang übersetzt, «liet» mit Epos. Das *Nibelungenlied* ist also ein Epos des Untergangs. Und tatsächlich, kaum ein Text der Weltliteratur erzählt eine Geschichte, die in jeder Hinsicht so unausweichlich katastrophisch und so vehement destruktiv verläuft, kaum ein Text verwendet so viel Mühe, um den Weg zum Untergang seinem Leser derart anschaulich zu machen. Und der Untergang ist wahrhaft endzeitlich: Im Grunde genommen überlebt keine der beteiligten Figuren die Kämpfe, oder besser gesagt: die Gemetzel, die ausbrechen, weil man einer Frau den Mann raubt und diese Frau in einer Weise Rache übt, dass daraus immer neue Mordtaten resultieren.

Das *Nibelungenlied* ist zweigeteilt. In der ersten Hälfte wird erzählt, wie Siegfried in Worms Kriemhild erobert und wie er deswegen Gunther, dem König und zugleich Bruder Kriemhilds, hilft, Brünnhilde zu erobern. Auslöser der Katastrophe ist ein Streit der Frauen. Kriemhild will gegenüber Brünnhilde als gleichberechtigt behandelt werden, was diese – als Frau des Königs – verweigert. Da Kriemhild von Siegfrieds List weiß, kann sie Brünnhilde öffentlich demütigen. Hagen, der Gefolgsmann Gunthers und der treue Handlager Brünnhildes, rächt diese Demütigung. Er tötet Siegfried auf der Jagd, weil er seine verwundbare Stelle kennt. Die Leiche legt er vor Kriemhilds Tür.

Im zweiten Teil wird aus der lieblichen Prinzessin die absolute und konsequente Rächerin. Als der Hunnenkönig Etzel um sie werben lässt, ahnt sie ihre Chance. Kriemhild heiratet also Etzel und setzt ihren Plan um. Die Burgunder, auch Nibelungen genannt, werden eingeladen, damit Kriemhild nach langer Zeit ihre Verwandten wiedersieht. Nur Hagen ahnt die List. Am Hunnenhof kommt es zum Gemetzel, in dem Burgunder und Hunnen gleichermaßen sterben. Die Mordmaschinerie ist durch nichts aufzuhalten. Das schlimmstmögliche Ende ist eingetreten.

Das Nibelungenlied ist historisch und literarisch. Einerseits werden im Nibelungenlied historische Erfahrungen aus der Zeit ein halbes Jahrtausend zuvor verarbeitet, andererseits ermöglicht dieser Text einen erzählerischen Spielraum, der neu und regelrecht skandalös ist. Dieser Text ist keine Heldendichtung, der es darum geht, eine bestehende politische und moralische Ordnung zu bestätigen, sondern im Gegenteil darum vorzuführen, wie eine solche mit Stumpf und Stiel zerstört werden kann. Und das macht das Nibelungenlied heute noch so interessant: im Medium von Literatur Möglichkeiten auszuloten und Konsequenzen radikal auszubuchstabieren, die am extremen Rand menschlicher, politischer oder moralischer Möglichkeiten liegen.

8. Wer, wie, wo, was und wann ist der Gral? «Das Mittelalter kennt drei sprichwörtlich gewordene Dingsymbole», schreibt Volker Mertens in seinem wunderbaren Gralsbuch: «den Nibelungenhort, den Liebestrank, den Gral. Ersterer steht für politische Macht, der

Trank für die Liebe und – der Gral?» Im Jahr 2003 landete der amerikanische Beststeller-Autor Dan Brown mit seinem Roman *The Da Vinci Code*, übersetzt ins Deutsche unter dem Titel *Sakrileg* 2004, einen Welterfolg. Er hat damit nicht nur gezeigt, wie langlebig und wie produktiv der Gralsmythos als Stofflieferant für Literatur und Film ist, er hat darüber hinaus auch noch eine neue Variante der Gralskonzeption, eine neue Deutung des Gralssymbols vorgelegt. Die Pointe seiner Geschichte besteht darin, den Gral nicht als Gefäß oder Ding zu betrachten, sondern als Symbol für eine Frau, Maria Magdalena, mit der Jesus Christus verheiratet gewesen sei und mit der er eine gemeinsame Tochter gehabt habe.

Man kann aus dieser Pointe etwas über das Funktionieren von Symbolen und über ihre Bedeutung als Stoffe für Literatur lernen. Der Gral erscheint dabei immer in einer doppelten Weise: Zum einen unterstellt man ihm einen Dingcharakter und kann daher fragen: Was ist der Gral und wo befindet er sich? Zum anderen aber ist das Ding, wie immer es ausschauen mag, nur der Träger seiner Bedeutung. Der Gral ist etwas, das dem Leben der Menschen Bedeutung verleiht, und da die Bedeutung abstrakt ist, suchen sie nach dem Ding, an dem die Bedeutung festgemacht wird. Damit ist, kurz gesagt, eines der wichtigsten und wirkmächtigsten Bauprinzipien von Geschichten benannt. Man spricht hierbei von einer Queste, einer Suche und Suchbewegung, die den Weg eines Helden ausmacht und strukturiert. Und das mag ein wesentlicher Grund sein, warum Gralsgeschichten auch heute noch in der Lage sind, Menschen anzuziehen.

Für die deutsche Literatur ist die Verbindung von Gralsgeschichte und Figur des Parzival entscheidend, und der Gründungstext ist der mittelhochdeutsche Versroman von Wolfram von Eschenbach (der ab 1160 und vermutlich bis 1220 gelebt haben dürfte) mit dem Titel *Parzival*, der vermutlich im ersten Jahrzehnt des 13. Jahrhunderts entstanden ist. Aber auch dieser Text hat wiederum einen Vorläufer in einem französischen Text, nämlich dem Roman *Perceval le Gallois ou Le Conte du Graal* von Chrétien de Troyes, der zwei Jahrzehnte früher entstanden sein muss. Wolframs Roman erzählt die Geschichte Parzivals als Geschichte einer männlichen Sozialisation. Parzival muss Erfahrungen sammeln und aus Fehlern lernen, muss Empathie entwickeln und sich in eine größere Ordnung einfügen können. Parzival ist der sich entwickelnde Held.

Hier wird aber schon deutlich, was Brown vielleicht übersehen hat. Entscheidend ist die Tatsache, dass der Gral in einem Ritual erscheint. Der Gral ist nicht so sehr Ding als Ritual, und deswegen schlägt uns Volker Mertes die Frage vor: «Wie ist der Gral?» Daher ist Browns Roman nicht so modern, wie man zunächst denken mag, weil er uns nur eine Variante der dinghaften Identifizierung des Grals liefert. Es gibt gute Gründe, Wolframs Text für moderner zu halten. Denn der Gral ist ein Prozess, ein Prozess der Suche. Parzival wäre demnach ein Teil des Grals. Und wir alle wären auf die eine oder andere Art und Weise Gralssucher. Und das macht den Stoff so aktuell. Zu den Bearbeitungen des Parzivalstoffs im engeren Sinne gehören in jedem Fall Wagners Oper *Parsifal* (uraufgeführt 1882) und Adolph Muschgs Roman *Der rote Ritter. Eine Geschichte von Parzivâl* aus dem Jahre 1993.

9. Wie menschlich sind Tiere in der Tierepik? Mit dem Begriff der Tierepik bezeichnet man eine nicht nur, aber vor allem im Mittelalter stark ausgeprägte Traditionslinie, Probleme der menschlichen Gesellschaft abzuhandeln, indem man Tiere als Akteure auftreten lässt, die Menschen oder besser: Typen menschlichen Verhaltens und menschlicher Einstellungen verkörpern. Ein herausragendes Beispiel bilden die vielfältigen Bearbeitungen jenes Stoffes, der auch heute noch unter dem Namen *Reineke Fuchs* bekannt ist. Der Fuchs galt seit jeher als besonders schlau und listig. Schlauheit ist eine bestimmte Kompetenz, die – wie man heute sagen würde – zwischen Intelligenz und sozialer Kompetenz changiert.

Im 12. Jahrhundert formiert sich aus diesen Geschichten ein erstes Tierepos, das selbst wiederum auf antike Vorformen und insbesondere die äsopischen Fabeln zurückgeht, in denen auch schon der Fuchs schlau agiert. Ein Autor mit Namen Heinrich aus dem Elsass verfasst das erste deutsche Tierepos *Reinhart Fuchs* ungefähr zwischen 1177 und 1197. Diesem geht bereits eine mittellateinische Fassung wohl aus dem Jahr 1148 oder etwas später mit dem Titel *Ysengrimus* voraus, die – was aber ungeklärt ist – von einem gewissen Magister Nivardus stammen sollte. Später wechselt der Fokus vom Opfer, dem Wolf Isegrim, zum Täter, zum Fuchs, Reynke, Reinke, Reinecke, Reinhart, Reinaert oder Renart mit Namen. Vor allem der in mittelniederdeutscher Sprache verfasste und 1498 in Lübeck gedruckte *Reynke de vos* wurde zum Volksbuch und zum Bestseller, der noch weit ins 16. Jahrhundert hinein seine Wirkung entfaltete. Eine wichtige Brückenfunktion in der Tradierung des Stoffes hatte sicherlich auch Goethes Bearbeitung dieses Stoffes aus dem Jahre 1793.

Reineke macht sich verschiedenster Vergehen schuldig und stört damit die soziale Ordnung des Tierreichs gewaltig. Er wird vor Gericht zitiert, muss sich verantworten. Genau dies ist Teil seiner List: aus Situationen heraus, in denen er in die Defensive gedrängt wird, sofort in die Offensive zu gehen. Dem Todesurteil entkommt er mit List, doch er zieht keine Lehre daraus. Im Gegenteil: Er begeht noch dreistere Schandtaten, zum Beispiel diejenige, die Frau Isegrims zu vergewaltigen. Als es zum Zweikampf mit Isegrim kommt, geradezu ein Todesurteil für den Fuchs, der Isegrim körperlich deutlich unterlegen ist, kann Reineke Isegrim abermals überlisten und somit zum Rat des Königs aufsteigen, was schon in seinem sprechenden Namen angelegt ist, geht doch das Reinke oder Reineke auf das Wort für Rat zurück.

Die Tiere sind nicht nur eine Sammlung menschlicher Eigenschaften in Tiergestalt, sondern sie stellen auch eine Gesellschaft und dort, wo es um den König der Tiere geht, insbesondere auch eine Hofgesellschaft dar. Das ist ein Sozialgefüge, unter dessen Oberfläche List und Betrug, Intrige und Lüge regieren. Insofern ist dieser Text auch als Hofsatire zu lesen, aber soziologisch steckt noch wesentlich mehr darin, denn es geht um ein Grundproblem jeder Gesellschaft. Der Fuchs kann seine besondere Stellung deswegen so gut behaupten, weil er es am besten versteht, sich dieser Mittel zu bedienen. Damit wird aber auch die Frage aufgeworfen, wie denn Gesellschaften funktionieren können, wenn sie darauf angewiesen sind, einen Ausgleich zwischen individuellen und sozialen Anforderungen zu finden. Mit diesem Tierepos haben wir es – so könnte man sagen – mit einer Soziologie *avant la lettre* zu tun. Ihre Grundsatzfrage lautet also zugespitzt: Wie kann man das Asoziale sozialisieren?

10. Was hat das Liebesabenteuer eines Mädchens mit dem Selbstbewusstsein eines Autors zu tun? Man weiß relativ wenig über ihn, und doch ist er zur Ikone geworden, nicht zuletzt zu einer Ikone für lyrische Dichtung. Die Rede ist von Walther von der Vogelweide (der zwischen 1170 und 1230 gelebt haben dürfte). Er hat sich selbst und er wurde auch als Cantor bezeichnet – das ist durchaus bemerkenswert. Seine Gedichte kennt man nur durch spätere Aufzeichnungen, insbesondere aus der *Großen Heidelberger Liederhandschrift*, die selbst wohl erst um 1300 entstanden ist. Er war eine Ausnahmeerscheinung und war es eben auch nicht. Er war Teil eines literarischen Feldes und ragte doch daraus hervor. Das lässt sich bis in die wenigen biographischen Details, die man von ihm kennt, hinein verfolgen. Ein Datum sticht heraus: Am 12. November 1203 erhält Walther von der Vogelweide fünf Schilling oder Goldtaler, um sich einen Pelzmantel zulegen zu können. Das ist einerseits ein stattlicher Lohn für seine Tätigkeit als Autor und Sänger, denn genau in diesem Kontext wird er als Cantor bezeichnet, andererseits aber doch ein Beleg für seine Abhängigkeit. Einerseits handelt es sich um die ihm zustehende Belohnung für seine künstlerische Tätigkeit, wie man seinen Texten entnehmen kann, und somit um eine Bestätigung für sein Selbstbewusstsein und sein Selbstbild, andererseits aber doch um so etwas wie Almosen, denn das Geld bekommt er genau nach dem Sankt Martinstag als ein Beispiel seiner ‹Kleiderspende›.

Ob es auch dieses wirtschaftliche Denken war, das Walther von der Vogelweide dazu brachte, andere Konzepte der Minne zu entwickeln? Wenn man den Gesamtkontext berücksichtigt und bedenkt, wie sehr Inhalt und Aufführungssituation ineinander übergehen, so wäre diese Idee nicht allzu abwegig, denn auch in der Minne geht es um den Lohn. In der hohen Minne bestand der Lohn – in einer radikalisierten selbstbezüglichen Rückwendung – im Dienen selbst. Walther von der Vogelweide ist bei weitem nicht der Einzige, der von diesem Modell abweicht und ein Modell der niederen Minne oder manchmal auch Mädchenminne genannten Form favorisiert, wo der Lohn eben doch darin besteht, mit der umworbenen Frau sinnliches Glück zu genießen. Heute erscheint uns der mehr oder weniger offene Ausdruck des Zusammenhangs von Liebe und Sex eine sehr moderne Angelegenheit zu sein, und doch finden wir bei Walther von der Vogelweide ein berühmtes Gedicht, das diesen Sachverhalt auf bewundernswerte Weise zum Ausdruck bringt: *Under der linden*. Dass das lyrische Ich ein einfaches Mädchen aus der Landbevölkerung ist, ist allein schon bemerkenswert. Aber was sie uns beichtet oder vielmehr lustvoll singend berichtet, hat es in sich, denn es ist nichts weniger als ein sexuelles Liebesabenteuer unter freiem Himmel. Unter der Linde hat sie mit einem jungen Mann, einem Freund, über den wir wenig erfahren, Liebe gemacht. Die Spuren kann man noch erkennen, weil auf der Wiese Gras und Blumen niedergedrückt sind, wo die Liebenden lagen und wo der Geliebte dem Mädchen ein

Liebeslager bereitet hat, das explizit als Bett bezeichnet wird. Dass das Mädchen ihr Lied mit einem Ausruf «hêre frouwe» (wörtlich: hehre Frau) unterbricht, den man mit «heilige Jungfrau» übersetzen könnte, setzt dem Ganzen die Krone auf. Um es offen zu sagen: Als sie an jenen Moment denkt, in dem sie ihre Jungfernschaft verloren hat, ruft sie eine andere Jungfrau an, und zwar aus tiefem Lustempfinden: «sælig», also selig oder glücklich nennt sie sich selbst. Diese Liebe darf nicht bekannt werden – aus moralischen oder aber aus Standesgründen. Das Liebesabenteuer wird so verschwiegen und doch gleichzeitig offenbart. Und gerade diese Konstruktion verrät ein souveränes Spiel mit den literarischen Möglichkeiten. In dieser Weise bestehende Modelle zu überschreiten, mit Formen und Inhalten zu spielen ist Ausdruck eines neuen Selbstbewusstseins, das zugleich literarische Struktur geworden ist.

11. Wie muss man leben, um sich zu Literatur zu machen? Er muss ein faszinierender Mann gewesen sein. Ein Portrait, das in der Innsbrucker Liederhandschrift seiner Texte überliefert ist, zeigt ihn mit seinem kantigen Schädel, ein Auge geradezu schalkhaft zugekniffen. Untersuchungen an seinem Skelett haben allerdings ergeben, dass aufgrund einer Missbildung die eine Augenhöhle wohl kleiner war als die andere, was übrigens auch zum Erblinden führen kann.

Oswald von Wolkenstein war ein Mann, der Gewalt ausgeübt und der Gewalt erfahren hat, und das nicht wenig, wenn es galt, zum Beispiel bestimmten Forderungen in einem Rechtsstreit auch mit körperlichem Einsatz, ja sogar mit Folter Nachdruck zu verleihen. Eine andere Stelle seines Skeletts gibt darüber Auskunft. Zudem war er als Diplomat und Politiker in ganz Europa unterwegs. Und schließlich liebte er auch das Leben in seiner ganzen Fülle. So war er ein herausragender Esser und Zecher und er liebte die Frauen und den Sex.

Und schließlich könnte man sagen, dass Oswald von Wolkenstein auch noch Dichter und Komponist war, dass er 131 Lieder hinterlassen hat, zu denen er partiell auch die Melodien komponierte und die sich durch eine kraftvolle Sprache und einen nicht gekannten Bilderreichtum und eine geradezu plastische Anschaulichkeit auch derber Situationen auszeichneten. Man kann sehen, wie sehr sich Oswald von Wolkenstein doch von der spätmittelalterlichen Lyrik, insbesondere dem Minnesang, absetzt und dabei vor allem die sehr starren Formen aufbricht. Seine Texte sind stark autobiographisch. Immer wieder greift er auf sein Leben, seine Geschichte, seine Erlebnisse zurück, um sie in Literatur und in Lieder zu verwandeln. Oswald von Wolkenstein spricht von sich, wenn er dichtet. Und insofern ist die Formel *Ich Wolkenstein*, die Dieter Kühn als Titel seiner wunderbaren Rekonstruktion einer Biographie Oswald von Wolkensteins verwendet hat, geradezu Programm. So verfasst er im Jahr 1416 eine Lebensballade, in der er sein Leben Revue passieren lässt: «Erzählen, was ich alles litt, das führte wohl zu weit», heißt es im Text. Ganz deutlich wird, wie er das Minnemodell überhaupt nicht akzeptieren will und darauf sinnt, die Frau auch erotisch zu erobern. Dieses Gedicht ist eine Lebensbilanz voller Vitalität und Emotionalität. Aber es ist gleichzeitig kein normgerechter, sondern ein eigener und eigenwilliger Lebensverlauf. Und das ist das eigentlich Neue am Werk Oswald von Wolkensteins. Zum ersten Mal werden Leben und Werk tatsächlich in ein enges, wechselseitiges Bedingungsverhältnis gestellt. Nur ein solches Leben kann in Literatur ausgedrückt werden, und Literatur ist dazu da, ein solches Leben auszudrücken.

12. Welche Geheimnisse hat Meister Eckhart? Mit der Zeit haben sich eigentümliche Vorstellungen über das Wesen der Mystik ausgebildet, wie man sie beispielhaft an dem landläufigen Ruf des Meisters Eckhart nachverfolgen kann. Rückt man sie in die Nähe von Alchimie und Esoterik, sitzt man einem grundlegenden Missverständnis auf. Der Begriff der Mystik kommt aus dem Altgriechischen und geht auf den Begriff für Geheimnis zurück, wie er heute noch im Begriff des Mysteriums vorhanden ist. Mystik meint jedoch lediglich eine Auseinandersetzung mit dem Geheimnisvollen, die deswegen noch lange nicht selbst geheimnisvoll sein muss. Blickt man auf Meister Eckhart, so kann man an seinen Gedanken erkennen, dass er sich gerade um das Verhältnis von Vernunft und Geheimnis gekümmert hat. Und das geradezu beruflich. Er wurde ca. 1260 in der Nähe von Gotha geboren und starb vermutlich am 28. Januar 1328. Dieses Leben, das sich durchaus den Geheimnissen gewidmet hat, hat wenig Geheimnisvolles an sich. Selbst sein Name – offiziell hieß er Eckhart von Hochheim – lässt sich leicht erklären. Dieses «Meister» ist schlicht und einfach ein akademischer Grad: der Magister. Denn Meister Eckhart war ein Wissenschaftler, wenn auch im mittelalterlichen Verständnis. Sein Weg in diese Wissenschaft führte ihn über die Kirche und insbesondere über eine theologische Ausbildung, die er bei den

Dominikanern erhielt. Auf dieser Grundlage startete er eine wissenschaftliche Karriere, die ihn an eine ganze Reihe namhafter europäischer Universitäten des Mittelalters führte. Seinen Magister erwarb er 1302 in Paris, danach war er in Sachsen, Böhmen, Straßburg und Köln tätig.

Eckhart ist also kein Mystiker im landläufigen Sinn, aber ob man ihn trotz seiner Ausbildung einen Philosophen nennen sollte, ist fraglich. Denn Eckhart ging es nicht um eine akademische Philosophie. Von den Texten, die von ihm in lateinischer und überwiegend in deutscher Sprache überliefert sind, sind wiederum die meisten Predigten – nicht im Sinne einer abstrakten Gattung, sondern aus einem konkreten liturgischen Kontext stammend. Das größte Geheimnis für Eckhart ist in seiner Zeit und in seinem ideologischen Kontext natürlich Gott. Und daraus leitet sich die Frage ab, an der sich Eckhart, aber ebenso, wenn auch mit anderer Schwerpunktsetzung, die gesamte mittelalterliche Scholastik abarbeitet, wie denn Gott erkannt oder gedacht oder begriffen werden kann, wenn doch das Erkennen, das Denken, das Begreifen gerade vor Gott haltmachen muss.

13. Kann man den Tod vor Gericht stellen? Der Gerichtsprozess ist deswegen als dramaturgische Struktur so beliebt, weil er es ermöglicht, Konflikte zu ‹verhandeln› und ihrer Darstellung eine stringente Form zu geben. Ein solches Beispiel finden wir schon in dem spätmittelalterlichen Text *Der Ackermann aus Böhmen*. Er stammt von Johannes von Tepl (1350–1414) ungefähr aus dem Jahr 1400. Dieser Johannes war gebildet und hatte einen Beruf, der wohl zwischen dem eines Verwaltungsbeamten, Notars und Stadtschreibers lag. Ob seine Erzählung einen autobiographischen Anlass hat oder ob es nur ein Produkt einer narrativen oder stilistischen Übung war, wissen wir nicht. Immerhin wirft der Ackermann dem Teufel im dritten Kapitel vor, er hätte ihm den zwölften Buchstaben und damit seine ganze Lebensfreude geraubt. Nach mittelalterlicher Zählung wäre dies das M, das als abkürzendes Initial für den Namen Margaretha stehen könnte – und so hieß die verstorbene Frau von Johannes.

Der Text selbst ist in 34 Kapitel gegliedert. Abwechselnd enthalten die Kapitel entweder die Klage des Ackermanns oder die Reaktion des Todes. Dass der Tod in dieser Zeit personifiziert auftreten konnte, ist nicht neu. Neu hingegen ist die inhaltliche und rhetorische Stoßkraft dieser vehementen Anklage an den Tod, die in der Literatur ihresgleichen sucht und vielleicht nur mit dem Todeshass eines Elias Canetti verglichen werden kann. Anlass dieser furiosen Anklage ist der Tod der geliebten Frau. Die einzelnen Kapitel und somit die Redeteile der beiden Prozessgegner und Streitparteien sind insofern von einer geradezu drastischen Vehemenz gekennzeichnet, auch wenn sie den rhetorischen Regeln dieser Zeit folgen.

Es gibt in der Tat eine Dimension des Textes, die es erlaubt, ihn sehr modern und geradezu psychologistisch zu lesen, nämlich wenn man fragt, wie dieses Streitgespräch mit dem Teufel zugleich so etwas wie eine Selbsttherapie darstellt, die dem Ackermann hilft, die immense Verlusterfahrung zu verarbeiten. In der Tat kann man feststellen, dass er im Laufe des Streits zu veränderten Einstellungen gelangt. Damit ließe sich auch eine nicht weniger moderne, existenzialistische Lesart entdecken, in der es darum geht, diesen Streit als Selbstbehauptung des Individuums gerade gegenüber einer Macht zu lesen, die den Menschen radikal in Frage stellt. Tatsächlich aber nutzt der Text den Streit, um grundsätzliche anthropologische Fragen aufzuwerfen und zur Erhellung einer *conditio humana* beizutragen. Fragen wie: Was ist der Mensch, welche Bedeutung haben die Liebe und das Leid, welche Bedeutung hat die Frau für den Mann (aus dieser noch ganz männlich dominierten Sicht), welche Bedeutung hat die Ehe? Er leistet damit so etwas wie eine frühe Selbstverständigung des Menschen über sich selbst: eine Anthropologie *avant la lettre*. Genau dies verortet den Text in einer markanten Zwischenstellung zwischen Mittelalter und Neuzeit: Die Reflexion über das eigene Schicksal dient letztlich dazu, auch schon darüber hinausblicken zu können. Am Ende des Streitgesprächs wird Gott angerufen, der ein Urteil zu sprechen hat. Gott kann nicht anders entscheiden. Die Klage bleibt ergebnislos, dem Tod wird das Recht bzw. der Sieg in diesem Streit zugesprochen. Und dennoch ist dieses Urteil eines, mit dem der Mensch im wahrsten Sinne des Wortes gut leben kann. Denn dieses Urteil enthält die Anerkenntnis dieser *conditio humana*. Der Mensch ist ein Mensch, weil er liebt und weil er leidet.

14. Ist die Welt närrisch? Der Begriff des Narren ist vielfältig. Noch heute wird er gebraucht in der Bedeutung von dummer oder unkluger Mensch. Narren gibt es auch im Fasching bzw. in der Fastnacht. Aus dieser Tradition entwickelte sich im 15. Jahrhundert das

Fastnachtsspiel, das bestimmte Formen des Treibens ritualisierte und in die Form eines kleinen, improvisierten Theaterstücks brachte. Das Fastnachtsstück brachte dabei die Fastnachtsverkleidung und das Maskenspiel des Theaters zusammen. Der Narr ist dabei jemand, der aus dem sozialen Gefüge heraustritt, sich von sozialen Zwängen befreit, ungewöhnlich und unverständlich, auch unvernünftig handelt, Normen außer Kraft setzt, sich enthemmt und einer puren oder auch derben Lebenslust nachgeht. Das späte Mittelalter im Übergang zur Frühen Neuzeit war so stark von der Narrheit eingenommen, dass man eine umfangreiche Literaturgeschichte der Narrheit schreiben könnte.

Sebastian Brant (1457–1521) jedenfalls war kein Narr. Im Gegenteil, er war ein sehr gebildeter Mann, promoviert in den beiden Rechten, dem kirchlichen und dem zivilen Recht. Er lehrte Jura, war sogar Dekan und in der Zeit vor der Jahrhundertwende einer der aktivsten Publizisten und zudem sogar noch Herausgeber, unter anderem der Werke von Augustinus. 1494 publizierte er zusammen mit Bergmann von Olpe sein *Narrenschiff*. Es enthält eine Vorrede und ein Schlusswort und dazwischen 113 Kapitel, die verschiedene Formen des Narrentums und der Narrheit vorführen, angesiedelt in einem phantastischen Narrenreich, Narragonien, wobei jedes Kapitel mit einem Holzschnitt illustriert wird. Die Beispiele, die dabei vorgeführt werden, betreffen menschliches Verhalten, das dumm, unintelligent, töricht und nicht zuletzt unchristlich ist. Man könnte also sagen, hier liegt ein großes Panoptikum abweichenden Verhaltens vor. Was hier als nicht normgerechtes Verhalten regelrecht vorgeführt und damit der Kritik preisgegeben wird, wird nicht als Ausnahme von der Regel, sondern gerade umgekehrt als Regel vorgestellt. So närrisch ist die Welt. Vielleicht ist dies auch einer der Gründe, warum das Buch so erfolgreich wurde und es heute noch zu den Longsellern gehört. Allein bis ins 17. Jahrhundert hinein gab es an die 70 Auflagen bzw. Drucke.

Dabei verknüpft das Buch drei wesentliche Metaphernfelder. Zum einen wird der Typus des Narren selbst zu einer Generalmetapher für den Menschen ausgebaut. Der Mensch ist ein Narr, und das *Narrenschiff* hält dem Menschen den Spiegel so vor, dass er sich selbst als Narr erkennen kann, er aber gleichzeitig die Möglichkeit bekommt, konkrete Formen seiner Narrheit zu durchschauen. Das zweite Metaphernfeld ist das Schiff. Das Schiff steht für die menschliche Gemeinschaft oder für die Gesellschaft als Ganzes. Ein Schiff macht darauf aufmerksam, dass die Gesellschaft als Ganzes Menschenwerk ist, ein Gebilde, ein Artefakt ähnlich einem Bauwerk, das bisweilen auch als Metapher für soziale Gemeinschaft fungiert. Im Hintergrund ist auch noch die dritte Metapher vom Leben als Seereise auszumachen. Auf dem Titelbild kann man auf dem oberen Teil einen Narrenzug erkennen, der sich auf ein Schiff begibt, das man im unteren Teil sieht. Dieses Schiff ist unterwegs *ad narragoniam*, also ins Narrenreich. Damit bekommt diese Metapher eine doppelte Perspektive. Im Kapitel 109 wird derjenige als Narr ausgegeben, der sich im Unglück nicht zu helfen und sich nicht zu bewähren weiß. Bildlich dargestellt wird dies durch einen Holzschnitt, der einen Narren in einem zerbrochenen und dem Untergang geweihten Boot zeigt. Brant ist derjenige – und damit kommt eine zusätzliche Metapher ins Spiel –, der mit diesem Buch den Menschen einen Spiegel vorhält, in dem sie sich als Narren erkennen können. Das Buch verbindet dabei Humor und Didaxe, Zeitdiagnostik und Satire, Kritik und Unterhaltung und ist weniger zynisch als dies etwa die vergleichbare Geschichte von *Till Eulenspiegel* ist. Närrisch sein heißt daher in allererster Linie anfällig sein für die Korrumpierungen, die das Leben mit sich bringt. Dazu gehören Falschheit, Fehleinschätzungen, Kurzsichtigkeit, Dummheit, Ignoranz, Arroganz, Triebhaftigkeit und Sündhaftigkeit in jeder Hinsicht.

15. Welche Überlebenschancen hat ein Narr? Mit *Till Eulenspiegel* tritt abermals ein Narr auf, der ganz in dieses eben beschriebene Themenfeld gehört (siehe Frage 14) und der doch darüber hinausragt. Er ist ein Bruder von Faust: Wie bei ihm mag seine Geschichte auf eine reale Person zurückgehen, die allerdings wohl schon um 1350 gestorben sein muss, wenn sie überhaupt je existiert hat. Wie beim Faust hat sich auch seine Geschichte zu einem Volksbuch entwickelt (siehe Frage 19). Und wie der Faust hat auch der Eulenspiegel seinen ursprünglichen zeitlichen Kontext lange, ja bis heute überlebt.

Ein kurzweilig lesen von Dil Ulenspiegel kann heute als früheste Fassung gelten. Die älteste ist es nicht. Der Verfasser ist unbekannt, es ist nur ein Kürzel «N.» angegeben, doch ob es sich dabei um den Autor, Bearbeiter oder Drucker handelt, ist unklar. Als Drucker der Fassung von 1515 nennt sich Johannes Grieninger. Die Annahme, dass es sich bei dem Autor um Hermann Bote handelt, ist wenig begründet. Diese Geschichte ist 1515 gedruckt worden. Angegeben wird, dass sie schon 1500 aufgeschrieben wurde, in einer anderen Fassung (einem anderen Druck) wird sogar 1483 als Entstehungsjahr genannt. Es mag wohl auch schon frühere Drucke um 1508 gegeben haben. Nimmt man alle möglichen Fassungen zusammen, so lassen sich bis heute etwa knapp 400 Bearbeitungen dieses Stoffes ausmachen. Der heute noch gebräuchliche Name Till Eulenspiegel ist erst ab dem 16. Jahrhundert in Gebrauch.

Dieser Eulenspiegel oder Ulenspiegel ist ein Narr, an dem wie im *Narrenschiff* die Korrumpierbarkeit menschlichen Lebens illustriert wird; er ist keine abstrakte Position wie die verkörperte Torheit bei Erasmus, sondern ein aktiv handelnder Held. Seine Geschichte soll die Zeit verkürzen, aber darf den Gottesdienst nicht stören, wie es mit einem Augenzwinkern in der Vorrede heißt. Narrheit ist ein narratives Prinzip und mehr noch ein radikales und bisweilen auch aggressives ideologisches Programm oder – wie man es mit einem sehr neuartigen Begriff auch sagen könnte – ein Programm der Ideologiekritik. Er ist ein Narr, aber weniger ein Dummkopf, sondern vielmehr ein Schelm, ein Gauner durchaus mit verbrecherischen Attitüden, aber auch ein Wahrheitssucher und insofern ein Philosoph, ein Skeptiker und ein Zyniker zugleich.

Seine Geschichte besteht aus 95 Kapiteln, von denen jedes selbst wiederum eine Geschichte (eine Histori) wiedergibt. Der Bogen wird von seiner Herkunft bis zu den Umständen nach seinem Tod gespannt. Die 96. Histori zeigt seinen Epitaph mit dem Grab(stein)-spruch. In nahezu all seinen Geschichten stiftet er soziale Unordnung und entlarvt somit vor allem die unausgesprochenen Ideologeme dieser Zeit. Seine Geschichten sind dabei oft grausam, obszön und gewaltsam. Insbesondere ist er ein Sprachpurist, der die Welt immer dadurch in Unordnung bringt, wo er übertragene Redensarten wörtlich versteht und danach handelt. Es geht ihm darum, grundlegende Diskrepanzen zwischen der Welt, wie sie ist, und der Welt, wie sie sich repräsentiert, aufzudecken. Offenbar war und ist dies ein Potenzial, das bis heute nichts von seiner Sprengkraft verloren hat.

16. Ist Geld oder Glück wichtiger? In Augsburg – wo sonst? –, in der damaligen europäischen Hauptstadt des Geldes und des Kapitals, wo unter anderem die Fugger residierten und Handel europaweit betrieben wurde, erschien im Jahr 1509 ein Bestseller, der auch vom Geld handelte, ein Buch mit dem Titel *Fortunatus*, dessen Verfasser bis heute nicht ausfindig gemacht werden konnte. Dieser frühe Prosaroman wurde in die meisten europäischen Sprachen übersetzt, war zu seiner Zeit eines der am meisten gedruckten Bücher und galt als Volksbuch. Es war ein Bestseller und ein Longseller, sein Erfolg war noch im 17. Jahrhundert zu spüren.

Das Buch erzählt die Geschichte von Fortunatus, dem Glücksbegabten, der versucht, sein ererbtes Vermögen zu mehren, um es dann seinen beiden Söhnen Andolosia und Ampedo zu übergeben. Im Grunde genommen ist damit schon eine typische bürgerlich-kapitalistische Ideologie vorgezeichnet. Das neu entstehende und erstarkende Bürgertum stützt sich vor allem auf ein Mittel, das in einer komplexer werdenden Welt immer wichtiger wird: auf Geld und Kapital. Insofern war der Roman interessant für ein aufstrebendes Bürgertum, für Kaufleute und Stadtbewohner, die vom Handel profitierten, Vermögen erwarben und verwalteten.

Fortunatus lebt auf Zypern, weil dies ein Handlungsort zwischen West und Ost ist. Er unternimmt in seinem Leben zwei große Reisen, nämlich nach Westen in die bekannte europäische Welt, bis nach Irland. Auf dieser Reise erlebt er einige Abenteuer und gerät fast in Lebensgefahr, bevor ihm eine «junckfraw des glücks» erscheint, die ihm sechs «tugendt» – gemeint sind Weisheit, Reichtum, Stärke, Gesundheit und Schönheit – verleiht und ihm, an sechster Stelle, einen Freiwunsch gewährt. Fortunatus wünscht sich einen Geldsäckel, dem man so viel Geld wie auch immer entnehmen kann, ohne dass er leer wird. Als es ihn Jahre später wieder in die Ferne zieht, reist er nach Osten und kommt sogar bis nach Indonesien. Ausgangs- und Zielpunkt dieser Reise ist Alexandria, wo Fortunatus ein zweites Zaubermittel an sich bringt: Er stiehlt dem Sultan einen Zauberhut, mit dem man sich an jeden beliebigen Ort hin versetzen kann. So phantastisch das klingt, so sehr ist es doch auch nicht zuletzt auf die ökonomische Situation jener Zeit bezogen. Handelswege überziehen die gesamte bekannte Welt und konfrontieren zumindest die wohlhabenden Stadtbürger mit einem Phänomen, das man heutzutage als Globalisierung bezeichnet.

Dass Fortunatus aufs Geld setzt, macht auf bestimmte Verschiebungen im Gefüge der damaligen Zeit aufmerksam. Offenbar hatte sich die Bedeutung des Geldes grundlegend verändert. Geld ist nicht nur ein verallgemeinerter Gegenwert für Waren, nicht nur ein universelles Tauschmittel, sondern Geld ist ein Wert an sich selbst, weil man mit Geld Tauschmöglichkeiten eintauschen kann. Deswegen ist es wichtig, Geldmittel zu akkumulieren. So entsteht der moderne Kapitalismus. Nun muss man allerdings sagen, dass Fortunatus, wie es sein Name ausdrückt, Glück gehabt hat, als ihm die Jungfrau des Glücks begegnete. Glück war schon zuvor ein Thema der Literatur. Überall dort, wo Glück thematisiert wird, zeichnet sich bereits das neuzeitliche Weltbild ab, das wesentlich komplexer ist als zum Beispiel das Weltbild der Ritterromane. Die Thematisierung von Glück ist die Thematisierung der Zufälligkeit des menschlichen Lebens. Geld ist wie Glück; es kommt und geht, wie gewonnen, so zerronnen.

17. Welche Bedeutung hat die Sprache für die Modernisierung des Romans? Bis weit ins 18. Jahrhundert hinein hatte der Roman um seine Anerkennung und seine Selbstbehauptung im Reigen der literarischen Gattungen zu kämpfen. Da man diese Gattung kaum auf allseits bekannte und bestens tradierte antike Vorbilder zurückführen konnte, konnte man sie auch nicht aus einem normgebenden Kanon ableiten. Der Roman hat weder die klare Gliederung eines Dramas noch kann er auf eine rhetorische Struktur zurückgreifen und nicht zuletzt ist auch seine Sprache ungebunden, in Prosa – noch heute schwingt etwas von diesem negativen Urteil in unserem Adjektiv ‹prosaisch› mit. Genau diese Faktoren, die dem Roman in jenen Zeiten den Eintritt in die höheren Ränge des Kanons verweigern, sind zugleich diejenigen Faktoren, die seine Geschichte zu einer Erfolgsgeschichte machen. Eines der berühmtesten Beispiele hierfür ist sicherlich der *Don Quijote* von Miguel de Cervantes (1605/1615). Er parodiert nicht nur die Ritterromane, sondern erzählt auch seine Geschichte als Reflex auf die ausufernde Lektüre von solchen Ritterromanen durch seinen Helden. Und im zweiten Band wird die autoreflexive Schleife noch enger gezogen, indem zum Beispiel der Held Figuren begegnet, die den ersten Band schon selbst gelesen haben.

Ich will hier auf ein anderes Beispiel eingehen, auf den über alle Maßen eigentümlichen Roman von Johann Fischart, genannt Mentzer: *Affentheuerlich Naupengeheurliche Geschichtklitterung* aus dem Jahr 1575; 1582 und 1590 folgten weitere, stark angewachsene und umfassend ergänzte Auflagen. Eigentlich ist er nur eine Übersetzung eines französischen Romans, nämlich des Romans *Gargantua* von François Rabelais (1483–1553). Dieser Roman ist Teil einer Reihe von fünf Romanen (erschienen in den Jahren 1532 bis 1564), die das Schicksal des Riesengeschlechts um Gargantua erzählen und heute unter dem Titel *Gargantua und Pantagruel* bekannt sind. *Gargantua* ist der zweite Roman in dieser Reihe; von der Chronologie der Gesamthandlung her gesehen, ist er der erste Band, der die familiäre Vorgeschichte von Pantagruel schildert, nämlich die Herkunft und die Abenteuer seines Vaters Gargantua. Erzählt wird auch hier im Muster des Ritterromans, der aufgegriffen, aber satirisch subvertiert wird. Vor allem zeichnet sich der Roman durch seine ungehemmte Fabulierlust aus, die aufs Engste mit einer hypertrophen, hyperbolischen und grotesken Übersteigerung und Überzeichnung verknüpft wird. Gargantuas Eltern sind absolut fress- und saufwütige Riesen. Er selbst durchläuft die Karikatur einer scholastischen Bildungsgeschichte, in der Versatzstücke scholastischer Ausbildung mit Schelmenelementen durchsetzt sind, zum Beispiel als er die Glocken von Notre-Dame abhängt und einem Esel umbindet. Später wird er dann zurückgerufen, um seinem Vater in einem Konflikt beizustehen, der nach dem Muster des Ritterromans geschildert wird. Dabei geht es eigentlich um eine lächerliche Geschichte, nämlich um den Diebstahl von Brot aus einem Weingarten. Doch damit wird beispielhaft deutlich, worauf Rabelais selbst schon in der Vorrede, die Fischart mit übersetzt, aufmerksam macht. Es geht um ernste Angelegenheiten in einem lustigen und grotesken Gewand. Bei diesem Diebstahl geht es also um Brot und Wein, und damit wird eine der zentralen Lehren des Christentums, die Transsubstantiation, angesprochen, die schon das vorreformatorische Kräftefeld erahnen lässt.

Wem könnte eine solche Geschichte gefallen: Zechern und Syphilitikern? So jedenfalls werden die Leser in der Vorrede von Rabelais angesprochen. Bei Fischart liest sich das so: «An alle Klugkröpffige, Nebenverkappte, Nebelnebuloner, Witzersaufte, Gurgelhandthirer und gepalierte Sinnversauerte Winmüllerische Durstaller und Pantagruelisten.» Und daran wird auch erkennbar, worum es eigentlich geht. Fischart liefert mit seiner Übersetzung auch eine Interpretation. Er hat das Themenfeld des Saufens beibehalten, erweitert es aber um das Themenfeld der Klugheit, des Wissens, des Witzes und des Sinns. Fischarts Roman ist eine Feier der Sprache. Er brennt ein wahres Feuerwerk an immer neuen Formulierungen ab, durch immer ausgefeiltere Wendungen, immer längere und facettenreichere Aufzählungen, durch immer komplexer werdende Apostrophen und durch einen immensen Katalog an sprachlichen, stilistischen, grammatischen, semantischen Figuren, durch ein unermessliches Reservoir sprachlicher Ausuferungen. Damit wird deutlich, was die Gattung des Romans gerade dazu prädestiniert, zu einem Motor literarischer Modernisierung zu werden.

18. Wie teuer ist das Seelenheil? Am 31. Oktober 1517 soll Martin Luther seine 95 Thesen an die Schlosskirche zu Wittenberg genagelt haben. Das war mindestens Sachbeschädigung. Andererseits war es nicht unüblich, zum Beispiel zu wissenschaftlichen Disputationes durch solche Anschläge einzuladen, auf denen auch schon die Thesen zu lesen waren, über die diskutiert werden sollte, die verteidigt oder bekämpft werden sollten. Einladung und Thesenpapier waren eins. Ob Luther dies tatsächlich getan hat, ist umstritten, weil die, die darüber berichten, wie beispielsweise Philipp Melanchthon, keine Augenzeugen waren. Dennoch: Wenn es nicht wahr ist, muss man es erfinden, denn auch eine Institution und eine Organisation wie die evangelische Kirche braucht eine solche Urszene. Die Thesen waren gedruckt, damit sie nicht nur an der Schlosskirche augenfällig angeschlagen, sondern auch anderenorts und möglichst weit verbreitet verteilt werden konnten. Heutzutage würde man Thesenpapiere kopieren, die dann herumfliegen, weswegen sie auch Flyer heißen. Damals jedoch war die Vervielfältigungstechnik zugleich die Buchdrucktechnik.

Es war Luthers dezidierte Absicht, eine breite Diskussion anzustoßen. Dass sie dann gleich eine Reformation auslöste, ist nicht zuletzt auf diese Vervielfältigungstechnik zurückzuführen. Luther war der Ablasshandel nicht zuwider, weil man sich damit von Sünden freikaufen konnte, sondern weil dies die Funktion und Bedeutung der Sünde im Verhältnis zwischen Gott und Mensch aushebelte. Seinen Landesherrn, Friedrich III., Kurfürst von Sachsen, mag der Kapitalabfluss aus dem Land nach Rom durch den Ablasshandel geärgert haben, für Luther jedoch war der Ablasshandel ein theologisches und ein religiöses Skandalon ersten Ranges. Durch eine entsprechende Spende konnte man sich die Absolution erkaufen, und damit dies bestätigt werden konnte, erhielt der liquide Exsünder einen Ablassbrief. Das Geschäft, ein kapitalintensiver Ablasshandel, angeheizt durch die entsprechenden Marketingkampagnen, zum Beispiel durch die Ablasspredigten eines Johann Tetzel, der in seiner unverfrorenen und unverschämten Art schließlich bei Luther das Fass zum Überlaufen brachte, boomte. Und deswegen wurden auch die Ablassbriefe, sozusagen Spendenbescheinigungen für höhere Instanzen, in großer Stückzahl gebraucht. Also wurden auch sie vervielfältigt, das heißt gedruckt. Mit Tetzel'schem Ablassbrief und Luther'schem Thesenpapier haben wir also eine medientechnisch induzierte Konfliktsituation, die nicht möglich gewesen wäre, hätte nicht Johannes Gutenberg (eigentlich Gensfleisch) nach Experimenten in den 40er Jahren um 1450 sein Druckverfahren mit einer Druckpresse zum serienreifen Buchdruck entwickelt.

Nicht nur kann man die Erfindung des Buchdrucks als Medienrevolution bezeichnen, deren Bedeutung lediglich von der Erfindung der Schrift mehrere Tausend Jahre zuvor und der Erfindung des Computers ein halbes Jahrtausend danach eingeholt wird. Vielmehr zeigt sich zwischen diesen beiden Jahreszahlen 1451 (Gutenberg-Bibel) und 1517 (95 Thesen), dass die Welt unter den Bedingungen der technischen Reproduzierbarkeit von Texten (um ein Wort Walter Benjamins abzuwandeln) eine andere wird und dass die technische Erfindung zugleich eine der größten Weltrevolutionen (die man untertreibend als Reformation bezeichnet) ausgelöst hat.

19. Was ist ein Volksbuch? Heutzutage sind wir mit dem Zusatz «Volk» nach den totalitären Erfahrungen des 20. Jahrhunderts, die den Begriff – von Volksgemeinschaft bis zum Volkseigenen Betrieb – ideologisch vereinnahmt haben, eher vorsichtig – mit gutem Grund. Doch diesen schlechten Ruf hatte der Begriff des Volkes nicht schon immer. Gerade in der Romantik erlebt er eine erste kulturgeschichtliche Konjunktur. Der Begriff des Volksbuchs ist eine romantische Erfindung von Joseph Görres. Die Idee findet sich schon bei Johann Gottfried Herder, der sich die Aufgabe gestellt hatte, so etwas wie eine Volkspoesie historisch zu rekonstruieren. Joseph Görres hat 1807 eine Sammlung von 49 Volksbüchern unter dem programmatischen Titel *Die teutschen Volksbücher* herausgegeben (Nr. 35 ist das Volksbuch von D. Faust). Der Zu- oder Vorsatz «Volk» wird dabei vor allem als Gegenbegriff eingesetzt. Was aus dem Volk kommt und für das Volk bestimmt ist, ist eben keine Eliten-, keine Höhenkammliteratur und auch keine Gelehrtenliteratur.

Doch wenn wir heute von Volksbüchern sprechen, meinen wir keine romantische Literatur, sondern eher Literatur der Frühen Neuzeit, eine Literatur also, die schon den Buchdruck zu ihrer Verbreitung voraussetzt. Gemeint sind damit beispielsweise der *Fortunatus*, die Geschichten von *Till Eulenspiegel*, das *Lalebuch*, das Buch der *Schiltbürger*, *Die schöne Magelone*, *Melusine*, *Genoveva*, *Ahasverus* oder eben auch die Geschichte vom Doktor Johann Faust: *Historia von D. Johann Fausten / dem weitbeschreyten Zauberer und Schwarzkünstler* (den gesamten, wahrlich schon barocken Titel kann ich hier gar nicht zur Gänze wiedergeben). Volksbuch meint also ein Buch, das weit verbreitet ist und daher auch die entsprechenden Voraussetzungen mit sich bringt. Zu nennen wären etwa die Fähigkeit, auch weniger gebildete Stände anzusprechen, daher auch einfache und vor allem unterhaltsame Geschichten zu erzählen, gleichzeitig aber ebenso eine praktische Moral zu vermitteln, die jedermann zu seinem Wohle erkennen muss.

Und auch dafür steht die *Historia* in ganz besonderer Weise exemplarisch. Besonders nachhaltig wird unser Faust-Bild heute von Goethes grandioser Doppeltragödie (erster Teil 1809, zweiter Teil 1832) überlagert. Goethes *Faust* ist ein exemplarisches menschliches Schicksal, Anthropologie *par example* und *par excellence*. Natürlich ist auch diese Dimension in der *Historia* angelegt, aber es ist eben nur eine Dimension. Uns heutigen Lesern ist diese andere Dimension vielleicht gegenwärtig durch eine andere, moderne Bearbeitung dieses Stoffes, wohl fast ebenso prominent wie die Goethes, nämlich Thomas Manns Roman *Doktor Faustus. Das Leben des deutschen Tonsetzers Adrian Leverkühn* (1947). Dass Thomas Mann in seinem Selbstverständnis sich als Goethe-Nachfolger fühlte und damit auch auf einen, ja vielleicht *den* Goethe'schen Stoff schlechthin, den Faust-Stoff, zurückgriff, darf nicht darüber hinwegtäuschen, dass die *Historia* des Volksbuchs als intertextuelle Folie für Thomas Manns Roman wichtiger ist als Goethes Faust.

20. Ist Neugierde sündhaft? Die einfache Frage verweist im Grunde auf einen Epochenumbruch, an dem sich zwei gewaltige Kräfte gegenüberstehen: auf der einen Seite der Wissensdrang des Menschen und auf der anderen Seite die moralische Ordnung der Welt, die zu Recht in der Neugier eine Gefahr erkennt und sie deswegen als Sünde ausgibt.

Die *Historia von D. Johann Fausten* ist 1587 gedruckt worden. Verleger war ein Johann Spies, der etwas ungenau auch bisweilen als Autor bezeichnet wird. Die *Historia* ist kein Roman und kein fiktives Werk. Die Figur des Faust wird als historische Person behandelt.

Dennoch ist die *Historia* alles andere als realistisch. Wenn es eine reale Figur gegeben hat, so hat diese vermutlich in ihrer Biographie bestimmte Elemente vereinigt, wie zum Beispiel eine akademische Laufbahn, vielleicht besondere intellektuelle Fähigkeiten oder eine auffallende Neugier in wissenschaftlichen Fragen. Das Faust-Buch greift dies auf und reagiert damit auf eine bestimmte frühneuzeitliche Umbruchssituation. Es setzt bei den neu entstehenden Wissenschaften und dem Versuch des Menschen an, immer mehr systematisches Wissen über seine Welt zu erwerben. Das Buch ist insofern Ausdruck eines radikalen epistemologischen Umbruchs; es kommt zu einer Neubewertung des Wissens. Für das Faust-Buch ist Faust ein Exponent dieser neuen Wissensordnung. An ihm wird deutlich, dass dieser Wissensdrang nicht nur die soziale Ordnung, sondern auch das individuelle Schicksal und das Seelenheil des Menschen gefährden kann.

Insbesondere wird dabei auf die Neugierde angespielt. In einer langen europäischen Tradition seit Augustinus wurde die Neugierde – die *curiositas* – negativ bewertet. Sie galt als Sünde, sie war überflüssig und sie drückte eine nicht zu tolerierende Einstellung gegenüber Gottes Schöpfung aus. In der Frühen Neuzeit beginnt sich diese Einstellung gegenüber der Neugierde radikal zu wandeln. Neugierde wird als Motor der Wissensproduktion und somit als Grundlage jeder Wissenschaft verstanden. Faust ist ein durch und durch neugieriger Mensch. Im Faust-Buch erfährt diese Neugierde eine durchwegs theologisch inspirierte und fundierte Interpretation. Demnach gilt die Neugierde als Sünde und jede Form, Wissen zu produzieren und Wissen zu erwerben, als problematisch. Insofern ist auch der Wille zum Wissen, jede Form des Erkenntnisdrangs sündhaft. Er ist Ausdruck einer menschlichen Hybris, die über den ihr von Gott zugedachten Rahmen im Plan seiner Schöpfung hinaus will, die nicht mehr bereit ist, sich mit dieser Positionierung abzufinden, die stattdessen sich auf den Weg der eigenen und eigenständigen Selbstbestimmung macht. Dass sich Faust mit dem Teufel einlässt, mit ihm diskutiert, sich mit ihm austauscht, ist der erzählerische Ausdruck für den Umstand, dass Wissen generell als teuflisch angesehen wird.

Der Zweck des Faust-Buches besteht demnach in einer radikal forcierten Didaxe. Es gilt, genau diesen Faust als warnendes Negativbeispiel vorzuführen, es ihm in seiner Neugierde, in seinem Erkenntnis- und Wissensdrang gerade nicht gleichzutun, weil man auf diesem

Wege unweigerlich dem Teufel verfallen müsse. Dass hier ein Rückzugsgefecht geführt wird, sieht man vielleicht am besten an Christopher Marlowes Drama *The Tragicall History of the Life and Death of Doctor Faustus*. Marlowe kannte das Faust-Buch. Er selbst arbeitete vielleicht schon ab 1588 an seinem Drama. Bei ihm wird aus dem abschreckenden Beispiel der Faust-Figur eine positiv bewertete Identifikationsfigur.

21. Kann Narrheit soziale Ordnung garantieren? Neben dem Faustbuch und dem Till Eulenspiegel liegt mit dem *Lalebuch* (1597) ein drittes Volksbuch vor, das es geschafft hat, bis in unsere Gegenwart zu wirken, allerdings unter einem anderen Namen: nämlich als *Schiltbürgerbuch* aus dem Jahr 1598. Die Ableitung des Namens aus dem Städtchen Schilda erfolgte erst in einer späteren Phase der Überlieferung. Zunächst meinte Schilt so viel wie Wappen und erklärt sich aus der Obsession dieser Schiltbürger für die Wappenkunde. Dass das *Schiltbürgerbuch* und nicht das *Lalebuch* mit seinem Namen eine Tradition begründen konnte, mutet nun selbst wie ein Schiltbürgerstreich an, denn es gibt erhebliche Abweichungen zwischen beiden Texten, und das *Schiltbürgerbuch* hat nicht nur einen anderen Charakter, sondern erreicht auch nicht mehr das konzeptionelle und formale Niveau, das das *Lalebuch* auszeichnet. Die Schiltbürger sind einfach nur dämlich, die Lalen hingegen sind Narren. Wieder einmal taucht die Narrheit als eine dominante Struktur der Frühen Neuzeit auf und macht deutlich, dass Narrheit aufs Engste mit Bildung und mit einem neuen Menschenbild korreliert ist. Narrheit wird hier eingesetzt als ein Instrument der Erhaltung sozialer Ordnung im Einklang zwischen Stand und Natur. Dass zudem diese Geschichte im Jahr 753, also mit einer Anspielung auf das Gründungsjahr Roms (wenn auch vor Christus) und im Königreich Vtopien spielt, verweist auf den Modellcharakter der Gemeinschaft der Lalen.

Lale meint so viel wie Schwätzer oder – positiv gewendet – Berater. Die Lalen heißen so, weil sie weise sind und diese Weisheit nutzen, um die Fürsten zu beraten. Die Tragödie der Lalen, mit der sie fertig werden müssen, beginnt, als einer der Vorfahren beschließt, Bauer zu werden, weil er nicht mehr bereit ist, fernab der Heimat an einem Fürstenhof zu leben. Damit allerdings kommt es zu einem Konflikt zwischen Weisheit und Bauernstand. Es stellt sich heraus, dass es nicht möglich ist, zugleich eigenständig und weise zu sein. Ist man eigenständig, wird Weisheit dysfunktional. Mit einer fundamentalen Idee der Lalen endet die Vorrede des *Lalebuchs* und beginnt ihre Geschichte: Sie nutzen ganz weise die Narrheit, um den Konflikt zwischen Weisheit und Bauernstand aufzulösen. Vor diesem Kontext sind die Geschichten zu lesen, die man erst später als Streiche interpretiert hat, zum Beispiel wenn die Lalen versuchen, Licht in das dunkle Rathaus zu tragen, oder wenn sie Salz säen, um Salz zu ernten. Ihre Narrheit dient als Camouflage der Weisheit und löst eben deswegen diese Weisheit schließlich auf. Es stellt sich die Frage, wie sich Weisheit unter veränderten sozialen Bedingungen aufrechterhalten lässt und ob die Weisheit oder gar als Narrheit verkleidete Weisheit dazu dienen kann, den eigenen Stand als Pfeiler der sozialen Ordnung erhalten zu können. Am Ende des Textes steht dann die Moral der Geschichte, die ich so umformulieren möchte: Weisheit wird nur dann Weisheit bleiben, wenn sie nicht dazu dient, soziale Ordnungen zu verändern.

Barock

22. Wie begründet der Barock die neuere deutsche Literatur? Die Antwort auf diese Frage ist einfach und verblüffend: durch ein schmales Bändchen eines Höflings und Diplomaten, der selber Dichter war, nämlich durch Martin Opitz' (1597–1639) *Buch von der deutschen Poeterey*, das er 1624 geschrieben und veröffentlicht hat. Hört man auf die Literaturwissenschaftler, so überschlagen sie sich, um das Neue und geradezu Revolutionäre hervorzuheben, das dieses Büchlein in die deutsche Literatur eingebracht hat. Der Barockforscher Dirk Niefanger nennt dieses Buch sogar ein «Gründungsdokument der neueren deutschen Literatur» und Rüdiger Campe spricht keinesfalls weniger zurückhaltend und in derselben Stoßrichtung von nichts weniger als einer, wenn nicht *der* «Neugründung der Literatur in deutscher Sprache». Erich Trunz formuliert ganz lapidar und apodiktisch: «Die deutsche [Literatur] beginnt mit ihm [= Opitz]», und Herbert Jaumann nennt das Buch ein «kulturpolitisches Manifest» und ein «Manifest des Aufbruchs».

So erhebt sich die Frage, ab wann denn die Literatur tatsächlich neu und neuer wird. Zu Beginn des 16. Jahrhunderts war die allgemein anerkannte Gelehrtensprache das Lateinische, das zum Beispiel deutlich stärker genormt war als das Deutsche zu jener Zeit. Zudem war es eine internationale Sprache, eine *lingua franca*, der sich jeder Gelehrte in Europa bedienen konnte und bedienen musste. Etwas anders stellt sich die Ausgangslage in der Sphäre der Literatur dar. Aber auch hier geht es darum, eine deutschsprachige Literatur zu etablieren, die hohen ästhetischen Ansprüchen und Normen genugt. Genau dafür die theoretische Gewährleistung erbracht zu haben ist das Verdienst von Martin Opitz. Es geht dabei um nicht weniger als um eine Nationalisierung der Literatur, um eine «Kunstdichtung in deutscher Sprache» (Herbert Jaumann). Dafür hatte sich Opitz schon zuvor, 1617, in seinem Werk *Aristarchus sive de contemptu linguae Teutonicae* (Aristarchus oder über die Verachtung der deutschen Sprache) eingesetzt – bemerkenswerterweise noch in lateinischer Sprache. Vor diesem Hintergrund gewinnt das *Buch von der Deutschen Poeterey* seinen Charakter als kulturpolitisches Manifest eines Aufbruchs.

Das Buch selbst stellt eine Mischform aus normativer Poetik und einer Literaturtheorie *avant la lettre* dar. Es behandelt in acht Kapiteln die Entstehung, die Funktion, die Tradition und die derzeitige Situation der deutschen Literatur und Literaturproduktion (Poeterey), geht dann dazu über, die rhetorische Produktion, Verfasstheit und Fundierung der Literatur zu beschreiben, um schließlich auf die Versformen zu sprechen zu kommen.

Vor diesem Hintergrund bekommt auch die Forderung nach einer Alternation von Hebung und Senkung, also betonter und unbetonter Silbe, in der gebundenen Sprache lyrischer Dichtung ein ganz besonderes Gewicht. Worum es Opitz mit diesem Vorschlag geht, ist zunächst nichts anderes, als die Forderung, dass die Dichtung bestimmte prosodische Eigenheiten der deutschen Sprache ernst nimmt. Er will, dass Wortakzent und Versakzent zusammenfallen. Indem die Prosodie des Deutschen ernst genommen, ja zur Grundlage einer dichterischen Norm gemacht wird, gewinnt auch das Deutsche als Literatursprache ein anderes Gewicht – die deutsche Literatur wird auf neue Grundlagen gestellt.

23. Warum ist das Sonett für den Barock und darüber hinaus so wichtig? Im Jahr 1981 schreibt Robert Gernhardt, einer der faszinierendsten, witzigsten, intelligentesten und kreativsten Dichter der jüngsten deutschen Literatur, geboren 1937, viel zu früh 2006 verstorben, ein Gedicht, dem er einen fast schon literaturwissenschaftlich anmutenden Titel gibt: *Materialien zu einer Kritik der bekanntesten Gedichtform italienischen Ursprungs*. Mit der Gedichtform ist das Sonett gemeint; es beginnt mit dem Vers: «Sonette find ich so was von beschissen».

Die Pointe dieses Gedichts liegt genau darin, dass es dieselbe Form benutzt, nämlich die des Sonetts, um sich über die Gestalt und seine Produktion kräftig zu ärgern. Dabei wird aber erstens deutlich, dass selbst die Abkehr vom Sonett immer noch ein Sonett hervorbringen kann, und zweitens, dass genau das, was das lyrische Ich so ärgert, auch diejenige Eigenschaft ist, die dem Sonett eine solch lange Tradition beschert hat: nämlich das Enge und Rigide, oder anders und etwas positiver formuliert: die klare Form der gebundenen Sprache der Lyrik. Man kann vielleicht sogar so weit gehen und behaupten, dass es ebendiese klare gebundene Form ist, die das Sonett zum Musterfall, zum Paradigma lyrischer Dichtung schlechthin macht und ihm gerade dazu verhilft, die Zeiten zu überdauern.

Dennoch weist das Sonett in seiner Geschichte zahlreiche Varianten auf. Sein Name soll von dem lateinischen *sonus* kommen und auf den Klang anspielen, den das Sonett eben aufgrund seiner klar gebundenen Sprache erzeugt. Entstanden ist es schon sehr früh, vermutlich im Italien des 13. Jahrhunderts. Es hat sich über ganz Europa verbreitet und dabei vor allem auch ländertypische Formen in Italien, Frankreich, Spanien oder Deutschland (sofern man hier von Deutschland sprechen will) ausgebildet. In der Regel hat das Sonett vierzehn Verse, die zumeist in zwei Quartette (Vierzeiler) und anschließend in zwei Terzette (Dreizeiler) gegliedert sind. Im deutschen Bereich hat der Vers zwölf oder dreizehn Silben (man spricht dann von einer männlichen bzw. weiblichen Endung), davon sind sechs betont. Diese Struktur nennt man einen Alexandriner.

Das Sonett wird gerade im Barock zu einer so beliebten Form, weil sie es überhaupt erst ermöglicht, den relevanten Ideologemen der Zeit – also dem *vanitas*-Gedanken oder dem Konzept des *memento mori* und des *carpe diem* und nicht zuletzt der Verbindung beider – zu einem ästhetischen Ausdruck zu verhelfen. So weist beispielsweise gerade der Alexandriner mit seinen sechs Hebungen eine Zäsur nach den ersten drei Versfüßen auf, was es erlaubt, zwei Sachverhalte entweder reihend und sich steigernd oder aber antithetisch einander zuzuordnen. So heißt es beispielsweise in Andreas Gryphius' Gedicht *Thränen des Vaterlandes* aus dem Jahre 1636: «Wir sind doch nunmehr gantz, ja mehr denn gantz verheeret!» Oder in dem Gedicht *Es ist alles Eitel* vom selben Autor finden sich die Verse: «Was dieser heute bawt / reist jener morgen ein: / Wo itzund städte stehn / wird eine wiesen sein». Die poetische Form ist selbst Teil einer rhetorischen Argumentation geworden – und dies zu gewährleisten schafft in besonderer Weise das Sonett.

Denn der (oder auch: das) Barock ist ein Zeitalter der zum Teil extremen Spannungen, die wiederum das Denken bestimmen, zum Beispiel zwischen Diesseits und Jenseits, zwischen Lust und Leid, zwischen Lebensbejahung und Lebensverneinung, zwischen Lebenswille und Resignation. Genau in diesem Kontext bildet sich eine der wichtigsten Denkstrukturen des Barock aus, der *vanitas*-Gedanke, demzufolge alles eitel, das heißt, alles hoffnungslos ist. Heutzutage würde man sagen, Eitelkeit ist ein Ausdruck für eine extreme Kontingenz-Erfahrung bei drastisch fehlender Nachhaltigkeit in allen menschlichen Belangen und Aktivitäten. Eitelkeit ist somit eine negative Norm, die sich zugleich als zeitdiagnostisches Instrument anbietet. Daher kann man die *vanitas*-Texte als Zeitdiagnosen lesen. In diesen Kontext gehören auch die beiden Konzepte des *carpe diem* (nutze den Tag) und des *memento mori* (gedenke des Todes) - gerade in ihrer Gegenläufigkeit. Denn es gibt ja kaum eine Epoche, die offenbar so klare ideologische Strukturen aufweist wie der Barock und die andererseits so schwierig auch als literaturgeschichtliche Epoche zu definieren ist. Der Begriff des Barock meint zunächst eine schiefrunde Perle. Erst im 19. Jahrhundert wird ein Epochenbegriff für Kunst, Architektur und dann auch Literatur geprägt. Der Mensch ist in einen übergeordneten ideologischen Rahmen gestellt, der durch Religion vorgegeben ist und der sich in einer tiefen und unangezweifelten Gläubigkeit ausdrückt. Der Mensch steht in einer großen kosmologischen und fundamentalen, aber gleichzeitig theologisch fundierten Ordnung, die alles umspannt und gleichzeitig jeden Lebensbereich durchdringt. Das ist der *ordo*-Gedanke des Barock, der sich auch und gerade im Sonett formal ausdrückt. Und dennoch haben dieser Rahmen und diese Ordnung durch die historischen Erfahrungen des 30-jährigen Krieges oder der Gegenreformation erhebliche Risse bekommen.

24. Wie verführt die Rhetorik? In seinem Todesjahr werden von einem der größten Barock-Lyriker, von Christian Hofmann von Hofmannswaldau (1617–1679) eine Reihe von Gedichten veröffentlicht, unter anderem eines seiner berühmtesten, das «Sonnet» *Vergänglichkeit der Schönheit* mit den typisch barocken Themen *carpe diem* und *memento mori*. Der Hinweis auf die Vergänglichkeit der - hier ganz eindeutig: körperlichen und zudem weiblichen - Schönheit ist ja nur eine Exemplifikation des *memento mori*.

ES wird der bleiche Todt mit seiner kalten Hand
Dir endlich mit der Zeit umb deine Brüste streichen /
Der liebliche Corall der Lippen wird verbleichen;
Der Schultern warmer Schnee wird werden kalter Sand /
Der Augen süsser Blitz / die Kräffte deiner Hand /
Für welchen solches fällt / die werden zeitlich weichen /
Das Haar / das itzund kan des Goldes Glantz erreichen /
Tilgt endlich Tag und Jahr als ein gemeines Band.

Die wohlgesetzte Fuß / die lieblichen Gebärden /
Die werden theils zu Staub / theils nichts und nichtig werden /
  Denn opfert keiner mehr der Gottheit deiner Pracht.
Diß und noch mehr als diß muß endlich untergehen /
Dein hertze kann allein zu aller Zeit bestehen /
  Dieweil es die Natur aus Diamant gemacht.

Wenn man allein dem Blick des lyrischen Ichs folgt, erkennt man das erotische Interesse des männlichen lyrischen Ichs und die körperlichen Vorzüge der Frau in seinen Augen. Das hat durchaus etwas Voyeuristisches. Der Blick beginnt bei den Brüsten, geht über die Lippen, die Schultern, die Augen, um dann hinunterzufahren zu den Händen, dann geht es wieder zu den – nota bene: Goldes Glantz – blonden Haaren, dann zu den Füßen. Wenn man diese Blickführung, wie sie ohne Scheu über diesen weiblichen Körper streift, charakterisieren sollte, so könnte man sagen, dass sie bewusst potenziell erogene Zonen im wahrsten Sinne ins Auge fasst.

Nun kommt aber eine Besonderheit hinzu. Man könnte dies ja nun als eine erotische Gafferei eines Mannes abtun, wenn das lyrische Ich diese Erotisierung nicht dem Tod selbst zusprechen würde. Daraus entfaltet sich ein Argument: Dieses erotische Spiel des Todes ist nicht ungefährlich, es ist geradezu tödlich. Die erste Geste ist sehr eindrucksvoll. Der Tod streichelt die Brüste der Frau. Die folgenden Verse machen in der für die Barocklyrik typischen Figur von Oxymora, also der Zusammenstellung von Gegensätzen, deutlich, dass die Erotisierung zugleich mit Vergänglichkeit verbunden wird. Die roten Lippen werden bleich, die Schultern erkalten usw. Die Erotisierungen entstammen einer Form der Liebeslyrik und lyrischen Anrede der geliebten Frau durch einen liebenden Mann, wie man sie beispielsweise aus der Liebeslyrik des Petrarca und der ihm folgenden Liebeslyrik kennt, die man daher auch unter den Begriff des Petrarkismus subsumiert. Die Frau ist und bleibt unerreichbar. Das Ziel der Rede ist Überredung, also die Überwindung jenes Zustandes, den sie sich selbst verdankt. Neu und typisch für die deutsche Barocklyrik ist jedoch, dass diese Rede in den Schatten des Todes gestellt wird. Der erotische Lobpreis geschieht immer unter dem Gesichtspunkt der titelgebenden Vergänglichkeit der Schönheit und damit des Todes selbst.

Ja, mehr noch, der Tod selbst tritt als Figur auf. Und damit entsteht eine zeitlich genau strukturierte Dreierkonstellation. Was die Frau dem Mann, dem lyrischen Ich jetzt versagt, wird sie in der Zukunft einem anderen erotischen Partner nicht mehr versagen können, nämlich dem Tod selbst. Damit stehen der Mann und der Tod in einem Konkurrenzverhältnis um die Frau. Und da die Frau sich später dem Tod ohnehin nicht verweigern kann, täte sie – in der Argumentationslogik dieses Gedichtes – gut daran, sich eben jetzt schon dem Manne hinzugeben. Das *memento mori* wird hier zu einem erotischen Appell. Nur das Herz unterliegt nicht der Vergänglichkeit, und das ist umso schlimmer. Das bedeutet aber im Umkehrschluss: Jedes *memento mori* muss in ein *carpe diem* umschlagen. Nur was vergänglich ist, ist liebens- und begehrenswert. So ist dieses Gedicht auch ein wunderbares Beispiel, wie in der Barocklyrik Poesie und Rhetorik zusammenwirken.

25. Wie hängen der kleine und der große Tod zusammen oder gibt es Sex ohne Liebe? Sexualität mag eine anthropologische Konstante sein, der Diskurs über Sexualität und die Erotik sind aber sehr stark kulturell und historisch geprägt. Wir sind gewohnt, den Diskurs über Sexualität und Erotik für moderne Errungenschaften zu halten, und das ist sicherlich richtig. Doch erotische Diskurse hat es schon immer gegeben, es gilt nur darauf zu achten, dass wir sie nicht unter einer modernen Perspektive lesen. Einen ganz herausragenden erotischen Diskurs stellt die erotische Lyrik des Barock dar. Joseph Kiermeier-Debre und Fritz Franz Vogel haben 1995 ein sehr schönes und illustres Taschenbuch mit erotischen Gedichten des Barock herausgegeben, das einen wunderbaren Querschnitt über die erotische Lyrik dieser Zeit bietet. Nun mag es sein, dass wir Freizügigkeit als eine moderne Errungenschaft betrachten; wenn wir allerdings meinen, mit Sexualität sei man früher schamhafter umgegangen, so können uns diese Gedichte eines Besseren belehren. Die Lektüre dieser Gedichte kann einem heute noch die Schamesröte ins Gesicht treiben. Es gibt darin fast keine sexuelle Spielart, keine lustvolle Aberration, keinen Fetisch, keine Obsession, die sich nicht auch in einer modernen Darstellung der Spielarten des Eros finden lässt.

Im Zentrum dieser Gedichte stehen zum einen der weibliche Körper, der immer wieder neu beschrieben und damit in ganz unverhohlener und drastischer Weise sexualisiert und mithin zum Objekt eines männlichen Blicks und des männlichen Begehrens gemacht wird. Auch der Metaphernreichtum für den menschlichen Sexualakt ist durchaus beeindruckend, aber ebenso die Kultivierung des, historisch gesehen, pervers Anmutenden, von dem die Autoren zumindest indirekt Zeugnis ablegen, wenn von Sex mit Schwangeren die Rede ist oder von der Obsession, gerade während der Menstruation Sex haben zu wollen: «Man geht / wie iedermann bekandt / Durchs rothe meer in das gelobte land» (so heißt es in einem Gedicht von Johann von Besser). Und zum anderen liegt das Schwergewicht auf der rhetorischen Entfaltung einer Verführungszeremonie. Das Ziel ist zumeist die sexuelle Hingabe der Frau. Die ist allerdings selten. Der Sprechimpuls kommt eher aus einer Situation, in der die Frau unerreichbar ist oder sich – wie es heißt – ziert. Die Frauen aber sind Typen; sie heißen Calista, Rosette, Laura oder eben Lesbia.

Dabei gehören Sex und Tod zusammen, was man auch in der Metapher des kleinen Todes für den Orgasmus ausdrückt. Man kann sogar so weit gehen und sagen, dass das Todesgedenken dieser Zeit (*memento mori*) und die sexuellen Phantasien direkt miteinander korreliert sind. In dem Maße, in dem der Tod zu einer beherrschenden ideologischen Größe wird, in dem Maße eröffnet sich auch die Möglichkeit, Sexualität in ihrer drastischen Form als Moment ebenso drastischer Diesseitigkeit zu funktionalisieren. In der Barocklyrik sind daher Sex und Tod die zwei Seiten ein und derselben Medaille.

26. Macht Gelegenheit Dichtung? Und ob – bis heute. Man kann allerdings, wenn man die Linie vom kunstvollen Barockgedicht bis hin zu den holprig gereimten Geburtswünschen für einen Familienangehörigen zieht, von einer Verfallsgeschichte des Gelegenheitsgedichts sprechen. Entscheidend ist aber, dass man sich zunächst über die Bedeutung von Gelegenheit unterhält. Gelegenheit macht bekanntermaßen Diebe und ebenso auch Liebe, und selbst Goethe soll alle seine Gedichte als Gelegenheitsgedichte charakterisiert haben, wie man es bei Wulf Segebrecht nachlesen kann. Daher muss man, wie Segebrecht vorschlägt, zumindest zwischen zwei Sorten von Gelegenheit unterscheiden, den *casus* und die *occasio*. Das Erste meint den Fall und mithin den konkreten Anlass. Das andere meint die Gelegenheit im Sinne einer günstigen Gelegenheit, einen lyrischen Einfall zu Papier zu bringen. Im einen Fall (*casus*) muss ein Gedicht für den Anlass produziert werden, im anderen Fall (*occasio*) wird ein Gedicht ganz spontan produziert. Das gilt in besonderem Maße für Barockgedichte.

Man kann sich nämlich umgekehrt fragen, wie denn soziale Situationen verfasst sind, wenn sie Anlass für eine Gedichtproduktion und ggf. Gedichtrezitation oder zumindest -lektüre geben. Im Barock findet sich eine ganze Reihe von Anlässen, die selbst heute noch im nicht-professionellen Bereich gelten: Geburtstage, Namenstage, Jubiläen, erbrachte Leistungen, insbesondere bestimmte schulische und akademische Abschlüsse. Was heute fast gänzlich verschwunden ist, war aber im Barock noch Anlass genug: der Tod bzw. das Begräbnis. Ein wunderbares Gelegenheitsgedicht hat Johann Christian Günther (1695–1723) anlässlich der Magistrierung von Herrn Tobias Ehrenfried Fritsche 1718 geschrieben, in dem es so schön heißt: «Magisterküsse schmecken süßer / Als Mandelmilch und Honigseim».

27. Welche Funktion hat der Tod der Märtyrerin und gab es im Barock schon den *torture porn*? Der Tod ist medial präsent, in immer neuen Konfigurationen, und das allein könnte nicht nur, wie dies der französische Historiker Philipp Ariès (1914–1984) unternommen hat, eine Geschichte des Todes ergeben, sondern vor allem eine Geschichte der Grausamkeit unter medialen Bedingungen. Denn Menschen haben offenbar schon immer gerne den Tod gesehen. Ob sie auch das Sterben gerne sehen? So leicht ist die Frage nicht zu beantworten, aber es gibt in der Tat eine bestimmte sadistische Schaulust, die sich auf das Leiden, den Schmerz und das Sterben richtet. Der Name Trauerspiel oder Tragödie verschleiert nur durch eine hochkulturelle Camouflage, dass Menschen offensichtlich große Lust haben, den Tod von Menschen auf der Bühne mitzuerleben.

Es gibt ein bestimmtes Filmgenre, das diese Schaulust am qualvollen Sterben, an Folter und Tod geradezu lustvoll auslebt, und dafür hat man den Begriff des *torture porn* erfunden. Das hat es auch schon im Barock, gerade im Märtyrerdrama gegeben, zu einer Zeit also, als der Tod noch nicht so aseptisch und klinisch rein aus der Lebenswirklichkeit der Menschen verschwunden war, wie er das heute ist.

Im Jahr 1655 erschien eine Serie von acht Radierungen des Zeichners Gregor Bieber und des Stechers Johann Using, die eine Inszenierung von Gryphius' zweitem Drama, *Catharina von Georgien*, das im Jahr 1657 erstmals gedruckt wurde, sind. Darunter findet sich auch eine, die einen großen Saal zeigt, der als Folterraum dient. In der Mitte ist eine Säule, an die eine Frau, extrem leicht bekleidet, mit hochgestreckten Armen gebunden ist. Daneben findet sich ein Folterer, der vermutlich mit einer Zange ihre Brüste berührt. Wenn das nicht purer Sadismus ist? Eine solche Szene findet sich im Drama nicht. Dennoch spielt die Folterung eine wesentliche Rolle, sie wird allerdings nur durch Botenbericht, von den Jungfrauen der Königin, geschildert. Die Radierung bebildert also das ‹Kopfkino› des Zuschauers im Barock.

Gryphius konnte hier auf einen zu seiner Zeit fast noch aktuellen historischen Fall zurückgreifen. Die reale Königin wurde tatsächlich im Jahr 1624 von dem persischen Schah Abas gefangen genommen, gefoltert und getötet. Dies ist – in aller Knappheit – auch die Handlungsstruktur des Dramas. Das Drama selbst hat einen Doppeltitel: *Catharina von Georgien / oder/ Bewehrete Beständigkeit. Trauer=Spiel.* Damit wird nicht nur die historische Figur, sondern auch das ahistorische und religiöse Beispiel, das sie gibt, fokussiert. Handlung und ihre allegorische Deutung werden so miteinander verknüpft. Dabei werden mehrere Ebenen eines Konflikts überlagert. Catharina kommt zu Schah Abas, um für ihr Volk zu bitten. Sie wird gefangen gesetzt und mit der Forderung konfrontiert, von ihren politischen Zielen abzulassen, Abas zu ehelichen und ihren christlichen Glauben aufzugeben. Alle Forderungen sind für Catharina unerfüllbar, aber sie hat nicht die geringste Möglichkeit, eigenständig zu handeln. Die einzige selbstbestimmte Handlung besteht darin, den Märtyrertod bewusst in Kauf zu nehmen und damit ein Beispiel abzugeben. Ihre Weigerung, die Forderungen zu erfüllen, ihre Weigerung, sich politisch, erotisch und religiös hinzugeben, macht ihr Handeln zu einem Beispiel von Beständigkeit und etabliert die Norm der *constantia*. Der Märtyrertod hat eine Funktion. Das ist der wesentliche Unterschied zu neueren Formen der medialen Darstellung von Gewalt und Tod.

20. Was zeigt das Titelkupfer von Grimmelshausens Roman *Der abenteuerliche Simplicissimus?* Am Ende des 17. Jahrhunderts wird ein Roman von weltliterarischem Rang in deutscher Sprache veröffentlicht, der bis heute im kulturellen Gedächtnis geblieben ist: *Der abenteuerliche Simplicissimus Teutsch* von Hans Jakob Christoph von Grimmelshausen aus dem Jahr 1668 (auf dem Titelblatt ist er vordatiert auf 1669). Er erzählt in Ich-Form, wie es der Titel schon andeutet, die wechselvollen Abenteuer des Simplicissimus Teutsch während des 30-jährigen Krieges und darüber hinaus. Der Roman hatte zunächst fünf Bücher, später wurde ihm noch ein sechstes, eine Fortsetzung – eine *Continuatio* –, hinzugefügt.

Man hat den Roman lange Zeit autobiographisch gelesen, doch dies ist nicht plausibel. Bestimmte Geschehnisse kann Grimmelshausen nicht selbst erlebt haben; er hat sie vielmehr nach historischen Quellen gestaltet. Dennoch hat Grimmelshausen, 1621 oder 1622 geboren und protestantisch getauft, eigene Kriegserfahrungen gesammelt, er war Schreiber, Schaffner (so etwas wie ein personalisiertes Finanzamts-Inkassobüro) und Schultheiß (so etwas wie ein personalisiertes Ordnungsamt) und hatte auch zweimal im Leben eine Gastwirtschaft, die er ‹Zum silbernen Stern› nannte. Er konvertierte zum Katholizismus. Er war durchaus gebildet, auch wenn er nie eine akademische Laufbahn einschlagen konnte. Gestorben ist er 1676.

Sein Roman ordnet sich in die zeitgenössische Klassifikation der Romane ein und übersteigt sie doch. Es gibt eine Deutung, die den Roman von seinem Titelkupfer her zu verstehen sucht, weil es auf vielfältige Weise auf die Romantradition, in der der *Simplicissimus* steht, und seine Art des Erzählens Bezug nimmt. Ein Titelkupfer ist eine Text-Bild-Kombination, die man ganz oder partiell der Titelseite oder auf der gegenüberliegenden, linken Seite als Frontispiz eingedruckt hat (wie im vorliegenden Fall). Eine solche Text-Bild-Kombination kann einen emblematischen Aufbau haben mit kurzer Überschrift (*inscriptio*), Bild (*pictura*) und längerer Unterschrift (*subscriptio*).

Die Überschrift ist zugleich der Titel des Buches. Die *subscriptio* enthält einen Text in Ich-Form – ein Ich, das sich in hypertropher Form auf den abenteuerlichen Lebensweg des Simplicissimus ebenso wie auf den Roman als Ganzes beziehen lässt: «Ich ward gleich wie phoenix durchs feuer geboren / Ich flog durch die Lüfte, ward doch nicht verloren / Ich wandert im wasser ich streiffte zu land ...». Von entscheidender Bedeutung ist aber das Monstrum im Bild. Es zeigt ein eigenartiges Wesen mit Menschenkopf und Teufelshörnern, das einen seltsam zusammengesetzten, geradezu hybriden Körper hat: eine weibliche Brust und einen menschlichen Bauch, dafür aber Vogelfüße, wovon einer in einer Schwimmflosse, der andere in einem Kuhhuf endet. Das Monstrum hat Arme wie ein Mensch, aber auch Flügel wie ein Vogel und einen Schwanz wie ein Fisch, und es hat ein Schwert umgegürtet. Es steht auf einem Boden, auf dem schon Larven und Masken verstreut liegen. Mit seinen Armen hält es ein Buch hoch, das aufgeschlagen ist und eine eigenartige Zusammenstellung von Bildern und Symbolen enthält. Oben sieht man Krone, Pfaffenhut und Narrenkappe, darunter unter anderem eine Kanone, einen

Festungsturm, ein Schwert, ein Schiff, Schminkgefäße, eine gebratene Gans und ein eigenartiges Insekt. Zumindest so viel kann man auf Anhieb sagen: Alle Elemente zitieren eine strukturierte und fast schon enzyklopädische Ordnung, die aber in Unordnung geraten ist oder die eine andere, verzerrte, groteske Ordnung widerspiegelt. Damit würden die Unordnung im Buch und die Hybridität des Monstrums korrespondieren. Insgesamt schaut das Monstrum aus wie ein Satyr und spielt damit auf jene zur Zeit übliche etymologische Erklärung des Begriffes Satire an. Nicht zuletzt deswegen kann das Monstrum selbst für den Roman stehen, insbesondere für seine satirische Intention, und die unterschiedlichen Komponenten des Monstrums für das Bestreben und das Potenzial des Romans, unterschiedliche Traditionslinien zu kombinieren und festgefügte Formvorgaben zu sprengen. Dass es gleichzeitig ein Buch hochhebt, in dem selbst nun wiederum die Unordnung sich abbildet, verweist auf eine Buch-im-

Buch-Struktur. Das Titelkupfer wäre somit eine Selbstbespiegelung des Romans, der dem Leser damit einen Hinweis auf seine Lektüre gibt und ihn gleichzeitig verwirrt. Aber vielleicht verrät uns das Titelkupfer auch ein Geheimnis dieses Romans, das Geheimnis nämlich, warum er sich bis heute hat in unserem literarischen Gedächtnis halten können. Was diesen und was jeden Roman zu einem Roman macht, das ist genau diese Hybridität, die sich nicht als Unordnung allein, sondern als narrative Potenz, als Fabulierlust lesen lässt. Von daher ist das Titelkupfer vielleicht sogar eine poetologische Richtlinie.

Aufklärung

29. Was heißt Aufklärung? Auf diese Frage gibt es eine berühmte Antwort, sie stammt von Immanuel Kant (1724–1804) und hat bis heute nichts von ihrer Gültigkeit und von ihrer Durchschlagskraft eingebüßt. Die Aufklärung setzt schon am Ende des 17. Jahrhunderts ein und durchzieht das gesamte 18. Jahrhundert. Jürgen Habermas, einer der berühmtesten deutschen Philosophen und Soziologen des 20. und 21. Jahrhunderts, den die Wochenzeitschrift *Die Zeit* einmal als «Weltmacht Habermas» (10.6.2009) auf ihrer Titelseite tituliert hat, hat sogar von einem unvollendeten Projekt gesprochen, das selbst bis ins 20., ja bis ins 21. Jahrhundert hinein unvermindert fortwirkt. Dass die Aufklärung fortwirkt, haben auch die Philosophen Theodor W. Adorno (1903–1969) und Max Horkheimer (1895–1973) in ihrem berühmten Buch *Dialektik der Aufklärung* deutlich gemacht, das in den Kriegsjahren im amerikanischen Exil entstand und 1944 veröffentlicht wurde. Aber sie machen auf eine gefährliche Dialektik aufmerksam. Die Aufklärung kann ihr eigenes Potenzial nutzen, um sich selbst zu instrumentalisieren oder zu totalisieren oder einem Totalitarismus Vorschub zu leisten, und sich damit selbst aus den Angeln heben.

Dass das 18. Jahrhundert aber das Zeitalter der Aufklärung ist, das war auch den Zeitgenossen bewusst, zum Teil entwickelte sich – wie man heutzutage sagen würde – tatsächlich ein geradezu moderner Hype um das Aufklärungsdenken. Aufklärung selbst war, wie die Historikerin Barbara Stollberg-Rilinger schreibt, ein «Modewort» insbesondere des ausgehenden 18. Jahrhunderts. Aber wie das bei solchen Strömungen und Moden zu sein pflegt, so kennt die Intelligenzija zwar den Begriff, die meisten nehmen daran teil, viele tragen dazu bei, dennoch weiß man gar nicht recht zu sagen, was denn Aufklärung sei. So ist diese Frage in einem Artikel der *Berlinischen Monatsschrift* im Jahr 1783 fast beiläufig aufgetaucht. Diese Zeitschrift galt ohnehin als das markanteste Organ der Aufklärung. In dieser Zeitschrift veröffentlichte der Berliner Pfarrer Johann Friedrich Zöllner 1783 einen Aufsatz mit antiaufklärerischer Tendenz, denn er wandte sich gegen die Zivilehe. In seinem Aufsatz macht er eine markante Fußnote, beiläufig und doch fundamental. In dieser Fußnote stellt er die entscheidende Frage und schreibt: «Was ist Aufklärung? Diese Frage, die beinahe so wichtig ist, als Was ist Wahrheit, sollte doch wohl beantwortet werden, ehe man aufzuklären anfinge!» Der kritische Unterton ist nicht zu überhören, aber vielleicht veranlasste diese Frage gerade deswegen namhafte Zeitgenossen und Aufklärer, zu dieser Frage Stellung zu beziehen. Kants Antwort lautet also: «Aufklärung ist der Ausgang des Menschen aus seiner selbstverschuldeten Unmündigkeit.»

So schön und eingängig diese Definition klingt, so dringlich ist doch die Frage, was sie denn mit der Literatur zu tun hat. Das ist zugleich die Frage nach dem Verhältnis von Literatur und Philosophie, zumal im Kontext des 18. Jahrhunderts. Tatsächlich steckt in diesem Satz eine Grundidee, die nicht nur für die Philosophie, sondern auch für die Literatur leitend ist. Worüber die Philosophie nachdenkt, das ist zugleich die Grundlage und Voraussetzung der Literatur, nämlich die Idee des Subjekts. Zunächst besteht die grundlegende Idee der Aufklärung darin, dass die Vernunft das leitende Prinzip in der Erkenntnis der Welt durch den Menschen sein soll. Nicht mehr Gott ist der Garant einer göttlichen Ordnung, die mit Hilfe der Vernunft und als vernünftig erkannt wird, sondern Vernunft ist überhaupt erst dasjenige, was den Menschen zum Menschen macht. Genau diesen Prozess, von der Anerkenntnis einer vorgegebenen, göttlichen, kosmologischen Ordnung über eine vernünftige und vernunftbasierte Erkenntnis dieser Ordnung bis hin zur Selbstbegründung des Menschen als vernünftiges und vernunftbegabtes Wesen, bezeichnet Kant als «Ausgang des Menschen aus seiner selbstverschuldeten Unmündigkeit». Mündigkeit heißt nun positiv, dass es die Vernunft ist, mit der sich der Mensch erst selbst als vernünftiger Mensch versteht. Am Ende der Aufklärung ist der Mensch nicht mehr Teil einer Ordnung, und sei sie noch so vernünftig, sondern er ist der Ursprung der Ordnung, weil er die Verwirklichung von Vernunft ist. Für diesen Begriff des Menschen hat sich im 18. Jahrhundert der Begriff des Subjekts eingebürgert. Dieser Subjektbegriff wird philosophisch entworfen. Die Literatur wiederum erzählt uns von Subjekten. Oder anders gewendet: Das Subjekt ist der Held der Literatur des 18. Jahrhunderts.

30. Was ist Physikotheologie? Die Lyrik gerät um 1700 mit der beginnenden Aufklärung in eine Krise. Die überkommenen lyrischen Formen und Ausdrucksmöglichkeiten haben sich erschöpft. Der Grund ist auch in einer allgemeinen Tendenz zu suchen, Literatur vernünftig zu begründen und jeden stilistischen und rhetorischen Überfluss zu beschneiden. Dabei kann man zwei bemerkenswerte Phänomene beobachten, die uns heutigen Lesern sehr unvertraut vorkommen. Zum einen erfindet die Lyrik der Aufklärung die Natur, und zum anderen versucht sie noch einmal eine Einheit von Kunst und Wissenschaft ins Werk zu setzen. Beide Phänomene hängen eng zusammen. Wenn wir heute von Natur sprechen, so meinen wir damit etwas Gegebenes im Gegensatz zu dem, was Menschen geschaffen haben, also insbesondere einen Gegensatz zur Kultur. Aber Kultur allein ist keine historische Entwicklung, sondern der Gegensatz von Natur, und Kultur ist eine historische Entwicklung. Denn welchen Begriff und welche Vorstellungen wir von der Natur haben, hängt von unserer Einstellung und eben gerade nicht von der Natur ab. An der Lyrik der Aufklärung kann man das wunderbar nachverfolgen. Autoren wie Barthold Heinrich Brockes (1680–1747), Albrecht von Haller (1708–1777) oder Ewald Christian von Kleist (1715–1759), ein preußischer Offizier und Vorfahre jenes anderen Autors mit selbem Nachnamen, schreiben Naturlyrik, aber nicht in diesem Sinne, wie wir diesen Begriff heute verstehen. Die Natur, die sie schildern, hat noch nichts mit romantischer Landschaft zu tun, auch wenn ihre Landschaftsschilderungen schon als poetische Malerei klassifiziert werden. Die Natur ist hier alles andere als natürlich und umso weniger natürlich, je natürlicher sie sich gibt. Natur wird nicht abgemalt, nicht dargestellt, sondern Natur wird regelrecht neu erfunden. An der Natur kann man die göttliche Einrichtung der Welt erkennen. Natur ist äußeres Korrelat einer inneren Vernunft. Natur muss sich als reflexives Moment vorstellen: Der Blick auf die Natur erweist die Vernünftigkeit des Blicks, und die Vernünftigkeit des Blicks bestätigt sich in der Vernunft der Natur. Wenn man daher die Naturschilderungen dieser Autoren, sei es als Landschaft (zum Beispiel das Gebirge, die Alpen), als Jahreszeit (der Frühling), als Ort oder als Ding (der nächtliche Garten, der Kirschbaum), liest, kommt uns heutigen Lesern diese Natur relativ kühl vor. Hier ist noch nichts von romantischem Überschwang oder von Transzendenzerfahrung zu spüren. Die Natur wird gerade zu einem Zwischenglied zwischen menschlicher Vernunft und göttlicher Ordnung. Dem liegt die Überzeugung zugrunde, dass Natur Gotteswerk und mithin auch Medium Gottes ist, so dass Gott in der Natur erkannt werden kann. Man spricht hier von einer Physikotheologie. Diese Überzeugung geht letztlich auf den niederländischen Philosophen Baruch de Spinoza zurück, der die Formel «sive deus sive natura» ausgegeben hatte (entweder

Gott oder Natur, beziehungsweise: Natur und Gott sind äquivalent), die noch weit ins 19. Jahrhundert hinein wirkt.

Daher erweist sich das Gedicht in besonderer Weise geeignet, die Natur darzustellen. Es kann so zu einem besonderen Instrument der Erkenntnis Gottes in der Natur werden. Das ist der Grund, warum in der Aufklärung gerade im lyrischen Bereich das Lehrhafte der Dichtung beheimatet ist und warum das Lehrgedicht, das aus der Antike schon bekannt ist, solch fröhliche Urstände feiern kann. Zu Beginn der Aufklärung sind daher noch drei Bereiche im Lehrgedicht aufs Engste miteinander verbunden, die im Zuge der Aufklärung immer weiter auseinandertreten: Kunst, Wissenschaft und Religion.

31. Wie stürzt man einen Literaturpapst? Beispielsweise durch einen solchen Satz: «Niemand, sagen die Verfasser der Bibliothek, wird leugnen, daß die deutsche Schaubühne einen großen Teil ihrer ersten Verbesserung dem Herrn Professor Gottsched zu danken habe. Ich bin dieser Niemand; ich leugne es geradezu. Es wäre zu wünschen, daß sich Herr Gottsched niemals mit dem Theater vermengt hätte. Seine vermeinten Verbesserungen betreffen entweder entbehrliche Kleinigkeiten, oder sind wahre Verschlimmerungen.» Der Satz stammt von Lessing (1729–1781) aus seinem 17. Literaturbrief vom 16. Februar 1759. Die *Briefe die neueste Literatur betreffend* waren eine Literaturzeitschrift und ein Rezensionsorgan, das zunächst von Nicolai, Mendelssohn und Lessing herausgegeben wurde und wöchentlich von 1759 bis 1765 erschien. Sie umfassen insgesamt 23 Teile und ein Namensregister im 24. Teil und 278 Briefe. Lessing arbeitete regelmäßig und federführend bis zum siebten Teil mit.

Lessing hat Johann Christoph Gottsched (1700–1766) mit seinem Urteil bis in unsere Tage hinein beschädigt. Es ist schon verblüffend und auch ein wenig bedauerlich, dass Gottscheds Name heute eigentlich für das Gegenteil dessen steht, worum es ihm selbst in seiner Zeit zu tun war. Er selbst fühlte sich als ein Neuerer und Modernisierer, wir Heutigen sehen in ihm immer noch den restriktiven Vertreter und Propagandisten einer Regelpoetik, der sich gegen die neueren Tendenzen in der Literatur des 18. Jahrhunderts stellte. Gottsched ist 1730 zum außerordentlichen Professor für Poetik und 1734 zum ordentlichen Professor für Metaphysik und Logik ernannt worden. Mit diesen Fachzuschreibungen war Gottsched also für grundlegende Fächer zuständig, denn die Poetik war nicht allein die Beschreibung von Literatur. Ein solcher Literaturbegriff musste sich erst bilden, und wesentlich dazu hat auch Gottsched beigetragen. Poetik war vielmehr die Nachbardisziplin der Rhetorik, und wo sich die Rhetorik auf gesprochene Texte bezieht, bezieht sich die Poetik in erster Linie auf geschriebene Texte, wobei rhetorische Strukturen sich dann, wie wir schon gesehen haben, auch in schriftlichen Texten strukturbildend entfalten. Poetik ist damit eine grundlegende Textwissenschaft.

Im Jahr 1730 erschien Gottscheds epochemachendes Werk, das so viel Ablehnung hervorgerufen hat, der *Versuch einer Critischen Dichtkunst vor die Deutschen*, ein Werk, das zu Lebzeiten vier Auflagen und Ergänzungen und Erweiterungen erlebt hat. Dieses Werk ist eine moderne Literaturtheorie. Wenn man sie mit dem ca. 100 Jahre früher erschienenen *Buch von der deutschen Poeterey* von Opitz vergleicht (siehe Frage 22), so darf diese Wertschätzung Gottscheds Text nicht vorenthalten werden, ja, mit dem aufklärerischen Gestus, die Dichtung kritisch erfassen zu wollen, gewinnt dieses Werk einen systematischen und einen geradezu enzyklopädischen Charakter. Dabei gilt es, den Begriff der Kritik besonders herauszuheben. Das muss man umso deutlicher bedenken, als die Verbindung von Literatur und Kritik in der heutigen Literaturkritik nur noch eine Schwundstufe jenes aufklärerischen Denkens aufweisen kann. Kritik meint im Kontext der Aufklärung die Art und Weise, wie die Vernunft auf Gegenstände angewendet wird. Es geht nicht um Krittelei, sondern um eine systematische Erfassung und Erkenntnis der Sache selbst. Eine kritische Dichtkunst ist daher eine Beschreibung von Literatur, die auf eine vernunftbasierte Erkenntnis von Literatur hinausläuft. Allerdings kommt bei Gottsched in der Tat ein Aspekt mit hinzu, der im heutigen Begriff von Kritik mitschwingt: der Aspekt des Normativen. Gottsched beschreibt also Literatur nicht nur, wie sie ist, sondern wie sie sein soll.

In der ersten Auflage geht es um den Ursprung der Poesie, sodann um den Charakter des Poeten, um den Geschmack im Sinne einer ästhetischen Theorie, um die Ausdifferenzierung der Gattungen, um das Wunderbare und mithin um Möglichkeiten und Grenzen der Fiktionalität, der literarischen Phantasie und Imagination. Zuletzt widmet sich Gottsched dem Drama und seinen beiden Grundgattungen, der Tragödie und der Komödie. Die eigentlich aufklärerische Pointe seiner Literaturtheorie besteht darin, dass Literatur selbst eine vernünftige Veranstaltung ist, (als) vernünftig erkannt werden und ihrerseits vernünftig auf ihr Lese- und Theaterpublikum einwirken kann – unter einer Voraussetzung, nämlich dass sie selbst vernünftig eingerichtet wird. Was vernünftig ist, das gibt Gottsched genauestens vor.

Lessings Urteil ist nicht fair, aber vielleicht gerade deswegen historisch so markant, weil Lessing von Gottsched auf aufklärerischer Basis durchaus die Vorstellung übernimmt, dass das Drama mit seinen Möglichkeiten, auf den Zuschauer einzuwirken, eine aufgeklärte Norm zu vermitteln habe. In der Literaturgeschichte wird Gottsched als Vertreter der Regelpoetik verkannt, verkürzt oder gar diffamiert. Doch er könnte – gegen Lessing – genauso gut als Wirkungstheoretiker angesprochen werden. Denn es geht ihm nie um die Regeln um ihrer selbst willen, sondern um die Regel als Disposition von Wirkung.

32. Worum ging es in dem Zürcher-Leipziger Literaturstreit? In diesem Literaturstreit ging es um Gottsched und doch auch wieder nicht um Gottsched. Und sollen wir die ganze Angelegenheit überhaupt Streit nennen? In der Tat wurde ein intellektueller und auch literaturtheoretischer Disput ausgetragen. Die Kontrahenten waren Professor Gottsched aus Leipzig auf der einen Seite und zwei Zürcher Gelehrte, Johann Jakob Bodmer (1698–1783) und Johann Jakob Breitinger (1701–1776), auf der anderen. Dass sich mit Lessing später auch noch ein weiterer Kontrahent geradezu traditionsbildend hervortut, zeigt umso deutlicher den Epochenumbruch, der mit diesem Literaturstreit offenbar wird. Beide Zürcher waren auch Professoren, allerdings nicht an der Universität, sondern am Zürcher Gymnasium. Sie waren nicht professionell auf Literatur spezialisiert, sondern hatten beide Theologie studiert, Bodmer zudem helvetische Geschichte, Breitinger hat sich dann auch der Philologie zugewandt. In ihren Anfängen zogen sie am selben Strick wie Gottsched: Es ging ihnen um eine Rationalisierung von Literatur und damit um eine Modernisierung der Vorstellung von Literatur im Kontext aufklärerischen Denkens in der ersten Hälfte des 18. Jahrhunderts. Dafür mag man als Beleg nehmen, dass Breitinger ein zweibändiges Werk schreibt, das fast denselben Titel trägt wie die programmatische Schrift Gottscheds, nämlich *Critische Dichtkunst*, und das 1740, also nur fünf Jahre nach Gottscheds Werk, erscheint. Hier fällt ebenfalls ganz zentral der Begriff der Kritik als einer intellektuellen Methode, auch Literatur nach vernünftigen Grundsätzen zu bestimmen und neu zu entwerfen. Dass die beiden Zürcher Autoren dann doch in eine Frontstellung zu Gottsched gekommen sind, ist vor allem ein Beleg für die dynamischen Entfaltungsprozesse, die sowohl die Literatur als auch die Poetik im 18. Jahrhundert durchlaufen. Worum es eigentlich geht, lässt sich eher am Titel des Buches ablesen, das Bodmer schreibt: *Abhandlung von dem Wunderbaren in der Poesie* (1741).

Versucht man, die Problematik auf den Punkt zu bringen, die die beiden Autoren gerade gegenüber einer Position vertreten, für die Gottsched steht, so könnte man sagen, dass dasjenige, was Literatur interessant macht, nicht unbedingt dasjenige ist, was sie vernünftig macht. Die Frage ist, wie Literatur eine als vernünftig erkannte Welt nachahmt. Der griechische Begriff der Nachahmung, Mimesis, wird zu einem aufklärerischen Literaturprogramm. Mit diesem engen Begriff von Mimesis wird eben all dasjenige, was auf Phantasie und kreative Einbildungskraft zurückgeht, nicht nur nicht erfasst, sondern regelrecht aus der Literatur verbannt. Es geht bei diesem Streit vor allem darum, Einbildungskraft, Imagination, das Wunderbare und schließlich die Phantasie in einem aufklärerischen Kontext einer frühen Literaturtheorie als Konstituenten der Literatur durchsichtig zu machen und vernunftgemäß zu legitimieren. Der Zürcher-Leipziger Literaturstreit ist insofern ein Symptom der durch die Aufklärung angestoßenen Modernisierung von Literatur.

33. Ist Literatur ein eigenständiges Medium? In Lessings Schrift *Laokoon oder über die Grenzen der Mahlerey und Poesie* aus dem Jahre 1766 werden eine Medientheorie und eine Medienkomparatistik *avant la lettre* entwickelt, wenn man den spezifischen Bezugspunkt, die die jeweilige Kunstbetrachtung hat, auf ihren entsprechenden medialen Grund zurückführt. In der Tradition bis zu Lessing wurden vor allem das Zusammenspiel und der Wettstreit der Künste (Paragone) herausgehoben. Lessing wandte sich nun gegen diesen – wenn wir es einmal so nennen wollen – Medientransfer zwischen Literatur und Malerei. Er zieht eine klare Grenze, um die Spezifika von Malerei, aber vor allem von Literatur weiter herauszuarbeiten. Dabei geht es ihm vor allem darum, die Literatur von der Idee zu befreien, sie würde nur aus der Malerei erwachsen (wie bei Horaz: *ut pictura poesis*). Ja, mehr noch: Lessing will ein Potenzial der Literatur offenkundig machen, das ihr sogar mehr Möglichkeiten zuschreibt als der Malerei.

Ähnlich wie mit der Malerei verhält es sich mit der Plastik und der Skulptur. Lessing wendet sich in diesem Zusammenhang auch gegen die Position von Johann Joachim Winckelmann (1717–1768), der 1755 einen sehr wirkungsmächtigen Aufsatz herausgebracht hatte: *Gedanken über die Nachahmung der Griechischen Werke in der Malerei und Bildhauerkunst.* Er hat darin die Formel «edle Einfalt und stille Größe» ausgegeben und damit vor allem auf die Kunstvorstellungen der Klassik vorausgewirkt. Lessings *Laokoon* ist Fragment geblieben, weil Lessing seine Überlegungen nicht in eine solche monographische Form bringen konnte. Lessing betont ausdrücklich in seiner Vorrede, dass sein *Laokoon* in «zufälliger Weise entstanden, und mehr nach der Folge meiner Lektüre, als durch die methodische Entwicklung allgemeiner Grundsätze angewachsen» sei. Wenn in der griechischen Plastik ein Paradigma von Kunst vorliegt, wie kann Lessing dann dagegen noch der Literatur ein Eigenrecht als Kunst sichern und wie kann Literatur selbst noch dieses Paradigma übertreffen?

Man könnte sagen, dass Lessing hier nicht nur ganz Aufklärer, sondern geradezu moderner Medientheoretiker ist. Er begreift die Künste als Medien und kann deswegen vor allem auf das Zeitmanagement der beiden Medien – Literatur hier und Malerei (oder Plastik) dort – abheben. Literatur entfaltet sich sprachlich in der Zeit in einem Nacheinander ihrer sprachlichen Zeichen. Daher kann Literatur all das ausdrücken, was selbst in und mit der Zeit existiert, was also genuin zeitlich ist. Jede Handlung hat eine solche zeitliche Dimension, deswegen kann Literatur in allererster Linie Handlungen ausdrücken. Zwar kann auch die Malerei und die Plastik – wie nicht zuletzt die Laokoon-Gruppe, die in den Vatikanischen Museen steht, Handlungen darstellen, aber nur andeutungsweise, indem sie die Gegenstände so anordnet, dass ihre Veränderung im Raum erahnt werden kann. An der Laokoon-Gruppe wird dies besonders deutlich, geht es doch hier um einen ganz besonderen Moment, einen extremen Moment allergrößten Schmerzes. Sie zeigt den Todeskampf von Laokoon und seinen beiden Söhnen, die, nachdem sie gegen das trojanische Pferd einen Speer geschleudert hatten, von zwei von Athene geschickten Schlangen getötet wurden. Für Winckelmann wird dieser Moment zwar in der Plastik eingefangen, dabei aber auch schon wieder ethisch verklärt. Im Schmerz hat sich Größe zu zeigen. Mit Lessing könnte man dagegenhalten: Was die Statue darstellen will, kann sie nicht adäquat darstellen, weil sie Statue ist. Damit wird in Lessings Augen eine ethische Rechtfertigung für einen ästhetischen Sachverhalt nachgeliefert. Umgekehrt kann die Literatur nicht eigentlich Körper darstellen, sondern nur die Handlung. Und insofern müssten die beiden Medien sich vor allem auf ihr medienspezifisches Potenzial konzentrieren. Wo es allerdings um Fragen einer ästhetischen Darstellung des Ethischen, also schlichtweg um Handlungen, die als solche überhaupt erst ethisch beurteilt werden können, geht, kann die Literatur ihr Potenzial, eine Kunst in der Zeit zu sein, voll ausspielen. Damit leistet Lessing auch einer Autonomie der Literatur weiteren Vorschub.

34. Was ist ein Musterfall moralischer Planwirtschaft? Wir haben ein moralisches Problem: Ein Mann, ein Adliger und Offizier, liebt eine Frau, eine Bürgerliche, die ihn wohl auch liebt und die er heiraten will, aber nicht darf. Der Hof verbietet es aus Standesrücksichten. Der Mann und die Frau fügen sich. Später heiratet der Mann doch – eine Adlige, eine schwedische Gräfin, und diesmal lässt sich die Liebesheirat verwirklichen. Das Paar zieht an den Hof und begegnet dort der ersten Verlobten des Mannes wieder. Wie sollen sich die beiden Frauen verhalten? Wie geht man moralisch einwandfrei mit dieser Situation um? Gibt es hierfür überhaupt eine optimale Lösung oder sind nicht zu viele Gefühle im Spiel, die sich nicht mehr sozial ab- und ausgleichen lassen? Letzteres würden wir heute sofort bejahen. Man kennt die Menschen und ihre moralischen Grenzen. Nicht so bei Christian Fürchtegott Gellert (1715–1769), denn er ist der Autor eines Romans, der diese Situation schildert: *Das Leben der schwedischen Gräfin von G**, der in zwei Teilen 1747 und 1748 erschien. Die Ehefrau des Grafen hegt keinerlei Ressentiments, und die frühere Verlobte ist sofort bereit, ihren ehemaligen Verlobten emotional freizugeben, nur um diese Gefühle sofort in eine neue Freundschaftsbeziehung, nämlich zwischen zwei Frauen, zu investieren. Ist das realistisch? Nein, aber es ist aufklärerisch. Würden wir unseren Blick ein wenig auf ein Drama wenden, das nur wenige Jahre später erschienen ist, Lessings *Miss Sara Sampson* aus dem Jahre 1755, dann könnten wir dort eine ähnliche Situation entdecken, die aber doch ganz anders gehandhabt wird, nicht zuletzt deshalb, weil die Figuren dort, abgesehen vielleicht von der Titelheldin, nicht mehr ganz so gut sind, ein so reines Herz haben und nicht mehr in der Weise empfinden, wie es noch die Figuren Gellerts tun. Diesmal löst sich die peinliche Situation nicht sofort in ein moralisches Wohlgefallen auf: Die frühere Geliebte vergiftet die aktuelle Geliebte.

Was sich zwischen diesen beiden Texten abzeichnet, ist eine grundlegende Veränderung im Menschenbild, das die Literatur verhandelt: ein Paradigmenwechsel in der literarischen Anthropologie. Die Aufklärung muss selbst durch Ausblendung des Gefühls verursachte Folgekosten tragen. Moral entsteht zu dieser Zeit als Handlungsprinzip der Vernunft für Individuen in der Gesellschaft. Eine vernünftige Moral macht überhaupt erst aus Individuen Mitglieder der Gesellschaft. Dass Gesellschaft aber immer noch durch Standeshierarchien strukturiert und nicht durch moralische Prinzipien geleitet wird, gibt der Literatur der Aufklärung einen riesigen Fundus an Themen- und Problemstellungen an die Hand. So kann man immer fragen, welcher Adlige schon vernünftig, und das heißt: moralisch, geworden ist. Der Adlige aus Gellerts Roman ist ein Musterbeispiel für einen solchen Typus. Wenn aber die Moral eine bürgerliche Angelegenheit ist, so kann man auch fragen, welcher Adlige schon bürgerlich geworden ist – nicht im sozialen, sondern im moralischen Sinne. Doch an dieser Stelle tritt ein anderes Problem auf: das Gefühl. Die Aufklärung entwirft ein Menschenbild, das dem Menschen nicht nur Vernunft, sondern eben auch Gefühl zuschreibt. Gefühl hat dieselbe Funktion wie Vernunft. Es verleiht dem Menschen Individualität, denn Gefühle sind sehr individuell, und es verleiht dem Menschen gleichzeitig seinen sozialen Status, denn mit seiner Emotionalität wird der Mensch – wie man es heute sagen würde – empathiefähig. Das setzt allerdings voraus, dass Vernunft und Gefühl sich nicht widersprechen. Ist dies gewährleistet, so kann das Gefühl zu dem alles umgreifenden Kitt einer funktionierenden Gesellschaft werden – im Kleinen in der Liebe und in der Freundschaft sowie im Großen in einem umfassenden Gesellschaftsmodell. Es beginnt das Zeitalter des Gefühls und des Gefühlskultes, das wir heute noch das Zeitalter der Empfindsamkeit nennen. Und der Preis, der hierfür zu zahlen ist, ist leicht einzusehen: Gefühl muss moralisiert werden.

Noch deutlicher wird dies bei einem zweiten moralischen Problem, das dieser Roman abhandelt: Die Gräfin, aufklärerisch und empfindsam erzogen, lebt also glücklich mit ihrem Mann zusammen, bis zu jenem Tag, an dem das Paar an den Hof ziehen muss und die Frau dort den erotischen Nachstellungen des Prinzen ausgesetzt ist. Da sie sich weigert, diesem Druck nachzugeben, versetzt der Prinz ihren Mann zu einem militärischen Himmelfahrtskommando, bei dem die ganze Einheit aufgerieben wird, ihr Mann aber überlebt. Dennoch wird ihm die Schuld gegeben; er wird vor dem Militärgericht zum Tode verurteilt. Die Frau verlässt das Land, Jahre vergehen. Und schließlich heiratet die Frau wieder, einen gemeinsamen Bekannten und Freund, einen Mann, der ebenso herzensgut ist wie ihr verstorbener Gatte und der sich in der schwierigen Zeit rührend und aufopferungsvoll um die Frau bemüht hat; mit ihm hat sie dann auch ein gemeinsames Kind. Nach Jahren kommt aber der totgeglaubte Ehemann zurück. Das Todesurteil konnte seinerzeit aufgrund von Kriegseinwirkungen nicht vollstreckt werden, er wurde stattdessen gefangen genommen und konnte erst vor kurzem dieser Gefangenschaft entgehen. Was tun? Oder anders gewendet: Wie lassen sich hier noch die Gefühle moralisieren? Die Antwort, die uns Gellert gibt, mag uns psychologisch unmotiviert, ja abstrus erscheinen, und gerade deswegen gibt sie einen so deutlichen Einblick in die Problemkonstellation im Kräftefeld von Vernunft, Gefühl und Moral in der ersten Hälfte des 18. Jahrhunderts. Das Ehepaar trennt sich formal, die Ehefrau kehrt zu ihrem ersten Ehemann zurück, aber der frühere Freund, wie man das erwarten könnte, verlässt die beiden nicht, sondern er bleibt ein Mitglied des gemeinsames Haushaltes und rückt wieder in die Position eines Freundes. Der zweite Ehemann verzichtet sofort auf alle sexuellen Privilegien, die ihm der Ehestatus eingebracht hatte. Er kann, durch diesen Zufall herausgefordert, alle erotischen Interessen sofort in freundschaftliche Empathie ummünzen. Großartig! Das Maß der Unwahrscheinlichkeit dieser Lösung ist aber zugleich ein Indikator für das Maß moralischer Funktionalisierung und Durchdringung selbst intimster Verhältnisse; Martin Greiner hat deswegen von einem «Musterfall moralischer Planwirtschaft» gesprochen.

35. Wie entwirft man eine vernünftige Gesellschaft? Diese Frage wird bei *Robinson Crusoe* von Daniel Defoe (1660–1731) aus dem Jahre 1719 ebenso aufgeworfen wie in Thomas Morus' (1478–1535) Schrift *Utopia* aus dem Jahre 1516. Ein zentrales Thema wird sie in dem vierteiligen Roman von Johann Gottfried Schnabel (1692–1752?), der heute unter dem Namen *Insel Felsenburg* bekannt ist.

Der ursprüngliche Titel beginnt mit «Wunderliche Fata einiger See=Fahrer...» und ist – ganz in barocker Manier – mehr als eine halbe Seite lang. Der Ich-Erzähler erzählt, wie er dazu gekommen ist, auf die Insel Felsenburg irgendwo im südlichen Weltmeer zu kommen, wo ein alter Verwandter als sogenannter Alt-Vater ein ideales Gemeinwesen regiert. Der Roman entfaltet eine grundlegende Differenz zwischen einer schlechten politischen Wirklichkeit und einer guten politischen Utopie. Auf der Insel Felsenburg gibt es ein friedliches Zusammenleben auf der Basis einer aufklärerischen und aufgeklärten Moral, in den Herkunftsländern der Figuren herrschen hingegen Egoismus und Partialinteressen. Im ersten Teil (1731) wird dieses Gemeinwesen vorgestellt, in den weiteren drei Teilen (1732, 1736, 1743) kommen Erzählungen weiterer Schicksale hinzu.

Aus dem *Robinson Crusoe* werden zwei Ideen übernommen: zum einen die Idee, dass man durch Schiffbruch auf eine unbekannte Insel verschlagen werden kann, zum anderen die Idee, dass man sich auf dieser Insel einzurichten habe. Die entscheidende Abwandlung erfährt diese Konzeption allerdings durch den Aspekt, dass man auf dieser Insel ein Gemeinwesen gründen kann, dieses in idealer Weise gestaltet und daher gar nicht mehr zurückwill, also eine neue Heimat gründet. Aus *Utopia* wird die Fragestellung übernommen, wie denn diese ideale Weise, ein Gemeinwesen zu gründen, zu führen und zu gestalten, aussehen könnte, aber auch die Idee, dass diese Pläne eben in der politischen Wirklichkeit dieser Zeit nur utopischen Charakter haben können. Durchaus modern ist dieser Roman, wo er die Staatstheorien des 17. Jahrhunderts hinter sich lässt und stattdessen die Frage nach einem idealen Gemeinwesen in den aufklärerischen Kontext der Literatur in der ersten Hälfte des 18. Jahrhunderts stellt. Es geht zentral um die Frage, wie sich eine aufklärerische und aufgeklärte Moral sozial – also im Modell eines Gemeinwesens – umsetzen, wie sich also eine individuelle Einstellung in einer gesellschaftlichen Struktur verwirklichen lässt.

Beispielhaft ist auch das Werk von Christoph Martin Wieland (1733–1813), der ein eigentümliches Rezeptionsschicksal erleben musste. Er gehört zu den Aufklärern und Modernisierern der deutschen Literatur, doch schon eine Generation später, bei den Stürmern und Drängern, stößt er auf größte Ablehnung, weil sie ihn für überkommen und nicht authentisch halten. Selbst Studenten verbrennen seine Bücher, weil sie sie für moralisch bedenklich halten.

Wieland hat ein beeindruckendes Werk hinterlassen, auch eine Reihe von Romanen, zum Beispiel die wunderbare *Geschichte der Abderiten* (1774–1780) – eine bitterböse Schelmengeschichte, die die Schiltbürgergeschichte nachahmt (die ins antike Griechenland verlegte Stadt Abdera ist eine Form von Schilda), aber dabei massiv die Formen rückständiger Aufklärung, schlichtweg soziale Dummheit verspottet. Sein in der Tradition von Cervantes' *Don Quichote* (1505/1515) stehender Roman *Don Silvio von Rosalva, oder Sieg der Natur über die Schwärmerey* aus dem Jahr 1764 erzählt, wie ein junger Mann lernen muss, sich aus seinen imaginativen Lektürewelten, in denen er schwärmerisch lebt, zu befreien, um überhaupt erst im realen Leben und in der Liebe sich bewähren und sich finden zu können. Sein Roman *Geschichte des Agathon* (in drei Fassungen erschienen: 1766/67, 1774, 1793) ist auch deswegen bemerkenswert, weil er, was als große Ausnahme zu werten ist, eben nicht auf andere Vorbilder setzt und sich in bestimmte Traditionen einreiht, sondern – ganz im Gegenteil – selbst eine Tradition begründet: die des deutschen Bildungsromans. Auch dieser Roman setzt, wie schon der *Don Silvio*, mit diesem Problem der Schwärmerei ein. Schwärmerei ist eine fehlgeleitete Gefühlsfunktion. Das Gefühl ist so dominant geworden, dass es dem Schwärmer nicht mehr gelingt, zwischen Gefühlswelt und Realität zu unterscheiden und sich in der Realität zurechtzufinden, zumal dann, wenn diese Gefühle permanent durch entsprechende Lektüren befeuert werden.

Agathon (der Gute) ist ein solcher Fall, er ist ein Schwärmer und Schöngeist und als solcher anfällig für allerlei auch erotische Versuchungen. Diesen muss er widerstehen, und das gelingt zunächst nur, indem er sich ihnen entzieht. Und damit beginnt ein Bildungsweg, der diesen Roman zu einem Prototypen des deutschen Bildungsromans gemacht hat. Dabei durchläuft Agathon verschiedenste Stationen, die alle Aspekte seines Bildungsweges repräsentieren: ganz bestimmte Umfelder, ganz bestimmte Herausforderungen und Versuchungen und ganz bestimmte Lerninhalte, die Agathon internalisieren muss. Der Weg ist keineswegs gerade und stringent (weder geographisch: Delphi, Athen, Smyrna, Syrakus, schließlich Tarent, noch psychologisch), er enthält Umwege, Brüche und Rückschläge, die ihrerseits gemeistert werden müssen. Agathon hat sich politischen, erotischen, philosophischen, psychologischen Herausforderungen zu stellen. Er kann sie nicht alle meistern. Er versagt zum Beispiel nach anfänglichen Erfolgen als Politiker und muss miterleben, dass ein Abstieg noch schneller kommen kann als ein Aufstieg. Er muss sich mit dem Sophisten Hippias auseinandersetzen, der eine sehr pragmatische, bisweilen sogar opportunistische, skeptizistische oder gar hedonistische Philosophie vertritt. Er hat den erotisch-frivolen Verlockungen der heißen Danae zu widerstehen, er muss sich aus der moralischen Verwerflichkeit am Tyrannenhof des Dionysius in Syrakus befreien, bevor er endlich in Tarent bei dem weisen Archytas zur Ruhe und Einsicht kommen und auch die geliebte Freundin Psyche (!) wiederfinden darf, die sich als seine Schwester herausstellt, und genauso Danae, die nun allerdings geläutert ist.

Einen solchen Bildungsweg erzählerisch in den Griff zu bekommen ist durchaus ein schwieriges Unterfangen. Davon zeugen nicht allein die beiden weiteren Auflagen. Wieland arbeitet am Verhältnis von erzählter Geschichte und eingeschalteter Didaxe und an der Motivierung des Schlusses, der Agathon zu einem Ideal der Selbsterkenntnis führt. Beide Probleme hängen eng zusammen: Wie kann der Schluss motiviert werden, ohne dass sich der Erzähler permanent mit Moralisierungen einmischt, die das moralische Ziel vorgeben? Und in diesem Sinne ist der Roman ein empfindsamer und ein aufklärerischer Roman *par excellence*, denn es geht um die Frage, wie die Empathiefähigkeit des Menschen so aktualisiert werden kann, dass daraus der größte individuelle und soziale Nutzen gleichermaßen gezogen werden kann.

36. Wie hat Lessing Aristoteles übersetzt? Kann man sich ein wirkungsmächtigeres Werk vorstellen als Aristoteles' *Poetik*? Bei Aristoteles findet sich eine ausgearbeitete Dramentheorie, die nicht nur besagt, woraus das Drama besteht, sondern vor allem, wie es realisiert werden kann. Dabei wird besonders auf die Wirkdisposition des Dramas abgehoben. Das Drama wird insbesondere durch die Möglichkeit definiert, die es in der Aufführung in der Theatersituation entfalten kann.

Die Dramenkonzeption des Aristoteles wurde zwar immer wieder herangezogen, dabei aber auch immer wieder neu interpretiert und bisweilen radikal umgedeutet. Auch Lessing reiht sich in die Folge der Aristoteles-Interpretationen ein, und vielleicht ist seine Re-Interpretation sogar diejenige, die am weitesten reicht. Deutlich wird dabei aber auch, dass er kein Hehl aus seiner Umdeutung macht. Er gibt nicht vor, Aristoteles besser zu deuten als andere, sondern macht - zumindest zwischen den Zeilen - deutlich, dass seine Konzeption einer Aristoteles-Umdeutung auch einer veränderten Dramenkonzeption vor dem Hintergrund aufklärerischen Denkens und einer aufklärerischen Anthropologie entspringt. Zeichnet man die Traditionslinie der auf die Dramentheorie bezogenen Aristoteles-Interpretationen bis zu Lessing nach, wird man erkennen, dass vieles, was Aristoteles zugeschrieben wird, tatsächlich erst in dieser Traditionslinie geboren und nachträglich als aristotelischer Gedanke ausgegeben wurde, so zum Beispiel die Ständeklausel. Dennoch kann man von einem einfachen Bestand an dramentheoretischer Grundlagentheorie ausgehen, die sich mit drei Zahlen zusammenfassen lässt: Ein Drama habe aus *fünf* Akten zu bestehen, die *drei* Einheiten einzuhalten und *eine* einzige Handlung auf die Bühne zu bringen.

Lessing interessiert sich mehr dafür, wie man die Wirkdisposition des Theaters aufklärerisch nutzbar machen kann. Am 22. April 1767 wird das Hamburger Nationaltheater eröffnet, dessen Spielplan Lessing intensiv verfolgt und in seiner sogenannten *Hamburgischen Dramaturgie*, einer Textsammlung zwischen Rezension und Dramentheorie, begleitet. Im 75. Stück dieser Sammlung vom 19. Januar 1768 fällt der entscheidende Satz, der sein Aristoteles-Verständnis in nuce enthält. Seine Neuinterpretation ist nichts weiter als eine veränderte Aristoteles-Übersetzung, allerdings eine veränderte Übersetzung ganz entscheidender wirkungstheoretischer Begriffe: «Man hat ihn [Aristoteles] falsch verstanden, falsch übersetzt. Er spricht von Mitleid und Furcht, nicht von Mitleid und Schrecken.» Bei Aristoteles finden sich die Begriffe *phobos* und *eleos*, die man gewöhnlich mit Furcht und Schrecken übersetzt hat. Lessing reflektiert die Begriffe Furcht, Schrecken und auch Mitleid, um sich dann auf Furcht und Mitleid festzulegen. Das sind nicht nur gänzlich andere Begriffe, sie werden bei Lessing auch direkt aufeinander bezogen: «Diese Furcht ist das auf uns selbst bezogene Mitleid», heißt es im 75. Stück. Die Tragweite dieser veränderten Begrifflichkeit ist kaum zu überschätzen. Bei Aristoteles ging es um eine psychologische Konzeption. Das Drama sollte den Zuschauer deswegen in Furcht und Schrecken versetzen, um ihn genau von diesen Emotionen zu befreien und zu reinigen. Das war der Kerngedanke der aristotelischen Konzeption von Katharsis. Diese Konzeption wird durch die Ersetzung der Begriffe durch Lessing in ihrer Grundstruktur radikal verändert. Es geht nunmehr um eine soziale Konzeption. Es geht darum, mit Hilfe von Mitleid und Furcht (also Mitleid mit sich selbst) eine emotionale Disposition zu schaffen, in der der Zuschauer nun selbst sozial handeln kann. Es geht um eine soziale Mobilisierung des Zuschauers. Dabei wird das Mitleid als eine zentrale ethische Kategorie ausgegeben. In seinem *Briefwechsel über das Trauerspiel* findet sich Lessings berühmter Satz: «Der mitleidigste Mensch ist der beste Mensch.» Auf dieser neuen anthropologischen Basis ruht die Funktion des Theaters. Im Theater geht es um nichts weniger als um, wie es im 78. Stück der *Hamburgischen Dramaturgie* vom 29. Januar 1768 heißt, die «Verwandlung der Leidenschaften in tugendhafte Fertigkeiten».

37. Warum schreibt ein liebender Vater seiner Tochter einen Brief? Vater und Tochter waren lange getrennt, denn die Tochter hat sich von einem Mann verführen lassen, der ihr die Ehe versprochen hat, und ist mit ihm abgehauen. Den Vater haben sie zurückgelassen. Aus dem Liebesabenteuer wird keine Ehe, Versprechungen bleiben unerfüllt, und je weniger die junge Frau das Eheglück zu fassen bekommt, umso größer wird auch ihre Sehnsucht nach ihrem immer noch geliebten, aber verlassenen Vater. Und auch der Vater liebt nach wie vor seine Tochter und will nur eins: seine Tochter wiedersehen. Und tatsächlich, Vater und Tochter finden sich, in einem «elenden Wirthause» fernab ihrer Heimat. Vater und Tochter trennt nur noch eine Wand und ... was machen sie? Er schreibt einen Brief.

Man kennt die Geschichte. Es ist die Geschichte der Miss Sara Sampson aus Lessings gleichnamigem Stück aus dem Jahre 1755 – also aus jener Zeit, in der die wirklich neuere, moderne deutsche Literatur anhebt. Ein frühes bürgerliches Trauerspiel, eines der ersten deutschsprachigen, das das englische Colorit zum Beispiel von Vorläufern wie George Lillos «domestic tragedy» *The London Merchant* (1731) übernimmt und damit auch an in England früher und umfassender entwickelte Vorstellungen von Bürgerlichkeit anknüpft.

Wir haben nun jedes Recht zu fragen, warum Vater und Tochter gerade in dieser Situation die lang ersehnte Begegnung vermeiden und der Vater stattdessen zum Medium des Briefes greift. Und es kommt noch schlimmer: Die Tochter weigert sich, ihn zu lesen – nicht weil sie von dieser Form der Kontaktaufnahme brüskiert wäre, sondern im Gegenteil, weil sie der Kontakt überhaupt zu sehr mitnimmt und sie fürchtet, der Vater könne ihr vorschnell verzeihen. Ein absolut kontraintuitives Verhalten! Warum verhalten sich die Figuren derart eigenartig?

Miss Sara Sampson ist im eigentlichen Sinn ein ausgesprochenes Briefschreibdrama. Das Drama hat vier Hauptfiguren, die sich zu Suchpaaren gruppieren: Ein Vater sucht seine verführte und entführte Tochter, eine verlassene Geliebte sucht ihren Exliebhaber, beide Suchende finden die Gesuchten, die ein Paar geworden sind, in einem Gasthaus. Beide Suchenden schreiben den Gesuchten jeweils einen Brief, und am Ende sind die beiden Gesuchten tot! Natürlich ist das eine fast bösartige Verkürzung. Im gesamten dritten Akt wird eine epistolare Grundsituation entfaltet. Als der Vater seinen Brief schreibt, erklärt er seinem treuen Diener: «Ich werde ihrer [– Saras] Gesinnungen dadurch gewiss und mache ihr Gelegenheit, alles, was ihr die Reue Klägliches und Errötendes eingeben könnte, schon ausgeschüttet zu haben, bevor sie mündlich mit mir spricht.» Wenn man so will: eine Medientheorie als Emotionstheorie in nuce! Als der Diener den Brief der Tochter überbringt, entspinnt sich zwischen ihm und Sara dann folgender Dialog:

WAITWELL: Nehmen Sie diesen Brief, Miß; er ist von [Ihrem Vater] selbst. [...]
SARA: Gieb nur, ehrlicher Waitwell – Doch nein, ich will ihn nicht eher nehmen, als bis du mir sagst, was ohngefehr darin enthalten ist.
WAITWELL: Was kann darin enthalten sein? Liebe und Vergebung.
SARA: Liebe? Vergebung?
WAITWELL: Und vielleicht ein aufrichtiges Bedauern, daß er die Rechte der väterlichen Gewalt gegen ein Kind brauchen wollen, für welches nur die Vorrechte der väterlichen Huld sind.
SARA: So behalte nur deinen grausamen Brief!
WAITWELL: Grausamen? fürchten Sie nichts; Sie erhalten völlige Freiheit über Ihr Herz und Ihre Hand!
SARA: Und das ist es eben was ich fürchte. [...] (ebd., S. 472 f.)

Sara antwortet ebenso kontraintuitiv, aber konsequent und entfaltet die Paradoxie, die im Brief des Vaters angelegt war: Der Brief ist für sie grausam, weil er für sie nicht grausam ist und die väterliche

Autorität aussetzt. Und insofern kann man eine Antwort auf die eingangs gestellte Frage formulieren: Mit dieser inszenierten Situation gelingt es dem bürgerlichen Trauerspiel, ein Spannungsfeld sichtbar zu machen, in dem die Figuren stellvertretend für das bürgerliche Subjekt in jener Zeit stehen. In der Verweigerung des direkten Gesprächs durch Sara wird der Unterschied von direkter und indirekter Kommunikation, von Gespräch und Brief bedeutsam. Und damit werden wiederum andere Differenzen thematisierbar, wie zum Beispiel die von Emotionalität und Rationalität, von Begehren und Tugend, von Sexualität und Rationalität, von Gnade und Gesetz. Und all das macht eine neue aufgeklärte Anthropologie aus, deren soziale Relevanz im bürgerlichen Trauerspiel geradezu exemplarisch abgehandelt wird.

38. Warum muss Emilia Galotti sterben? Am Ende von Lessings gleichnamigem Drama, am 13. Mai 1772 im herzoglichen Opernhaus in Braunschweig uraufgeführt, will die Titelfigur Emilia Galotti Selbstmord begehen. Sie ergreift den Dolch, den ihr Vater in Händen hält. Da ein Selbstmord auch ein Verstoß gegen die Normen wäre, ist es ihr Vater, der sie davon abhält. So weit, so gut. Doch nun bringt Emilia in einer dramatischen Schlussszene den Vater selbst dazu, sie umzubringen. Sie gibt die Gründe an, warum sie umgebracht werden muss, und sie nennt zudem noch ein historisches Beispiel: «Ehedem wohl gab es einen Vater, der seine Tochter von der Schande zu retten, ihr den ersten, den besten Stahl in das Herz senkte [...]». Aber wie konnte es bei Lessing zu dieser Szene kommen?

Die Geschichte spielt an jenem Tag, als Emilia Galotti einen Grafen Appiani, ein bisschen blass, aber dafür ein Schwiegersohn ganz nach dem Geschmack des tugendhaften Vaters Odoardo, heiraten soll. Unglücklicherweise hat sich der Fürst in diesem kleinen oberitalienischen Fürstentum, Hettore Gonzaga, in Emilia verliebt und setzt alles daran, sie zu seiner Mätresse zu machen. Nach dem Auftragsmord am Ehemann soll sie in das Stadthaus des Kanzlers gebracht und damit der Obhut der Eltern und insbesondere des Vaters entzogen werden. Allen Beteiligten ist klar, in welcher Gefahr Emilia schwebt. Sie ist der Verführung des Prinzen wehrlos ausgesetzt. Genau das sind die Ausgangsbedingungen jener Szene, in der Emilia sich selbst umbringen will und dann ihren Vater dazu bringt, sie zu töten. Emilia will sich auf keinen Fall der Gewalt des Prinzen beugen, und ist daher bereit, lieber zu sterben als sich hinzugeben. Aber ist die bürgerliche Moral mehr wert als das eigene Leben? Nein, doch wo bleibt dann das Bürgerliche?

Das Bürgerliche ist keine Standeszugehörigkeit mehr, sondern das Bürgerliche ist vielmehr ein bürgerliches Bewusstsein. Bürgerlich zu sein heißt, einer bestimmten bürgerlichen Moral zu folgen, ja mehr noch, sich als Bürger moralisch zu definieren. Es ist die, es ist seine Moral, die den Bürger ausmacht. Das ist der eigentliche Stand, dem Odoardo angehört; deswegen legt er so viel Wert auf diese Form der Tugend, denn diese Tugend ist Ausdruck seiner bürgerlichen Moral. Das ist in der Tat eine völlig neue Vorstellung von Gesellschaft, in der die gesellschaftliche Ordnung nicht mehr durch Standeszugehörigkeit, sondern durch die Moral gekennzeichnet und auch garantiert wird. So lässt sich an diesem Drama beispielhaft auch ein großer gesellschaftlicher Umbruchsprozess ablesen. Indem sich das Bürgertum moralisch als Stand definiert, wird der Standesbegriff aufgeweicht. Das Bürgertum ist drauf und dran, seine spezifisch bürgerlichen Moralvorstellungen als Moralvorstellungen der gesamten Gesellschaft auszugeben. Gleichzeitig aber werden daher Moralvorstellungen anstelle der Standeszugehörigkeit zum Strukturmodell und Organisationsprinzip einer Gesellschaft.

Das ist die Welt Odoardos. Aber nun kommt Emilia ins Spiel und damit der Testfall der väterlichen, bürgerlichen Moral. Odoardo ruft aus: «Laß dich umarmen, meine Tochter!», nachdem Emilia erklärt hatte, dass sie sich der Gewalt nicht beugen wird: «Ich will doch sehen, wer mich hält – ». Und dennoch ist sie wenige Minuten später tot. Warum? Das Problem ist nicht die Gewalt. Welche Gewalt der Fürst Emilia auch antun will, mit Gewalt wird er ihr moralisches Selbstverständnis nicht beeinträchtigen können. Er mag sie vergewaltigen, ihrer Ehre tut dies keinen Abbruch. Das erkennt man an der kurzen Wechselrede mit ihrem Vater:

ODOARDO: [...] Auch du hast nur *ein* Leben zu verlieren.
EMILIA: Und nur *eine* Unschuld!
ODOARDO: Die über alle Gewalt erhaben ist. –

Und jetzt kommt's. Gegen Gewalt ist das bürgerliche Selbstbewusstsein der Tochter immun. Aber nicht gegen dasjenige, was in ihr selbst als Disposition vorhanden ist. Und genau das ist der springende

Punkt. Wenn das Bürgertum sich selbst über eine bürgerliche Moral definiert, so wird damit gerade etwas ausgeschlossen, was zum Menschsein mit dazugehört und was sich eben einer Moralisierung entzieht. Denn Emilia erwidert unmittelbar darauf:

EMILIA: Aber nicht über alle Verführung. – Gewalt! Gewalt! Wer kann der Gewalt nicht trotzen? Was Gewalt heißt, ist nichts: Verführung ist die wahre Gewalt. –

Diese moralische Definition übersieht die Verführbarkeit des Menschen, der zwar moralisch handeln kann, aber auch Triebe hat, die der Moral entgegenlaufen, der also auch eine sexuelle Identität besitzt. Der Gewalt kann Emilia trotzen, aber nicht ihrer eigenen Verführbarkeit. An der Jungfernschaft entscheidet sich das bürgerliche Schicksal. Mit *Emilia Galotti* schreibt ein bürgerlicher Autor für ein bürgerliches Publikum und entwirft dabei ein Konzept einer moralischen fundierten Bürgerlichkeit, die er zugleich in ihren Restriktionen problematisiert. Mit dem Tod der Heldin, der das Drama zu einem Trauerspiel macht, wird diese Überlegung an das Publikum weitergegeben. Das ist der Kerngedanke des bürgerlichen Trauerspiels.

39. Welche Bedeutung hat die Vater-Tochter-Relation? Bleiben wir noch einen kurzen Moment bei diesen beiden Töchtern Sara Sampson und Emilia Galotti. Am Ende sind beide tot, wir haben es ja mit bürgerlichen Trauerspielen zu tun. Doch ihre Väter sind ganz unterschiedlich, der eine bringt seine Tochter um (*Emilia Galotti*), der andere adoptiert quasi noch den Mann, der die Tochter verführt und indirekt Mitschuld an ihrem Tod hat (*Miss Sara Sampson*). Und doch sind sie gar nicht so unterschiedlich und nehmen dieselbe Position in einem Gefüge ein, das sehr viel über die Vorstellungen von Mensch und Gesellschaft in der Literatur der zweiten Hälfte des 18. Jahrhunderts aussagt. Dem Vater steht die Tochter gegenüber. Auch hier ein deutlicher Unterschied. Die eine gibt sich dem Verführer hin und folgt ihm, wenn auch in der Hoffnung, er werde sie heiraten, die andere will lieber sterben, als sich hinzugeben. Und trotz der Unterschiede nehmen auch diese beiden Töchter ganz ähnliche Positionen in diesem familialen Gefüge ein, so dass man grundsätzlich fragen kann, welche Bedeutung das Vater-Tochter-Verhältnis für das bürgerliche Trauerspiel hat. Noch bis zu Friedrich Hebbels (1813–1863) spätem bürgerlichen Trauerspiel *Maria Magdalene* (1843) spielt die Vater-Tochter-Beziehung eine große Rolle. Und man könnte diese Frage ausweiten und die vielen Vater-Tochter-Verhältnisse, die es bis heute – und in jüngerer Zeit wohl eher im Roman von Autorinnen – gibt, auf ihre Funktion hin untersuchen, indem man fragt, was an diesem familiären Verhältnis speziell an gesellschaftlichen Problemen abgehandelt wird.

Lessings *Miss Sara Sampson* macht die Problematik anschaulich. Das ganze Stück spielt in einem Gasthaus. Dieser Handlungsort gewinnt im 18. Jahrhundert an fundamentaler Bedeutung für die Literatur und insbesondere für die Dramatik, weil er ein Ort der Passage und des Übergangs ist. Hier treffen unterschiedlichste Menschen auf ihren jeweiligen Wegen zusammen. Damit kann man an diesem Ort unwahrscheinliche Begegnungen wahrscheinlich werden lassen. Gasthäuser sind Orte sozialer Mobilität und insofern dafür prädestiniert, gesellschaftliche Strukturen aufzubrechen und gerade dadurch sichtbar zu machen. Sara ist ein wunderbares Beispiel dafür. Sie befindet sich – wie ihr selbst immer deutlicher bewusst wird – in einer dilemmatischen Situation. Sie nimmt nämlich eine Position ein, die für Frauen im patriarchalischen Weltbild nicht vorgesehen ist: der Ordnung des Vaters schon entflohen, aber noch nicht in die Ordnung des Ehemannes eingebunden. Sara findet sich zwischen zwei Ansprüchen wieder: zwischen dem Anspruch auf die Verwirklichung ihres Begehrens und ihrer Liebe sowie dem Anspruch auf soziale Anerkennung. Es ist zugleich eine Phase zwischen Intimität und Öffentlichkeit. Das ist der Ort für eine typische Transitionsphase, die umso unbefriedigender ist, je länger sie andauert, und die äußerst gefährlich ist. Denn Saras Konflikt als Tochter ist der Konflikt des bürgerlichen Subjekts als Mensch, dem es darum zu gehen hat, Subjektives und Objektives, erotische und moralische, psychische und soziale Ansprüche miteinander zu vereinbaren. Subjektsein besteht demnach im Idealfall in der Fähigkeit, den je eigenen Anspruch mit dem der anderen, der Gesellschaft, vermitteln zu können. Das Subjekt erscheint als Vermittlungsmodell, mithin als Einheit einer Differenz. Was das Modell gefährden kann, gilt als Problem, das sowohl anthropologisch als auch gesellschaftstheoretisch durchdacht sein will. Dafür gibt es Literatur.

40. Warum ist die jüdische Aufklärung so zentral? Aufklärung bedeutet nicht nur, die Vernunft als zentrale anthropologische Kategorie zu etablieren, sondern auch, sie als Prinzip der menschlichen Gesellschaft durchzusetzen. Aufklärung ist nicht nur ein philosophisches, sondern auch ein gesellschaftliches Projekt. Und weil die gesellschaftlichen Träger dieses Projekts Bürger sind, ist Aufklärung immer auch ein bürgerliches Projekt. Zu einem Testfall dieses Projekts wird insbesondere das Verhältnis von Deutschen und Juden. In diesem Sinne lässt sich von einer jüdischen Aufklärung in einem mehrfachen Sinne sprechen. Damit ist nicht nur, aber auch gemeint, dass viele jüdische Intellektuelle zu den wesentlichen Trägern der Aufklärung geworden sind, so zum Beispiel Moses Mendelssohn (1729–1786), der in Berlin zu einem Wegbereiter der Haskala, also der typischen, von Berlin ausgehenden jüdischen Aufklärungsbewegung geworden ist. Gemeint ist damit auch, dass Aufklärung als Anti-Antisemitismus immer auch jüdische Aufklärung ist. Besonders im Kontext der jüdischen Aufklärung in diesem Sinne entwickelt und profiliert das Aufklärungsdenken den Gedanken der Toleranz gerade in jenen Fragen, die Deutsche und Juden entzweien können, nämlich in Fragen der Religion.

Es nimmt daher nicht wunder, dass sich Lessing dieser Thematik gleich zweimal angenommen hat, einmal sehr direkt in seinem frühen Drama *Die Juden* aus dem Jahre 1749 (uraufgeführt 1754) und in seinem späten Drama, das die Religionsproblematik aus aufgeklärter Perspektive grundsätzlich aufgreift, *Nathan der Weise*, aus dem Jahre 1779. Das erste Drama, ein Lustspiel, spielt mit den rassistischen Vorurteilen, um sie dann umso wirkungsvoller desavouieren zu können. Die Übeltäter waren nur als Juden verkleidet, der eigentliche Retter ist jedoch tatsächlich Jude. Die Vorurteile werden entlarvt, die soziale Trennung bleibt aber stabil.

Mit der Figur des Nathan setzt Lessing seinem Freund und gemeinsamen Mitstreiter im Projekt der Aufklärung, Moses Mendelssohn, ein Denkmal. Es geht nicht nur um das Verhältnis zwischen Juden und Nichtjuden, sondern um das Verhältnis der Religionen zueinander. Das Stück spielt zur Zeit des dritten Kreuzzuges zwischen 1189 und 1192. Bei einem Überfall von Christen wurde Nathans gesamte Familie auf brutalste Weise umgebracht. In der Folge nimmt er ein christliches Mädchen, Recha, als Pflegetochter an und erzieht sie wie ein eigenes Kind. Als er auf Geschäftsreise ist, brennt es, und ein christlicher Tempelherr rettet Recha, die ihm von da an innigst zugetan ist. Auch der Tempelherr, der zuvor vom muslimischen Sultan von der Todesstrafe begnadigt worden ist, verliebt sich und will Recha heiraten, was Nathan verhindern möchte. Am Ende stellt sich nämlich heraus, dass Recha und der Tempelherr nicht nur beide Christen, sondern auch Geschwister, aber gleichzeitig auch verwandt mit dem Sultan sind. Am Schluss des Dramas löst sich der Konflikt, indem die Familie als ein übergreifendes und auf Verwandtschaft beruhendes Modell einer Weltgesellschaft geradezu apotheotisch präsentiert wird.

Damit wird auf der Ebene der Figuren und ihrer Handlungen und Konflikte eingelöst, was Nathan schon zuvor in der Form einer Parabel als Modellfall eines Miteinanders aller drei Welt- und Schriftreligionen geschildert hatte. In seiner berühmten Ringparabel (die auf Boccaccios *Decamerone* zurückgeht) aus dem dritten Akt schildert Nathan diese drei Religionen als drei Ringe. Ein Vater besitzt einen Ring, der den Menschen vor Gott angenehm macht. Da er nicht weiß, welchem der drei Söhne er seinen Ring vererben soll, lässt er zwei Duplikate anfertigen, die so perfekt sind, dass sie weder untereinander noch vom Original unterschieden werden können. Jedem der Söhne sagt der Vater, er hätte den originalen Ring. Welches der echte Ring sei, würde sich in der Zukunft erweisen, wenn jeder danach trachten würde, gottgefällig zu leben.

Im Schlusstableau des Dramas, das vorgibt, alle Mitglieder der drei unterschiedlichen Religionen im Sinne der Parabel in einer Familienstruktur vereint zu sehen, bleibt ein unaufgelöster Rest. Alle Hauptfiguren sind miteinander verwandt, so unwahrscheinlich dies zunächst auch anmuten musste, nur einer steht abseits, und das ist die Titelfigur selbst. Nathan hat nicht nur seine jüdische Familie in einem Pogrom verloren, er ist auch nicht familiär mit den anderen Beteiligten verwandt, selbst seine Pflegetochter muss er am Ende aufgeben. Nathan wird so fast zu einer Moses-Figur der Aufklärung. Er führt alle anderen in den Zustand der Toleranz innerhalb der Familie und bleibt doch selbst von dieser Familie ausgeschlossen. So macht der *Nathan* zuletzt auch darauf aufmerksam: Die jüdische Aufklärung ist und bleibt ebenfalls ein Projekt.

41. Ist der Roman Psychologie oder die Psychologie ein Roman?
Die Aufklärung entwickelt auch die Idee, dass der Mensch eine in-

nere Dimension hat und dass er mit der Welt in einem Innen/Außen-Verhältnis steht, das eben doch nicht ganz und vielleicht sogar ganz entscheidend nicht von Vernunft geprägt ist. Es entsteht die Idee einer Psyche als einer schwer durchschaubaren Gemengelage von Begierden und Trieben, von Interessen und einem häufig unbestimmten Willen. Und mit der Vorstellung der Psyche entsteht die Vorstellung einer Beschreibung der Psyche, entsteht die Psychologie – nicht in unserem heutigen Sinne, sondern in dem Sinne, den Erfahrungsreichtum des Menschen zu schildern, der sich in diesem Innen/Außen-Verhältnis abbildet.

Karl Philipp Moritz (1756–1793) wird dieses Interesse an der psychischen Dimension des Menschen *Erfahrungsseelenkunde* nennen und ein Magazin begründen, das er von 1783 bis zu seinem Tode 1793 in zehn Bänden herausgibt. Es ist das erste Mal, dass ein wissenschaftliches Organ sich in dieser Breite und so explizit jenen Problemen widmet, die wir heute unter das Dach der Psychologie subsumieren würden. Es ist die erste psychologische Zeitschrift. Und in ihr werden in vielen Fallgeschichten Beispiele geschildert, wo das Innen/Außen-Verhältnis in eine Krise geraten ist. Die größte Fallgeschichte findet sich aber – wenn man es so sehen will – in einem Roman, der in vier Teilen zwischen 1785 und 1790 veröffentlicht worden ist: *Anton Reiser*. Er führt ausdrücklich die Gattungsbezeichnung «Ein psychologischer Roman». Es ist ganz offensichtlich, dass Moritz wohl eigene Erfahrungen unterschiedlichster Art verarbeitet hat. Doch den Roman als autobiographisches und damit vielleicht – wie man meinen könnte – besonders authentisches psychologisches Dokument zu lesen, verschließt den Blick auf die eigentliche Leistung. Tatsächlich ist hier die Erfahrungsseelenkunde psychologischer Roman geworden.

Der Roman erzählt die Jugend seines Titelhelden. Es ist eine Sozialisationsgeschichte, also eine Geschichte, in deren Fokus die Frage steht, wie denn dieser Junge Teil der Gesellschaft werden kann. Dazu gehören in einem bürgerlichen Zeitalter vor allem Fragen der Schule, Ausbildung und individuellen Förderung. Dieser Roman jedoch legt sein Schwergewicht auf die Spiegelungen, die äußere Umstände in der Erfahrung dieses Jungen hinterlassen, und in diesem Sinne ist der Roman ein einzigartiges psychologisches Dokument. Die Ausgangsbedingungen für den jungen Anton Reiser sind denkbar schlecht. Seine rigiden und bigotten Eltern sind nicht in der Lage, ihm Zuneigung oder Anerkennung oder auch nur ein bisschen Liebe zu schenken, was geradezu zwangsläufig dazu führt, dass der Junge kein Selbstwertgefühl ausbilden kann und daher zeit seines Lebens immer von dem einen Extrem einer untilgbaren Vorstellung der eigenen Minderwertigkeit ins andere Extrem einer Größenphantasie rutscht. In dieser Welt, in der es – die Eltern sind Quietisten – auf die Ruhe, die Abtötung von Leidenschaften ankommt, gibt es keinen Ausgleich, keine Vermittlung zwischen Aufbegehren und Unterwerfung. Der Junge selbst entwickelt sehr schnell ein vages Bewusstsein seiner emotionalen Benachteiligung und merkt, dass er sich verschließt und den Weg eher nach innen antritt. Dadurch entwickelt er aber auch intellektuelle Fähigkeiten, zum Beispiel im Lateinunterricht und in der Frage der Ausbildung des eigenen Gedächtnisses, die sich wiederum sozial ausnutzen lassen. Bildung ist ein Moment des persönlichen Fortkommens. Doch der Roman wäre kein psychologischer Roman, würde er nicht die psychische Dimension dieser Anstrengungen in Sachen Sozialisation aufzeigen. Zu den bittersten Stellen des Romans gehören jene Erfahrungen einer geradezu existenziellen Enttäuschung, wenn die verstärkte Bemühung um soziale Anerkennung durch die Autoritätspersonen zum Gegenteil führt, zu Enttäuschung, Herabsetzung und vor allem Missverständnissen. Damit leistet der Roman in ersten Ansätzen immerhin so etwas wie eine psychologische Kritik der Aufklärung, in dem er auf die Umstände eingeht, die dem aufklärerischen Mythos von einer Selbstbefreiung aus der Unmündigkeit im Inneren des Menschen, in seinen psychischen und emotionalen Dispositionen entgegenstehen. Und so kann man immerhin in zwei Richtungen fragen: Ist der Roman ein Medium für die Psychologie, oder ist die Psychologie das Sujet für den modernen Roman? Und man kann sagen, dass beides gleichermaßen gilt.

Sturm und Drang

42. Wie hängen Religion und Gefühl zusammen?

Die Revolution frisst ihre Kinder. Ein solches Schicksal war Wieland beschieden, aber ebenso hat es Friedrich Gottlieb Klopstock erfahren müssen, wenn auch in abgemilderter Form. Dabei muss man in Rechnung stellen, dass er eine einzigartige schriftstellerische Karriere hingelegt und die größtmögliche Resonanz gefunden hat. Kaum eine Literaturgeschichte kommt bei Klopstock ohne den Hinweis auf Goethes *Werther* aus. Hier wird eine Szene der beginnenden Liebesleidenschaft zwischen Werther und Lotte geschildert, in der ein Wort, sein Name, ausreicht, um sich zu offenbaren. Dass Klopstock hier in diesem Roman Erwähnung findet, ist allein bemerkenswert und zeigt zumindest an, welchen Bekanntheitsgrad Klopstock gehabt haben muss. Der Name wird damit zu einer Chiffre, die ganz verkürzt ein gewaltiges emotionales Programm der Naturerfahrung mittels Literatur benennt. Grundlage dafür ist zunächst einmal eine ganz ähnliche Funktionalisierung und Metaphorisierung von Natur und Atmosphäre, die in Goethes Text schlicht abgerufen, ja kopiert werden kann. Gemeint ist Klopstocks nicht zuletzt wegen dieser Erwähnung wohl berühmteste Ode *Frühlingsfeier* (aus dem Jahre 1759, überarbeitet 1771), wo es heißt:

> Lüfte, die um mich wehn, und sanfte Kühlung
> Auf mein glühendes Angesicht hauchen,
> Euch, wunderbare Lüfte,
> Sandte der Herr! der Unendliche!

Der Bezug auf Gott verweist auf Klopstocks eigenes Hauptwerk, auf den *Messias*. Kaum jemals war die Biographie eines Autors stärker mit einem einzelnen Text verbunden. Klopstock studiert evangelische Theologie und veröffentlicht noch anonym die ersten drei Gesänge 1748. Den Plan zu einem solchen Werk muss er schon sehr früh, bereits als 18-Jähriger, gefasst haben. Der *Messias* wird zum Projekt eines Lebens. 1751 ist der erste Band abgeschlossen, 1755 der zweite, 1768 der dritte, 1773 der vierte, während Klopstock schon längst begonnen hatte, die ersten Bände wieder umzuarbeiten. Der *Messias* erzählt die Geschichte von Jesus, aber er greift nicht nur auf die Evangelien des Neuen Testaments zurück, sondern auch auf die Apostelgeschichte und vor allem die Offenbarung des Johannes; es gibt waghalsige Bilder und beeindruckende Phantasien, Apokalypsen und Endzeitstimmungen.

Die religiöse Thematik ist ein integraler Bestandteil des lyrischen Schaffens Klopstocks – und genau das ist es, was ihn später unmodern werden lässt. Doch zunächst ist sein Dichtungsverständnis radikal neu. Dichtung ist für ihn eine Emotionalisierungsmaschine. Die lyrische Sprache, ihre metrische Strukturierung in Hexametern, ihr hoher Stil dient nur dazu, eine formale Grundlage im Zusammenhang mit seinen religiös fundierten Themenstellungen zu schaffen, um das Gefühl des Lesers anzusprechen und zu aktivieren. Seine Texte setzen eine laute Lektüre voraus, und der Rhythmus der Sprache wird nun seinerseits zu einem Medium, um das Gefühl regelrecht körperlich spürbar werden zu lassen.

Klopstocks Wirkung ist auf einem letzten Höhepunkt, als am 12. September 1772 junge Autoren aus Göttingen sich zum Göttinger Hainbund zusammenschließen. Ihm gehören unter anderen als wohl berühmteste Mitglieder Johann Heinrich Voß (1751–1826) und Ludwig Christoph Heinrich Hölty (1748–1776) an. Der von Heinrich Boie (1744–1806) gegründete *Göttinger Musenalmanach* wird zu ihrem Publikumsorgan. In ihren Gedichten geht es noch einmal um diese starke Emotionalisierung des Lesers durch eine spezifisch indizierte Naturerfahrung. Am interessantesten ist wohl der Umstand, dass das Gefühl nicht nur als soziale Struktur in der Freundschaft verwirklicht werden soll, sondern dass der Schriftstellerverbund auslebt, wovon er schreibt. Es entsteht ein hochgradig emotionalisierter Freundschaftskult, für den Klopstock die alles bestimmende Vorbild- und Vaterfigur war, und der seinerseits das Vorbild für eine weite Verbreitung der Freundschaft als Sozialmodell auf emotionalisierter Basis abgab.

Die Autoren des Göttinger Hain trafen sich mit den jungen Sturm-und-Drang-Autoren jener Zeit in ihrer Rationalismuskritik. Was ursprünglich einmal als rationalistische Entdeckung des Gefühls begonnen hatte, hat sich nunmehr in eine Rationalismuskritik verwandelt. Es geht nicht mehr darum, Gefühl rational zu begründen und zu instrumentalisieren, sondern es geht darum, den Rationalismus auf der Basis von Emotionalität zu überwinden. Doch schon die Göttinger Autoren haben sich von dem religiösen Fundament, ohne das Klopstocks Werk nicht möglich wäre, abgewandt und zu einer – wenn man so will – Säkularisierung des Gefühls beigetragen. Das hing auch mit veränderten ästhetischen Vorstellungen von Autorschaft zusammen. Der englische aufklärerische Philosoph Shaftesbury (1671–1713) hatte den Künstler schon als second maker (nach Gott) charakterisiert. Im Sturm und Drang wird auch diese Vorstellung radikalisiert. Der Autor ist Gott nicht nachgeordnet und stellt sich mehr und mehr in seinem eigenen Selbstverständnis an die Stelle Gottes. Klopstock war für die Stürmer und Dränger kein Vorbild mehr. Er hatte sich überlebt.

43. Was geschah in Sesenheim? Etwas Wahres wird auch dran gewesen sein, an einer Liebesgeschichte, die zu einem neuen Paradigma der Lyrik führte. 1770 studierte Johann Wolfgang Goethe (1749–1832) in Straßburg. Im Oktober nahm ihn sein Kommilitone und Freund Friedrich Leopold Weyland (1750–1785), der Elsässer war und sich in der Gegend um Straßburg auskannte, mit zu dem Pfarrer Johann Jakob Brion, der in einem kleinen Ort namens Ses(s)enheim wohnte. Dort lernte Goethe dessen Tochter Friederike Elisabeth Brion (1752–1813) kennen und verliebte sich wohl in sie. Es entspann sich eine Liebesgeschichte, die im Winter begann und über den Sommer anhielt. Als der Sommer sich dem Ende zuneigte und Goethe im August 1771 nach Frankfurt zurückkehrte, war die Geschichte zu Ende. Wie leidenschaftlich diese Liebe war, ob – wie man heute sagt – die beiden etwas miteinander gehabt hatten, kann niemand, wie das bei intimen Verhältnissen so ist, mit Sicherheit sagen.

Und in dieser Zeit soll Goethe die Lyrik revolutioniert haben. Das ist nicht ganz richtig. Tatsächlich hat Goethe in dieser Phase eine ganze Reihe von Gedichten geschrieben, die man später mit dem Begriff der *Sesenheimer Gedichte* oder *Sesenheimer Lieder* etwas ungenau zusammengefasst hat. Man kann zeigen, dass diese Gedichte so revolutionär nicht sind, weil sie auf Formen und Themen, auf Muster und Topoi zurückgreifen, die durchaus konventionalisiert sind. Und dennoch ragen aus der Gedichtproduktion jener Zeit zwei oder drei Gedichte heraus, die in der Tat eine epochale Bedeutung besitzen.

Das sind zum Beispiel das *Mailied* oder das Gedicht *Willkommen und Abschied*. Das erste Gedicht wurde wohl schon 1771 geschrieben. Es erschien zuerst in der «Damenzeitschrift» *Iris* im Jahr 1775, und zwar unter dem Titel *Mayfest*. *Willkommen und Abschied* hatte zunächst keinen Titel; es erscheint erstmals ebenfalls 1775 in der *Iris*. In beiden Gedichten wird eine Naturerfahrung mit einer Liebeserfahrung überblendet, auch wenn im einen Fall die Liebe gefeiert (*Mayfest*) und im anderen Fall die Liebe durch den Abschied überschattet wird (*Willkommen und Abschied*). Entscheidend und völlig neu ist aber doch, dass die äußere Erfahrung der Natur und die innere Erfahrung der Liebe nicht mehr zu unterscheiden sind oder, wenn doch, dass sie sich wechselseitig bespiegeln. So lautet die erste Strophe des *Mayfests*: «Wie herrlich leuchtet / Mir die Natur! / Wie glänzt die Sonne! / Wie lacht die Flur!» Und die fünfte Strophe lautet: «O Mädchen Mädchen, / Wie lieb' ich dich! / Wie blinkt dein Auge! / Wie liebst du mich!» Und dazwischen gibt es keinen Übergang, sondern das Kontinuum eines allumfassenden emotionalen Erfahrungsraumes des lyrischen Ichs.

Willkommen und Abschied erweitert diese Konstellation noch, indem es fast so etwas wie eine Geschichte erzählt. Ein männliches lyrisches Ich reitet durch die nächtliche Natur, um das geliebte Mädchen zu sehen. Doch die Begegnung ist von kurzer Dauer (sie dauert gerade mal eine Strophe lang), bevor dann der Abschied, plötzlich und unvermittelt, bevorsteht. Gerade der nächtliche Ritt nach einem überhasteten Aufbruch erlaubt eine ganz besonders intensive Naturerfahrung, weil sie in einem Spannungsfeld von Angst und Mut entfaltet wird. «Die Nacht schuf tausend Ungeheuer, / Doch tausendfacher war mein Mut», heißt es in der zweiten Strophe. Und diese ohnehin schon intensivierte Naturerfahrung wird abermals mit einer Liebeserfahrung überblendet.

Die Literaturwissenschaft hat diese Form der Lyrik als Erlebnislyrik gekennzeichnet, historisch eingeordnet und damit auch ein Stück weit relativiert. Aber wenn man sich fragt, welche Vorstellung wir heute noch von Lyrik haben, so schwingen dabei eine ganze Reihe von Vorstellungen mit, die mit Goethes Gedichten aus jener Zeit zum ersten Mal in dieser eindringlichen Form verwirklicht wurden. Mit diesen *Sesenheimer Gedichten* wird das Subjekt erstmals zum Subjekt der Lyrik. Liebe ist kein rhetorisches Programm, keine ethische Einstellung, und Liebeslyrik ist kein Beweis einer sprachlichen Kunstfertigkeit. Allerdings darf man auch nicht ins Gegenteil verfallen und dieser Lyrik ein höheres Maß an Authentizität zusprechen. Vielmehr ist es so, dass es dieser Lyrik gelingt, erstmals Authentizität in solch reiner Form literarisch zu erfinden und auszudrücken.

44. Was ist ein echter Kerl? Der Sturm und Drang war, wie deutlich wurde, eine Jugendbewegung, eine Protestbewegung, die Literatur als Medium ihres Protestes nutzte, eine Bewegung junger Männer, die sich als Autoren verstanden und dabei eine eigene Literaturform begründeten. Ihr Protest richtete sich in erster Linie gegen die Reglementierung ihrer Ausdrucksform, also der Literatur selbst, so dass sie eine Konzeption von Literatur, insbesondere im Bereich der Dramatik und der Lyrik, entwarfen, die gegen diese Regeln aufbegehrte – auf eine doppelte Art und Weise: einmal inhaltlich und einmal formal oder – wie man auch sagen könnte – performativ, indem die Texte den Regelbruch vollzogen, von dem sie implizit handeln. Und sie protestieren auch gegen bestimmte gesellschaftliche Umstände, gegen eine verkrustete Gesellschaftsstruktur, die schon längst von bürgerlichen Normen getragen wird, sich aber immer noch feudal gibt. Der gesellschaftliche Protest dieser Jugendbewegung war daher in allererster Linie egoistischer Natur. Er betraf vor allem die sozialen Restriktionen, die die Autoren des Sturm und Drang selbst zu spüren bekamen. Ihnen waren soziale Aufstiegschancen verwehrt. Nur ganz wenige schafften es, sich bürgerlich zu etablieren. Und die allergrößte Ausnahme von allen war sicherlich Goethe.

Dabei entstand eine ganz bestimmte Vorstellung vom Sturm-und-Drang-Helden, es entstand der Mythos vom Kraftkerl, der das Genie seines Autors in die Handlungsmacht einer Bühnenfigur übersetzt und vorführt, wie er sich, wenn schon eine beengte Welt ihn umgibt, Raum zur Selbstverwirklichung schaffen und seine Probleme selbst mit seiner Tatkraft lösen will, auch wenn er dazu in Konflikt mit seiner gesamten Umwelt, mit der ganzen Welt geraten müsste.

Sosehr diese Figur selbst zu einem Mythos geworden ist, so deutlich steht ein mythologisches Vorbild für sie parat, es ist Prometheus, und niemand hat dieses Bild besser in Literatur verwandelt als der junge Stürmer und Dränger Goethe mit seinem gleichnamigen Gedicht, das aus den Jahren 1772 bis 1774 stammt. In diesem Gedicht ist alles drin, was zum Sturm-und-Drang-Selbstverständnis gehört: das Aufbegehren gegen eine göttliche und väterliche Instanz (Zeus und die Götter), die eigene Kraft, die eigene Erfahrung, die eigenen Möglichkeiten und schließlich das eigene Schöpfertum. Und nicht zu vergessen das Aufbegehren gegen konventionalisierte Formen des Gedichts: Es ist reimlos und in freien Versen geschrieben.

Es handelt von einer Ablösung der alten Götter durch einen neuen Menschen und damit von einem epochalen Umbruch. So heißt die letzte Strophe:

Hier sitz ich, forme Menschen
Nach meinem Bilde,
Ein Geschlecht, das mir gleich sei,
Zu leiden, weinen,
Genießen und zu freuen sich,
Und dein nicht zu achten,
Wie ich.

Nichts hindert uns daran, diese Strophe poetologisch zu lesen, also auf Goethes eigenes Schreiben und seine Vorstellung von Literatur zu jener Zeit zu beziehen. Genau das macht auch ein Autor im Verständnis des Stürmers und Drängers: Er sitzt und formt Menschen, womit die Idee des second maker (siehe Frage 42) angesprochen wird, doch diesmal in einem konfliktträchtigen Verhältnis zum ersten Schöpfer.

Goethe scheint sich auszukennen mit diesen Kraftkerlen, hat er doch einen zweiten geschaffen, der nicht nur ein grandioser Selbsthelfer ist, sondern auch noch zu Kraftausdrücken neigt, die ihn berühmter als viele andere literarische Figuren – jedenfalls dem Namen nach – hat werden lassen: *Götz von Berlichingen*. Aber gleichzeitig wird deutlich, dass seine Inszenierung in den Dramen nicht eine Wunschvorstellung auf die Bühne bringt, sondern eine komplexe Problemdiagnose, die mit diesem Typus verknüpft ist. Es ist doch auffallend, wie dieser Kraftkerl Götz endet: Nach einer langen Fehde als Besiegter und Verlorener, verlassen und gedemütigt, im Gefängnis auf den Tod wartend und nach Freiheit nur noch schmachtend, stöhnt er: «Himmlische Luft – Freiheit! Freiheit! Freiheit!» Doch Freiheit ist auf Erden nicht zu haben. Die Welt, in der man mit Aufrichtigkeit und Mut Politik machen konnte, ist untergegangen. Letztlich ist Götz ein anachronistischer Charakter geworden. Er hat sich selbst überlebt. Woher kommt also die resignative Sozialdiagnose? Die Antwort auf diese Frage führt in den Kernbereich des Sturm und Drang und der diagnostischen Kraft seiner Dramatik.

Das Sturm-und-Drang-Drama entwirft ja nicht nur den Typus eines Kraftkerls, sondern versetzt ihn auch in den entsprechenden sozialen und privaten Kontext, um aufzuzeigen, wo er an seine Grenzen stößt. Daher wird man in der Sturm-und-Drang-Literatur keinen ungebrochenen Kraftkerl finden. Im Gegenteil: der Kraftkerl ist dazu da zu scheitern, um an den Bedingungen des Scheiterns zugleich jene entscheidenden Strukturen der Welt transparent zu machen, an denen auch die Autoren so häufig scheitern.

45. Welche Vorbilder hat ein Originalgenie? Das ist das Grundproblem der Literatur des Sturm und Drang: Man will zum ersten Mal Literatur aus sich selbst heraus schaffen und nicht durch Rückgriff auf die Tradition oder die Natur, eine Literatur, die sich nicht dem alten Vorbild oder der reglementierten Nachahmung der Natur allein verdankt, sondern Literatur, die originaler Ausdruck des Genies ist. Man will also ein vorbildloses Original sein, aber welches Vorbild soll man sich dafür wählen? Der Sturm und Drang war ein Aufbruch in eine radikal neue Literatur, jedenfalls in seinem Selbstverständnis, doch so radikal sein Anspruch war, so vergänglich, so kurzlebig war das Feuerwerk, das er literarisch abbrannte. Und das lag nicht zuletzt an seinen Widersprüchen, die nicht aufgelöst werden konnten, ohne ebendiesen Anspruch aufzugeben.

Dies wird an Goethes einzigartiger Karriere sichtbar. Goethe gehörte wie die anderen Stürmer und Dränger einer Generation an, die ab den 1770er Jahren in einem Alter um die Mitte 20 war und massiv gegen in ihren Augen überkommene Literaturvorstellungen und insbesondere eine rigide Regelpoetik rebellierte, die sie nicht nur durch Gottsched vorgegeben, sondern vor allem durch die zeitgenössische französische Dramatik und insbesondere die hohen Tragödien (haute tragédie) verwirklicht sah. Ab 1770 studierte Goethe in Straßburg Jura. Straßburg wurde zu einem Ort, an dem sich die Stürmer und Dränger trafen, gemeinsam studierten, gemeinsam dichteten, an dem sich die Jugendbewegung des Sturm und Drang formierte. Doch schon 1775 ging Goethe nach Weimar und wurde Staatsmann. Die Phase des Sturm und Drang, so eruptiv sie aufgetreten war, so schnell ging sie auch zu Ende, für die einen früher, für die anderen etwas später.

Aber es wird auch an der Suche der Stürmer und Dränger nach Vorbildern sichtbar. Goethe hatte eine Feier zu Ehren von William Shakespeare an dessen Namenstag am 14. Oktober 1771 in Frankfurt veranstaltet; gleichzeitig hatte er eine Shakespeare-Feier in Straßburg initiiert und den dortigen Freunden auch seinen Text *Zum Schäkespears Tag* geschickt, damit er dort – fast wie ein Sendschreiben – verlesen werde. Shakespeare lieferte den Autoren ihre Vorstellung vom Theater und Drama. Obschon eine ganze Reihe von Autoren, insbesondere natürlich Johann Gottfried Herder (1744–1803) und Jakob Michael Reinhold Lenz (1751–1792), sich mehrfach theoretisch-programmatisch geäußert hat, lag es in der Natur der Sache der Stürmer und Dränger, ihr Publikum anders und direkter, nämlich über eine neue Form von Drama und Theater, anzusprechen. Gerade das Drama hatte es in seiner langen Tradition geschafft, zu der herausragenden und – normativ gesehen – am höchsten bewerteten Gattung (insbesondere in der Form der Tragödie) zu werden. Das ist das Feindbild der Stürmer und Dränger. Es ging ihnen um nichts weniger als um eine Abkehr von den überkommenen Mustern, ja sogar um eine gänzlich andere Vorstellung davon, wie Literatur geschrieben wird. Der Regelbruch war nur die eine, negative Seite der Medaille; die andere, positive Seite benannte man mit dem Terminus, der zugleich Leitbild war: Originalität. Und daraus entstand ein grundlegendes Problem. Man wollte original sein, alle Vorbilder über Bord werfen, aber an welchem Vorbild sollte man sich orientieren, wenn es darum ging, sich von Vorbildern freizumachen?

Im Zentrum dieser Vorstellung findet man den Begriff des Genies, der die ganze Problematik noch einmal widerspiegelt. Ein Genie ist ein Schöpfer, der nur aus sich selbst heraus Originales schafft, für das es schon deshalb keine Regeln geben kann, weil es autonom und original, also völlig neu, individuell und produktiv ist, sich somit nicht in ein vorhandenes und überkommenes Schema pressen lässt und schon gar nicht aus einer solchen Tradition heraus verstanden werden kann.

Das Genie ist ein Originalgenie, originell jedoch ist der Begriff des Genies nicht. Insbesondere der englische Autor Edward Young (1683–1765) hatte den Begriff des Genies ausgearbeitet. Die Stürmer und Dränger haben diesen Begriff des Genies als Selbstbeschreibung ihres eigenen literarischen Schaffens und ihres schriftstellerischen Selbstverständnisses so extensiv übernommen, dass man nicht nur von einer Geniesucht sprach, sondern dass sich auch bald eine kritische Gegenbewegung gegen diese Begriffsverwendung bildete, die auf die inflationäre Aushöhlung dieser Vorstellung aufmerksam machte.

Für die Stürmer und Dränger war nun aber auch Shakespeare

ganz fraglos ein Genie, ein Vorbild an Vorbildlosigkeit, dessen Dramatik man als Meilenstein und als Epochenwende begriff, an der man selbst mitwirken wollte, und den man wunderbar gegen die französische Dramatik ausspielen konnte. Wie Shakespeare wollte man schaffen und wie er ein Genie sein. Dazu musste man Shakespeare vereinnahmen, so dass er nicht Vorbild, sondern nur einer unter anderen Stürmern und Drängern war, zum anderen aber – und das scheint die eigentliche Denkfigur gewesen sein – versuchte man Shakespeare als Vorbild eigener Art darzustellen. Shakespeare nachzuahmen ist deswegen keine Nachahmung, weil Shakespeare und sein Schreiben schlicht Natur sind. Oder, wie es im erwähnten Text von Goethe *Zum Schäkespears Tag* heißt: «Und ich rufe Natur! Natur! Nichts so Natur als Shakespeares Menschen.»

46. Wie kam der Sturm und Drang zu seinem Namen? Kann man sich eine Literaturepoche vorstellen, die Wirrwarr heißt? Schwerlich. *Der Wirrwarr* war der Name, den Friedrich Maximilian Klinger einem Drama gegeben hatte, das er im September 1776 geschrieben und das ein Jahr darauf zurückdatiert auf 1776 erschienen ist. Dass es aber nicht bei diesem Namen blieb, haben wir Christoph Kaufmann (1753–1795) zu verdanken. Kaufmann gehörte mit zu dem Intellektuellenkreis der jungen Sturm-und-Drang-Autoren um Goethe, Lenz, Herder und Klinger in Straßburg. Kaufmann entwickelte reformpädagogische Bestrebungen, die sich aber nicht verwirklichen ließen. Mit ihm war Klinger in Kontakt, als er sein Drama schrieb, und Kaufmann gab Klinger den Hinweis, sein Drama nicht *Wirrwarr*, sondern *Sturm und Drang* zu nennen. Dieses Drama konnte so der Epoche ihren Namen geben, doch dies geschah nicht im zeitgenössischen Kontext. Die Stürmer und Dränger haben sich nicht als solche angesprochen, sicherlich haben sie sich als solche gesehen, aber dieser Name war nicht Programm, anders als die Begriffe Genie oder Original. Die Stürmer und Dränger haben sich – wie man es bei dem späteren Goethe in einer nachträglichen Selbstcharakterisierung nachlesen kann (in seiner Autobiographie *Aus meinem Leben. Dichtung und Wahrheit*, an der er von 1809 bis zu seinem Tode 1832 gearbeitet hat) – als literarische Revolution verstanden. Erst im 19. Jahrhundert, zuerst bei Ludwig Tieck (1773–1853) und dann in der zweiten Hälfte des Jahrhunderts in frühen Ansätzen einer germanistischen Literaturgeschichtsschreibung, hat man auf den Titel dieses Dramas zurückgegriffen, um eine ganze Epoche und vor allem diese damit verbundene Jugendbewegung zu bezeichnen.

Das ist auch der Grund, warum man dieses Drama nicht als Musterfall eines Sturm-und-Drang-Dramas lesen kann. Im Gegenteil, man findet zwar eine Reihe von Ansätzen, Typen, Themen und Strukturen, die ein solches Drama ausmachen, doch in seiner Gesamtheit ist das Drama noch viel zu zurückhaltend, als dass darin der dramatische Impetus der Stürmer und Dränger in Reinform zum Ausdruck käme, wie dies um vieles deutlicher in Goethes Drama *Götz von Berlichingen* geschieht. In Klingers Drama geht es um eine Variante des Romeo-und-Julia-Stoffes und damit wird immerhin indirekt die Bedeutung Shakespeares aufgerufen. Das einzige Sturm-und-Drang-Element ist der ungebändigte Charakter einiger männlicher Figuren. So sagt die Hauptfigur Karl alias Wild als allerersten Satz des Dramas: «Heyda! nun einmal in Tumult und Lermen, daß die Sinnen herumfahren wie Dach-Fahnen beym Sturm. Das wilde Geräusch hat mir schon so viel Wohlseyn entgegen gebrüllt, daß mir's würklich ein wenig anfängt besser zu werden. So viel Hundert Meilen gereiset um dich in vergessenden Lermen zu bringen – Tolles Herz! du sollst mirs danken! Ha! tobe und spanne dich dann aus, labe dich im Wirrwar!» So kann man das Drama mit dem einschlägigen Titel vielleicht als einen ersten ironischen Kommentar zu dieser Epoche lesen.

47. Warum ist im Sturm und Drang die Kindersterblichkeit so hoch? Im 18. Jahrhundert ist die Kindersterblichkeit ziemlich hoch. Das liegt nicht nur an den mangelhaften hygienischen und medizinischen Verhältnissen, das liegt auch daran, dass viele Kinder umgebracht werden. In den meisten Fällen sind junge, ledige Mütter zugleich die Mörderinnen ihrer Kinder. Ein uneheliches Kind ist in der Tat für die Mutter oftmals eine Katastrophe. Sie wird moralisch gebrandmarkt und sozial ausgeschlossen. Häufig kommt sie in eine ausweglose Situation. Sie kann das Kind weggeben, sich umbringen, beide umbringen oder das Kind umbringen. Der Kindsmord war in der zweiten Hälfte des Jahrhunderts zum gesellschaftlichen Problem geworden, und die verschiedensten Diskurse nehmen sich des Themas an: die Jurisprudenz, die Kriminalistik, die kirchlichen und die aufgeklärten Moral- und Soziallehren, die Philosophie und nicht zuletzt die Literatur. Denn dieses Thema ist kein unangenehmes

Randthema, sondern führt – und dessen sind sich die Zeitgenossen bewusst – mitten hinein in ein Kernproblem der entstehenden bürgerlichen Gesellschaft, nämlich zur Frage, wie denn eine Gesellschaft ihre eigene Reproduktion regeln kann und welche Rolle und Funktion und vor allem welchen Ort Sexualität in der Gesellschaft hat.

Das prominenteste Beispiel eines Autors, der sich mit Kindsmord auseinandergesetzt hat, war sicherlich Goethe. Die Hinrichtung der Kindsmörderin Susanna Margareta Brandt in Frankfurt im Jahr 1772 hatte er vor Augen. Auch der Jurist Goethe hat das Thema zumindest gestreift. Später als Staatsrat im Fürstentum Sachsen-Weimar-Eisenach war er mit einem weiteren konkreten Fall befasst, indem er in der Frage der Strafzumessung sehr schwankte und letztlich mit seinem Verhalten den Ausschlag für die Todesstrafe gegeben hat.

Wo immer es um Kindsmord in der Literatur geht, geht es um mehr als um ein besonders abstoßendes Verbrechen, es geht immer auch um die Frage, welche Bedeutung Sexualität für das Subjekt hat und wie sich diese Bedeutung auf eine soziale Ordnung auswirkt oder auswirken sollte. Goethes Drama *Faust. Der Tragödie erster Teil* aus dem Jahre 1808 ist ein sehr klares Beispiel für die weiterreichenden Dimensionen dieses Problems. Die Tragödie um das arme Gretchen ist eingebunden in einen großen männlichen Selbstfindungsprozess, der nicht nur vom Teufel begleitet und als Wette mit Gott (im Rahmen) und dem Menschen, also Faust selbst (in der Binnengeschichte), inszeniert, sondern auch als anthropologisches Experiment entfaltet wird. Der spätere Goethe konnte diese Thematik in seinem *Faust*, dessen Frage- und Problemhorizont nun doch weiter gespannt ist als derjenige der früheren Sturm-und-Drang-Dramen, aufgreifen, weil er das Erbe dieses Motivs seit seinen Sturm-und-Drang-Zeiten über seinen sogenannten *Urfaust* bis ins spätere Werk mitgeführt hat. Im Kontext des Sturm und Drang ragt neben Texten von Lenz, Bürger, Schiller ein Drama heraus, das den Kindsmord und seine psychosozialen Voraussetzungen zentral fokussiert, nämlich das Drama *Die Kindermörderin* von Heinrich Leopold Wagner (1747–1779) aus dem Jahre 1776, der wie Goethe in Straßburg die Rechte studierte, dort zum Kreis der Stürmer und Dränger gehörte und dann Anwalt in Frankfurt wurde, wo er im Alter von nur 32 Jahren an Lungentuberkulose verstarb. In Wagners sechsaktigem Drama wird Evchen, die gegen den Willen des Vaters mit der Mutter einen Ball besucht, auf dem Heimweg in einem Bordell von einem Offizier, von Gröningseck, verführt oder fast schon vergewaltigt, nachdem dieser die Mutter mit einem Schlaftrunk stillgestellt hat. Evchen wird schwanger, und sie hofft, dass von Gröningseck sie heiratet, was dieser auch verspricht. Doch er muss zunächst auf eine Dienstreise. In seiner Abwesenheit erhält Evchen einen Brief, in dem sich ein Offizierskollege von von Gröningseck als dieser ausgibt und Evchen schreibt, dass dieser sie nicht liebe und es nicht zur Hochzeit kommen werde. Die Schwangerschaft schreitet voran, die häuslichen Verhältnisse werden prekär, und Evchen geht in eine andere Stadt, um ihr Kind bei einer Lohnwäscherin zu gebären. Evchen sorgt sich sehr um ihr Kind und will eine gute Mutter sein, doch als sie erfährt, dass ihre Mutter vor Gram gestorben ist und ihr Vater eine Belohnung für Informationen über sie ausgesetzt hat, tötet sie ihr Kind mit einer Stricknadel. Schließlich kommt von Gröningseck, die Intrige wird aufgedeckt, aber das Einzige, was der tatsächlich liebende und heiratswillige Verführer noch tun kann, ist, um Gnade für Evchen zu bitten, die der Todesstrafe entgegenblickt.

Dieses Drama macht deutlich: Kindsmord, eine ungewollte Schwangerschaft und Verführung bzw. Vergewaltigung gehen nahezu immer miteinander einher. Die Bestrafung des Kindsmords ist immer auch eine stillschweigende Bestrafung ungewollter Schwangerschaft und somit eine moralische Ächtung der isolierten Frau im Gewande eines extremen juristischen Urteils. Hier wird eine Gesellschaftsstruktur bloßgelegt, in der ein Vergehen des Mannes unweigerlich zur extremen Bestrafung der Frau führt, weil biologische Ursache und soziale Verantwortung nicht zur Deckung gebracht werden. An der Sexualität wird die Möglichkeit oder Unmöglichkeit subjektiver Selbstbestimmung auf besonders drastische Weise offenbar.

48. Soll sich ein Kraftkerl kastrieren? Jakob Michael Reinhold Lenz (1751–1792) war neben Goethe wohl einer der begabtesten Autoren des Sturm und Drang, der nicht nur ein Gespür für die dramatische Gestaltung von Stoffen hatte, sondern auch grundlegende dramentheoretische Überlegungen anstellte. Im bürgerlichen Trauerspiel geht es vor allem um die Vater-Tochter-Beziehung, im Sturm-und-Drang-Drama geht es vor allem um die Vater-Sohn-Beziehung. Wird mit der Vater-Tochter-Beziehung eher die Stabilisierung der Gesellschaft über Generationen hinweg problematisiert, geht es bei der Vater-Sohn-Beziehung um den Generationenkonflikt, um den

Versuch der Jungen, gegen die Alten zu rebellieren. In ganz besonderer Weise gilt dies auch für Lenz, der 1771 sein Studium in Königsberg gegen den Willen des Vaters abbricht und nach Straßburg geht, wo er nach und nach mit den anderen Stürmern und Drängern in Kontakt kommt, von denen er auch einer wird, vielleicht sogar neben Goethe die markanteste Gestalt dieser Bewegung. Nach einigen Irrungen und Wirrungen kommt Lenz 1776 nach Weimar, wo er sich die Unterstützung Goethes erhofft. Doch so einfach ist dies nicht. Es muss etwas Eigenartiges passiert sein, was man später als Eselei von Lenz abtut, denn im Dezember 1776 wird Lenz aus Weimar ausgewiesen. Lenz reist viel umher und kommt bis nach Russland. In Moskau wird er schließlich am 24. Mai 1792 tot auf der Straße liegend aufgefunden.

Mit seinem Drama *Der Hofmeister* hat Lenz einen Typus aufgegriffen, der ein charakteristisches Schicksal der jungen Intellektuellen zu seiner Zeit darstellt. Ein Hofmeister war ein schlecht bezahlter Hauslehrer, der seine soziale Inferiorität und damit die Spannung zwischen intellektuellem Anspruch und sozialer Wirklichkeit immer wieder schmerzlich und demütigend zu spüren bekam. Läuffer, die Hauptfigur, bekommt eine Anstellung als Hofmeister bei dem Major von Berg. Dieser hat zwei Kinder, für deren Erziehung er verantwortlich ist: Leopold, dessen Intellekt überschaubar und der obendrein auch noch faul ist, und Gustchen, der Augenstern ihres Vaters, des Majors. Gustchen und Fritz, Cousine und Cousin, sind ineinander verliebt. Doch Gustchen wird schwanger von ihrem Hofmeister. Für die Majorsfamilie eine absolute Katastrophe. Zum vierten Akt springt die Handlungszeit um ein Jahr. Läuffer ist in der Stadtschule untergekommen. Gustchen ist verschwunden. Sie lebt im Wald bei der blinden Marthe, wo sie ihr Kind zur Welt bringt. Und dann beginnt die Reihe der Wiederfindungen: Der Major findet Läuffer und will ihn umbringen. Schließlich findet er auch sein Gustchen wieder, das wiederum Läuffer wiederfindet, woraufhin sich Läuffer kastriert. Läuffer beginnt eine Beziehung mit Lise, die ihn auch kastriert akzeptiert. Fritz verzeiht Gustchen und nimmt Läuffers Kind an, will aber bei dessen Erziehung auf keinen Hofmeister mehr zurückgreifen.

Im Drama finden sich Elemente des Sturm-und-Drang-Dramas und des bürgerlichen Trauerspiels. Der Vater-Sohn-Konflikt spielt genauso eine Rolle wie das Vater-Tochter-Verhältnis. Die Verbindung dieser beiden Dramenelemente zeigt an, dass es hier um eine umfassendere soziale Diagnose geht. Das Ende ist so unwahrscheinlich, dass es sich selbst ironisiert. Damit wird jene Ironie wieder aufgegriffen, die sich schon im zweiten Teil des Titels des Stückes (*Der Hofmeister oder die Vortheile der Privaterziehung*) ausdrückt. Vor allem aber die Selbstkastration ist ein extrem ironisches Element. Läuffer hilft sich selbst, indem er sich kastriert, und diese Selbstverstümmelung wird offenbar sogar noch sozial honoriert, zumindest akzeptiert. Die Kastration ist in mehrfacher Hinsicht eine Selbstbeschneidung des Menschen. Was immer auch physisch damit gemeint sein könnte, so ist es doch auch die abstruse Idee, man könnte einen wesentlichen Bestandteil des Menschseins von sich selbst abschneiden. Die Lösung, die schließlich präsentiert wird, hat auch etwas Tragisches, und man könnte das Stück gerade deswegen auch eine Tragikomödie nennen.

49. Sind Schillers *Räuber* ein klassisches Drama? Schiller kommt zu spät. Denn er wurde zu spät geboren, erst 1759 (gest. 1805). Schiller war Schwabe und Untertan des Kurfürsten Karl Eugen. Dieser befiehlt den Eltern, den jungen Schiller auf die Karlsschule zu geben, eine militärische Drillanstalt. Schon früh hatte Schiller literarische Interessen. Als angehender Arzt muss er promovieren, aber erst die dritte Dissertation wird akzeptiert. Bereits mit dieser Arbeit stürzt sich Schiller mitten hinein in die aktuellen Debatten und großen philosophischen und nicht zuletzt anthropologischen Fragen, zum Beispiel nach der Einschätzung eines dualistischen Modells von Geist und Körper, von Sinnlichkeit und Sittlichkeit, von Subjekt und Objekt. All diese Fragen fließen direkt in die frühen Texte Schillers ein, insbesondere in sein Erstlingsdrama *Die Räuber*. Dieses Drama hat Schiller heimlich geschrieben. Es wurde zuerst 1781 anonym veröffentlicht, 1782 kam es in Mannheim am Nationaltheater zur Uraufführung. Zu dieser Zeit war der Sturm und Drang bereits Geschichte. Vielleicht sind deswegen in den *Räubern* schon Ideen enthalten, die weit vorausweisen auf die deutsche Klassik.

Zwar betritt mit Karl Moor noch einmal ein rechter Kerl des Sturm und Drang die Bühne, der derb sein darf, aber zunächst das Herz am rechten Fleck hat und über seine Zeit schimpft: «Mir ekelt vor diesem tintenklecksenden Säkulum.» Zu Hause aber lebt Franz, der jüngere Bruder, der den Vater überredet, ihn selbst als Erstgeborenen zu behandeln und Karl zu enterben. Karl wiederum ist vom Verhalten des Vaters, dessen Gründe er nicht kennt, so enttäuscht, dass er seiner Räuberbande ewige Treue schwört, was der Beginn einer Eskalation von Gewalt ist, die sich nicht mehr rechtfertigen lässt.

Später wird Schiller sich um die Frage nach der objektiven Bestimmung der Schönheit kümmern. Die eigentliche moralische Qualität ist für Schiller nicht an einem moralischen Maßstab zu messen, sondern an einem ästhetischen, der den moralischen mit aufnimmt. Das wird einer der Grundgedanken seiner späteren philosophischen und ästhetischen Schriften sein, die er ab 1793 verfasst. Das Schöne, wird Schiller überlegen, muss einem Gesetz gehorchen, an dem sich Schönheit misst. Es kann nicht völlig autonom sein, denn dann wüsste man noch nicht einmal, dass man von Schönheit reden könnte. Wenn es aber darin aufgeht, nur dem Gesetz zu folgen, wäre es auch nicht schön, weil es dann nur eine Exemplifikation des Gesetzes wäre. Es darf folglich auch nicht nur vom Gesetz allein abhängen, also nur heteronom sein. Schiller übernimmt einen Begriff und eine Idee von Immanuel Kant (1724–1804), dessen Werk er intensiv studiert hat, vor allem jenes philosophische Fundamentalwerk, in dem es Kant um ästhetische Urteile geht: *Die Kritik der Urteilskraft* von 1790. Wenn etwas unter einem Gesetz zu stehen, aber gleichzeitig frei zu sein habe, dann kann man diese doppelte Anforderung nur verwirklichen, wenn es sich selbst das Gesetz gibt. Selbstgesetzgebung ist die Antwort auf die Frage, wie etwas subjektiv und objektiv schön zugleich sein kann. So ist es autonom und heteronom zugleich; dafür hat Kant den Begriff der Heautonomie geprägt, einen Begriff, den Schiller übernimmt. Genau diese Idee, das Subjektive und das Objektive miteinander zu vermitteln, wird später auch eines der Leitprinzipien des Denkens und Schreibens von Goethe und Schiller in der Phase der deutschen Klassik werden.

Noch lange bevor Schiller dies theoretisch und begrifflich ausgearbeitet hat, scheint ihn aber die Idee umgetrieben zu haben und der Gedanke, noch kaum begrifflich präzisiert, Eingang in eine entscheidende Szene der *Räuber*, nämlich ganz am Ende des Stückes, gefunden zu haben. Wie kann Karl Moor am Ende des Dramas, nachdem er so viel Unrecht begangen bzw. zu verantworten hat, moralisch gut handeln? Nun, er muss schön handeln. Und wie kann er schön handeln? Er muss sich dem Gesetz fügen und muss doch gleichzeitig frei handeln. Er muss sich selbst, also frei, dem Gesetz unterwerfen: Er stellt sich. Selbstunterwerfung – Heautonomie. Alle klassischen Helden und Heldinnen werden später diesem Prinzip folgen.

Goethezeit: Klassik und Romantik

50. Wie haben Goethe und Schiller die Weimarer Klassik erfunden? Zwischen 1788 und 1789 sind Goethe und Schiller Nachbarn in Weimar. 1789 unterstützt Goethe Schillers Berufung auf eine Geschichtsprofessur nach Jena. Das Verhältnis beider ist von gegenseitiger Ablehnung geprägt. Goethe sieht in Schiller immer den Autor der *Räuber* und somit immer auch noch den Stürmer und Dränger und damit einen Typus und ein Programm, die er schon längst überwunden hat und wovon er sich, wie er es später beschreibt, «zu reinigen» versuchte. Und Schiller wiederum tut sich schwer, mit Goethes Position zurechtzukommen. Er schwankt zwischen Bewunderung und Ablehnung, Liebe und Hass und lässt sich sogar zu Vergewaltigungsphantasien hinreißen. So schreibt er am 2.2.1789 an seinen Freund Körner: «Mir ist er [...] verhaßt, ob ich gleich seinen Geist von ganzem Herzen liebe und groß von ihm denke. Ich betrachte ihn wie eine stolze Prüde, der man ein Kind machen muss, um sie vor der Welt zu demütigen. Eine ganz sonderbare Mischung von Haß und Liebe ist es, die er in mir erweckt hat ...». In solchen Äußerungen schwingt auch die Verbitterung mit, die Schiller in seinem Kampf um schriftstellerische Anerkennung angehäuft hat. Beide täuschen sich im jeweils anderen, weil sie nicht sehen, wie sich der andere jeweils weiterentwickelt hat und wie sich ihre Ideen aufeinander zubewegen.

Erst im Jahr 1794 kommt es zu einem engeren Kontakt, als Schiller Goethe einlädt, an seiner Zeitschrift *Die Horen* mitzuwirken, und Goethe zusagt. Am 20. Juli 1794 ist es so weit; es findet jenes berühmte Gespräch zwischen beiden nach einer Sitzung der «Naturforschenden Gesellschaft» zu Jena statt. Beide unterhalten sich über die Urpflanze. Auch noch dieses Gespräch ist von gegenseitiger Distanznahme geprägt. Goethe schildert es später in seinem Text *Glückliches Ereignis*:

> Wir gelangten zu seinem Hause, das Gespräch lockte mich hinein; da trug ich die Metamorphose der Pflanzen lebhaft vor und ließ, mit manchen charakteristischen Federstrichen, eine symbolische Pflanze vor seinen Augen entstehen. Er vernahm und schaute das alles mit großer Teilnahme, mit entschiedener Fassungskraft; als ich aber geendet, schüttelte er den Kopf und

sagte: «Das ist keine Erfahrung, das ist eine Idee». Ich stutzte, verdrießlich einigermaßen; denn der Punkt, der uns trennte, war dadurch aufs strengste bezeichnet. Die Behauptung aus Anmut und Würde fiel mir wieder ein, der alte Groll wollte sich regen; ich nahm mich aber zusammen und versetzte: «Das kann mir sehr lieb sein, daß ich Ideen habe, ohne es zu wissen, und sie sogar mit Augen sehe».

Nun kommen Idee und Erfahrung zusammen, und fast scheint dieses Zusammenkommen eine Illustration zu sein, was der Philosoph Immanuel Kant, den Schiller bis dahin intensiv rezipiert hatte, so ausdrückt: «Gedanken ohne Inhalt sind leer, Anschauungen ohne Begriffe sind blind» (KrV B75). Tatsächlich haben aber zwei intellektuelle Naturen, die sich komplementär zueinander verhalten und sich daher so wunderbar ergänzen, zueinandergefunden. Schiller wird dieses Verhältnis sogar in eine Dichtungstheorie verwandeln. In seinem großen Aufsatz *Über naive und sentimentalische Dichtung* aus dem Jahre 1795 beschreibt er zwei entgegengesetzte Arten, schriftstellerisch mit der Gegenwart umzugehen: entweder naiv, also die Differenz von Natur und Kultur ausblendend, oder sentimentalisch, sich an dieser Differenz abarbeitend, ohne sie überwinden zu können. Schiller leistet damit eine Kulturkritik seiner Zeit, aber er beschreibt auch das Verhältnis seines Dichtungsverständnisses (sentimentalisch) zu dem Goethes (naiv). 1796 und 1797 arbeiten beide eng zusammen, sie verfassen gemeinsam *Xenien* (zum Teil bitterböse, kulturkritische Polemiken in der Form von Distichen) und parallel ihre Balladen (1797 wird auch das Balladenjahr genannt).

In diesen Jahren entsteht die Kernidee der Weimarer Klassik, auch wenn diese erst sehr viel später so genannt werden wird. Die Zusammenarbeit von Goethe und Schiller erstreckt sich auf alle Felder ihrer Produktion. Kaum ein Text des einen wird nicht vom anderen aufmerksam gelesen und sensibel und kritisch kommentiert. Auch wenn sie seit 1799 wieder Nachbarn in Weimar sind – zwischen Goethes Haus am Frauenplan und Schillers an der Esplanade liegt nicht einmal ein halber Kilometer –, schreiben sie sich regelmäßig. Der Goethe-Schiller-Briefwechsel, erstmals herausgegeben 1828/29, ist ein Dokument ihrer Freundschaft und das Protokoll der Weimarer Klassik. Die Zusammenarbeit endet mit Schillers Tod 1805. Und Goethe weiß, was er verloren hat. An seinen Freund Carl Friedrich

Zelter (1758–1832) schreibt er: «Ich verliere nun einen Freund und in demselben die Hälfte meines Daseins» (1.6.1805).

Wenn man die Grundidee der Weimarer Klassik karikieren wollte, so eignet sich dazu kein Spruch besser als die ersten beiden Verse von Goethes Gedicht *Das Göttliche* aus dem Jahre 1783: «Edel sei der Mensch, hilfreich und gut.» Es geht in der Weimarer Klassik um die literarische Entfaltung eines Gedankens, den schon der Deutsche Idealismus vorbereitet hatte, nämlich dass der Mensch immer dann ganz Mensch ist, wenn er sich als Mensch begreift, und zwar vor allem dort, wo er in einem Spannungsfeld individueller Bedürfnisse und gesellschaftlicher Ansprüche steht. Im Zentrum stehen also ein neues Menschenbild und seine literarische Propaganda.

Literaturgeschichtlich bringen die beiden damit etwas Erstaunliches zuwege. Sie entwickeln nämlich eine Vorstellung von einer mustergültigen und mustergebenden Literatur. Der Terminus Klassik kommt aus dem Lateinischen und bedeutet zunächst einmal nur die Zugehörigkeit zur höchsten Steuerklasse. Goethe und Schiller begreifen sich tatsächlich als diejenigen, die den Gipfelpunkt literarischer Entwicklungen erreicht haben, weil sie die grundlegenden Probleme in vollendeter Form in ihren Texten abhandeln. Das Entscheidende aber ist, dass sie diese Vorstellung vom normativ Höchststehenden auch an ihre Rezeption weitervermitteln. Man hat Goethe und Schiller als Klassiker bis heute so verstanden, wie sie sich selbst verstanden wissen wollten: als Hochzeit der deutschen Literaturgeschichte. Dabei passiert etwas Verblüffendes: Die Normen, die sie in ihren Texten propagieren, werden zu jenen Normen, unter denen die Texte selbst gelesen werden. Und so wird aus der Weimarer Klassik die wichtigste deutsche Literaturepoche.

Dabei tut man sich schwer, die Weimarer Klassik als Literaturepoche zu bezeichnen. Sie besteht gerade mal aus zwei Autoren; und sie besteht gerade mal ein gutes Jahrzehnt lang. Das spricht nicht für den Begriff der Epoche. Insofern sitzen wir dem normativen Programm der Weimarer Klassik selbst auf, wenn wir sie als Epoche und vielleicht sogar als Spitzenepoche der deutschen Literaturgeschichte bezeichnen. Die Weimarer Klassik war ein Literaturprogramm und eine literarische Ideologie im Rahmen eines größeren Feldes von 1770 bis 1830. Diese Epoche könnte man mit Blick auf Goethes Lebensdaten und seine Schreibzeit die Goethezeit nennen, wie dies auch schon mannigfaltig in der Literaturgeschichtsschreibung

(Hermann August Korff) geschehen ist. Die Leistung Goethes und Schillers, als sie die Weimarer Klassik erfanden, wird damit in nichts geschmälert.

51. Warum ist die *Iphigenie* verteufelt human? Goethes Drama *Iphigenie* wird heute als Programmschrift der deutschen Klassik gelesen. Nirgendwo sonst kommt die Idee der Klassik, kommt dieses von ihr propagierte humanistische Menschenbild im Zusammenspiel vom Guten, Wahren und Schönen so deutlich zum Ausdruck wie in diesem Drama. Doch auch ewige Wahrheiten über den Menschen sind sehr zeitgebunden. Berühmt ist jener Satz Goethes, den er an seine Vertraute Frau von Stein am 6. März 1779 schrieb: «der König von Tauris [eine der Hauptfiguren im Drama] soll reden als wenn kein Strumpfwürker in Apolda hungerte».

Goethe begann mit der *Iphigenie* schon 1779, also noch vor seiner Italienreise, die er im September 1786 antrat. Die *Iphigenie*, die wir heute kennen, ist das Produkt dieser Italienreise, nicht zuletzt auch der Erfahrung des Antiken, die Goethe auf dieser Reise machen konnte. Was er jedoch als antike Welt, als antike Kunst und antikes Gedankengut wahrgenommen hat, war schon vorgeprägt durch Autoren wie zum Beispiel Johann Joachim Winckelmann (1717–1768), einen deutschen Gelehrten mit kunstgeschichtlichen und kunsttheoretischen Interessen, der in seinen Überlegungen die antike Kunst als zeitenthobenes Beispiel von Kunst darstellte, weil sie erstmalig und zugleich für alle späteren Zeiten mustergültig das Prinzip (das mittlerweile zum Sprichwort verkommen ist) von edler Einfalt und stiller Größe verwirklicht.

Goethe selbst nimmt sich das Drama von Euripides (der im fünften vorchristlichen Jahrhundert lebte) *Iphigenie bei den Tauriern* zur Vorlage, verändert aber ganz grundlegend die mythologische Grundstruktur und das Konfliktpotenzial. Vor allem wird er, wie Thomas Mann es später ausdrücken wird, den Mythos humanisieren. Tatsächlich lässt sich das gesamte Drama als ein großer Spannungsbogen von einer mythischen und unmenschlichen hin zu einer rationalen und menschlichen Welt lesen. Deutlichster Ausdruck dafür ist ein Fluch, der zu Beginn des Dramas über allen Figuren liegt und der sich zum Schluss des Dramas auflösen wird. Der Dramenstoff selbst ist Teil des Tantalidenmythos, der von einem sich fortzeugenden Fluch erzählt. Der Stammvater frevelt gegen die Götter, die daher einen Fluch über sein gesamtes Geschlecht aussprechen, dem zufolge von Generation zu Generation immer ein Mitglied ein anderes Mitglied der Familie töten muss. Im Drama selbst wird Iphigenie in eine Situation kommen, in der sie wiederum ihren Bruder Orest, der sich nach dem Mord an seiner Mutter im Wahnsinn zu den Taurern flüchtet, umbringen müsste. Das Orakel hat Orest verkündet, er könne den Fluch nur lösen und dem Wahnsinn, der ihn in Gestalt der Furien verfolgt, nur entkommen, wenn er die Schwester nach Hause führt. Alle glauben, damit ist die Schwester Apolls, Diana, also das Götterbild, das Iphigenie bei den Taurern pflegt, gemeint.

Die Geschwister Iphigenie und Orest müssen sich daher erst wechselseitig zu erkennen geben, bevor sie gemeinsam handeln können. Der Mensch braucht eine wahre Identität, bevor er überhaupt erst mit anderen Menschen in Kontakt treten kann. Wahrheit ist eine intersubjektive Aufgabe, deren Lösung überhaupt erst die Identität des Subjekts garantiert. «Zwischen uns sei Wahrheit», sagt Orest. Auch dies ist ein klassischer Kerngedanke des Humanismus dieser Zeit. Doch zunächst nutzen die Geschwister ihr Wiederkennen (Anagnorisis), um einen Plan zu schmieden, der ihnen hilft, Thoas zu betrügen und das Götterbild zu stehlen. Iphigenie ist unwohl dabei, denn Thoas hat das nicht verdient, immerhin hat er sie immer ausgezeichnet behandelt. Aber mehr noch stört sie, dass die Hilfe, die sie ihrem Bruder gewährt, auf Betrug beruht. Sie wird sich klar darüber, dass das nicht ihr Weg sein kann. Das heißt aber auch, dass sie sich selbst ganz grundsätzlich über ihr Götter- und ihr Menschenbild klar werden muss. Diese Entscheidungssituation wird immer wieder mit dem Gegensatz von Pflicht und Neigung beschrieben. Der humanistische Kerngedanke bestünde dann darin, dass der Mensch sich in die Lage bringen müsse, Pflicht und Neigung gleichermaßen zu erfüllen und beide Anforderungen miteinander zur Deckung zu bringen.

Genau hier beginnt nun das klassische Humanitätsprogramm zu greifen. Und Thoas wird von Iphigenie zum Gegenstand dieses Programms gemacht. An ihm muss sich das Humanitätsprogramm bewähren. Thoas ist in den Augen der Griechen, zu denen Iphigenie und ihre Familie gehören, ein Barbar, einer also, der außerhalb ihrer Kultur steht. Gerade aber über die eigene Kultur hinaus muss sich Humanität beweisen lassen. Iphigenie entschließt sich zu einem riskanten Schritt, zu einer «unerhörten Tat», wie sie selbst sagt. Und gerade als Frau reklamiert sie das Recht zu einer solchen Tat für sich: Sie verrät Thoas den Diebstahls- und den Fluchtplan. Nun ist aber dieser Verrat selbst eine humanitäre Tat, weil sie einen schlimmen Frevel verhindert. Es ist Iphigenies humanistisches Kalkül, dass eine humanistische Tat zugleich die Voraussetzungen des Frevels auflöst. Allen wird klar: Orest muss nicht die göttliche Schwester heimführen, sondern seine. Die richtige Perspektive bezieht sich auf den Menschen, nicht auf die Götter.

Thoas also wird ihrem humanistischen Erziehungsprogramm unterworfen, und tatsächlich: Er lässt sich als Barbar humanisieren. Mit seinem «So geht» ist er am Ende des Dramas bereit, Iphigenie mit Bruder und dessen Freund ziehen zu lassen. Doch Iphigenie will nicht nur, dass Thoas dies akzeptiert, sondern dass er einsieht, dass dies selbst ein humanitärer und humanistischer Akt ist. Iphigenie kann Thoas überzeugen, und im allerletzten Vers lässt er sie dann freiwillig mit den Worten: «Lebt wohl!» ziehen. Ende gut, alles gut – so könnte man sagen, aber das Drama verschleiert die Folgekosten dieses humanistischen Erziehungsprojekts. Die Familie ist wiedervereint und kehrt gemeinsam in die Heimat zurück, die Ehe jedoch zwischen Thoas und Iphigenie ist nicht zustande gekommen, das ist der Preis, der für diese Lösung zu zahlen war.

52. Welche Funktion hat die Titelheldin in der Goethezeit? Schon Lessing hatte drei Titelheldinnen, *Miss Sara Sampson*, *Minna von Barnhelm* und *Emilia Galotti*, auf die Bühne gebracht. Im engeren Kontext der Klassik scheint sich diese Tendenz zu verstärken, wenn man vor allem auch auf die ‹klassischen› Phasen der Dramenproduktionen von Goethe und Schiller blickt. So sind in diesem Zusammenhang neben der *Iphigenie* (1787) auch Goethes *Stella* (1776, zweite Fassung 1806) oder *Die natürliche Tochter* (1803), Schillers *Maria Stuart* (1800) und *Die Jungfrau von Orleans* (1801), daneben aber auch Kleists *Penthesilea* (1808) und – mit Einschränkungen – *Das Käthchen von Heilbronn* (1810) zu nennen.

Man darf sich nicht täuschen lassen: Dass Frauen verstärkt als Titelheldinnen auftreten, ist kein Beweis für eine irgendwie geartete Emanzipation. Nach wie vor sind die ideologischen Rahmenbedingungen, in denen sich die Konflikte der Literatur um 1800 abspielen, patriarchalisch geprägt und dominiert. Aber ein Hinweis auf eine veränderte Anthropologie, auf ein verändertes Menschenbild und eine differenzierter entfaltete Geschlechtertypologie sind sie doch. Für die goethezeitliche Geschlechtercharakteristik gehört die Frau der Natur, der Mann aber der Kultur an. Die Stereotypen können ganz schematisch aufgelistet werden: Die Frau ist die Empfangende, der Mann der Gebende, die Frau ist - bestenfalls - die Erhaltende, der Mann der Schöpfer, die Frau ist mit dem (eher irrationalen) Gefühl verbunden, der Mann mit Vernunft, Geist und instrumenteller Rationalität. Doch dass der Mann der Frau deswegen in jeder Hinsicht überlegen ist, das wird mehr und mehr in Frage gestellt. Und insofern kann man sagen, dass mit der Titelheldin immer auch ihre Weiblichkeit die Bühne betritt. Doch die Art und Weise, wie eine Frau und ihre Weiblichkeit von der und durch die Bühne in Dienst genommen wird, kann ein weites Spektrum durchmessen - und das markanteste Beispiel hierfür ist die Beziehung, die man zwischen der Goethe'schen Titelfigur, der Iphigenie, und der Kleist'schen Titelfigur, der Penthesilea, herstellen kann (und wie dies auf geradezu exemplarische Weise der Germanist Walter Müller-Seidel getan hat).

Iphigenie und Penthesilea - zwei Frauenfiguren, die unterschiedlicher nicht sein können. Während die eine sieht, dass ein Konflikt zwischen Männern im Raum liegt, und weiß, dass ein solcher Konflikt gewaltsam ausgetragen wird, bringt sie bewusst ihre Weiblichkeit ins Spiel, um den Barbaren für humanes Handeln empfänglich zu machen. Auf der anderen Seite greift Penthesilea gerade in einen männlichen, militärischen Konflikt ein, was selbst für den Klügsten aller Männer, Odysseus, unverständlich bleiben muss. Er sagt: «Soviel ich weiß, gibt es in der Natur / Kraft bloß und ihren Widerstand, nichts Drittes» (V. 125/126). Penthesilea lässt sich in kein Schema pressen - und sie bleibt daher für die Männer und ihr männliches Verständnis verschlossen.

Penthesilea ist Königin und Oberpriesterin ihres Amazonenvolkes. Dieses Volk ist aus einer traumatischen Vergewaltigungserfahrung heraus geboren worden. Die überlebenden Frauen beschließen, die männliche Aufgabe selbst zu übernehmen und einen Staat zu gründen. Um die traumatischen Erfahrungen zu bannen, gibt es in diesem Staat keine Männer und keine Liebe. Um sich zu reproduzieren, überfallen die Frauen Männer und führen sie zum sogenannten Rosenfest, an dem die Nachkommenschaft gezeugt wird. Ausgeschlossen wird daher die Liebe zwischen Mann und Frau. Über dieses Gesetz ihrer Vorfahren muss nun gerade die Königin achten, und gerade sie ist es, die gegen dieses Gesetz verstößt, indem sie sich in den einen Mann verliebt, von dem sie annimmt, dass gerade er ihr vorherbestimmt sei. Als Achill sie unterwirft, gibt er vor, dass sie ihn unterworfen hätte, weil das zu ihrem Selbstverständnis gehört. Als sie die List durchschaut, will sie erneut mit ihm kämpfen. Und er ist bereit, sich darauf einzulassen und sich ihr nunmehr nochmals zu unterwerfen. Sie kennt den vorgespiegelten Kampf nicht. Daher kämpft sie mit allen Mitteln und unterwirft, tötet und zerreißt Achill. Am Ende sagt sie sich von dem Gesetz der Amazonen los, das ihr die Liebe verboten und sie gerade deswegen in diesen Liebeswahn getrieben hat. So wie Penthesilea sich der binären männlichen Logik widersetzt und sowohl Kriegerin wie Geliebte ist, so hebt sie auch den Unterschied zwischen Liebe und Mord auf: «– So war es ein Versehen. Küsse, Bisse, / Das reimt sich, und wer recht von Herzen liebt, / Kann schon das eine für das andere greifen.» (V. 2981–83)

Wo also Iphigenie um Ausgleich bemüht ist und in diesem Ausgleich die weibliche Leistung als Grundlage eines humanistischen Ideals verwirklicht, stellt Penthesilea geradezu das Gegenteil dar: Sie treibt die Konfliktpotenziale ins Extrem. Iphigenie will und kann das Negative ins Positive verwandeln, Penthesilea treibt Positives und Negatives ins Extrem. Beide Frauenfiguren sind absolut und als absolute gerade in ihrer Weiblichkeit greifbar.

Eine ähnliche Szene findet sich schon in Schillers klassischem Drama *Maria Stuart* (1800). Neben der Titelfigur gibt es eine zweite zentrale Frauenfigur, Königin Elisabeth, die eigentliche Gegenfigur zur Maria Stuart. Insofern geht es in diesem Drama auch um einen Konflikt zwischen zwei Frauen und den jeweiligen Konzepten, ihre Weiblichkeit zu leben. Elisabeth hadert mit sich und ihrem Leben, das von politischen Intrigen, Rücksichtnahmen, Selbstkasteiungen geprägt war, während Maria Stuart die Möglichkeiten, die ihr ihre Weiblichkeit geboten haben, immer voll ausgeschöpft habe, auch wenn sie Opfer männlicher Gewalt wurde. Am Ende des Dramas wird Maria in einem politischen Prozess zum Tode verurteilt, ein Prozess, den Elisabeth inszeniert, um ihre eigene Herrschaft abzusichern. Maria wird zur klassischen Heldin, indem sie ihr Urteil freiwillig und selbstbestimmt annimmt.

53. Was ist ein Bildungsroman? Welch gigantisches Lob hatte der Literaturkritiker Friedrich Schlegel 1798 in dem Fragment Nr. 296 seiner Zeitschrift *Athenäum* über Goethes Roman *Wilhelm Meisters Lehrjahre* ausgesprochen! Es heißt dort: «Die Französische Revolution, Fichtes Wissenschaftslehre, und Goethes Meister sind die größten Tendenzen des Zeitalters.» Wie ordnet sich dieser Roman in diese Reihe ein? Oder anders gefragt: Welche Tendenz ist denn nun so epochal bedeutsam in Goethes Roman *Wilhelm Meisters Lehrjahre* ausgedrückt worden?

Für die Zeitgenossen und vor allem für eine jüngere Generation von Autoren, die man später als Romantiker bezeichnen wird, war dieser Roman nicht zuletzt deshalb so faszinierend, auch wenn spätere Urteile nicht immer so positiv ausfielen, weil er eine zentrale Idee dieser Zeit zum Ausdruck brachte: die Idee der Bildung. Bildung bedeutet, dass ein Subjekt immer erst ein Subjekt *werden* muss. Dieser Entwicklungsgedanke findet sich in einer ganzen Reihe von Roman-Traditionen über die wichtigsten europäischen Literaturen seit dem 18. Jahrhundert wieder. Entwicklung hat auch eine soziale Dimension. Das Individuum muss sich auch in sein soziales Umfeld hinein entwickeln, es muss Mitglied einer Gesellschaft werden. Und gerade die Literatur übernimmt die Aufgabe, die Bedingungen dieser Entwicklung zu reflektieren.

Um 1800 entwickelt sich die spezifische Form des Bildungsromans. Bildung meint dabei einen Prozess, der von einem Bild angeleitet wird. Und das Bild meint dabei ein Selbstbild des Individuums, das jedem Menschen innewohnt und von Anfang an den potenziellen Motor seiner Persönlichkeitsentwicklung abgibt. Bildung ist jener Prozess, mit dem der Mensch jenes Bild, das er schon in sich trägt, an sich selbst verwirklicht. Dabei sind immer individuelle und gesellschaftliche, psychische und soziale Faktoren mit im Spiel, wobei im Bildungsroman um 1800 das innere Moment überwiegt. Es geht um die Sozialisation des Menschen: Wie wird aus dem Subjekt ein wertvolles Mitglied der Gemeinschaft? Im Realismus wird sich die Frage verschieben und dann eher lauten: Wie wird aus einem Individuum ein wertvolles Mitglied der – vor allem bürgerlichen – Gesellschaft? So zum Beispiel in Gottfried Kellers Bildungsroman *Der grüne Heinrich*. Genau dieser Prozess muss also eine innere Entwicklung und eine äußere Welt gleichzeitig entfalten, und für diese Aufgabe ist der Roman geradezu prädestiniert. Dieser Gesamtkomplex findet in Goethes *Wilhelm Meister* seinen beispielhaften Ausdruck. Dieser Roman wird zum Muster des Bildungsromans. Obschon Goethes *Wilhelm Meister* nicht der erste deutsche Roman ist, den man als Bildungsroman bezeichnen kann, ist er doch derjenige Roman, von dem aus die Idee überhaupt erst ihren mustergültigen Ausdruck gewinnt. Als Vorläufer wären immerhin Wielands Roman *Agathon* zu nennen (siehe Frage 35) oder Moritz' *Anton Reiser* (siehe Frage 41).

Der *Wilhelm Meister* sollte zuerst ein Theaterroman werden – 1777 hatte Goethe begonnen, ihn zu schreiben: *Wilhelm Meisters theatralische Sendung*. Der Plan umfasste zwölf Bücher, sechs davon waren schon fertiggestellt. Sicherlich hat Goethes italienische Reise seit 1786 wesentlich dazu beigetragen, diese Konzeption zu verändern. War Goethe ursprünglich noch davon ausgegangen, dass das Theater selbst ein Medium und ein Ziel von Bildung sein kann, dass das Theater als Bildungsanstalt (um einen Titel des jungen Schiller abzuwandeln) betrachtet werden könnte, hat er später eingesehen, dass das Theater selbst nur ein Durchgangsstadium auf dem Bildungsweg seines Helden sein kann. Bildung kann sich nicht im Theater vollenden, sondern nur im tatsächlichen, praktischen und verantwortungsvollen Leben. *Wilhelm Meisters Lehrjahre* erzählt die Geschichte von Wilhelm auf seinem Weg zur Meisterschaft. Die Handwerksmetaphorik muss man dabei durchaus ernst nehmen, weil Handarbeit für Goethe zum Musterfall tätigen Lebens, der *vita activa*, wird. Doch zunächst, und damit setzt der Roman ein, flieht Wilhelm, wie schon Werther, vor den Zwängen eines bürgerlichen Lebens. Gleichzeitig verlässt er seine Geliebte Mariane. Wilhelm lernt eine andere Schauspielerin, Philine, kennen und zieht mit ihrer Schauspieltruppe fort. Er kauft einer Seiltänzertruppe ein seltsam androgynes Mädchen ab, Mignon, deren Lied «Kennst du das Land, wo die Zitronen blühn» weltberühmt werden wird. Dieser Truppe schließt sich auch ein alter, heute würde man sagen: depressiv wirkender Mann, der Harfner, an. Die Truppe kommt auf ein Schloss, wo sie ein Stück aufführen soll. Dort lernt Wilhelm Jarno kennen, der zu einer wichtigen Ausbilder-Figur für Wilhelm wird. Jarno macht ihn mit Shakespeare und insbesondere mit *Hamlet* bekannt. Nach dem Aufenthalt auf dem Schloss reist man zu Serlo weiter, um den *Hamlet* aufzuführen. Auf dem Weg wird die Truppe überfallen, und bei dieser Gelegenheit erblickt Wilhelm eine Amazone auf dem Pferd – es handelt sich, wie er noch nicht weiß, um Natalie, die später seine Gefährtin und Frau werden wird. Das Theater Serlos brennt ab, die Theatertruppe löst sich auf, und Wilhelm erhält den Auftrag von der sterbenden Aurelie, der Schwester Serlos, zu ihrem untreuen Geliebten Lothario zu gehen. Damit verlässt Wilhelm die Sphäre des Theaters und kommt nun gänzlich in den Bereich einer geheimnisvollen Turmgesellschaft, deren Mitglieder auch noch vielfach untereinander verbunden sind. Lothario ist eines von vier Geschwistern, die Gräfin auf dem Schloss ein weiteres, ebenso wie Natalie und Friedrich. An dieser Stelle sind im Roman als sechstes Buch die *Bekenntnisse einer schönen Seele* eingeschlossen, bevor dann im siebten und achten Buch die zunächst geheimnisvolle Turmgesellschaft geschildert und auch der Bildungsweg Wilhelms in der Rückschau als solcher offenbart wird.

Der Roman bringt nicht nur eine Fülle von Figuren hervor, sondern entfaltet in seinem Handlungsverlauf auch eine Reihe von Zufällen, die die Handlung und mithin den Lebensweg Wilhelms jeweils in eine andere Richtung lenken. Das ist Programm – und zwar das Programm des Bildungsromans. Bildung ist kein geradliniger Weg, Bildung ist ein Weg voller Zufälle und Hindernisse, deren Zweck allerdings darin besteht, dass sie, nachdem das Bildungsziel erreicht ist, als notwendige Stationen eines Weges re-interpretiert werden können. Bildung ist also auch jener Prozess, in dem sich der Bildungsweg als solcher überhaupt erst enthüllt. Bildung bedeutet demnach, sich über seinen Bildungsweg klar zu werden. Die Turmgesellschaft ist so etwas wie das verkörperte und inkorporierte Bildungsziel Wilhelms. Dass Wilhelm auf seinem Weg schließlich seinen eigenen (mit Mariane gezeugten) Sohn (wieder)findet und seine Vaterschaft positiv annimmt, gehört mit zu seinem Bildungsweg, an dessen Ende die Idee einer praktischen Sozialisation des Individuums Wirklichkeit geworden ist.

54. Ist Bildung männlich? Ja, Bildung ist männlich, und das nicht nur bei Goethe und in der Goethezeit, sondern weit darüber hinaus in einer langen Reihe von Bildungsromanen von *Wilhelm Meisters Lehrjahren* oder schon von Wielands *Agathon* über Gottfried Kellers *Grünem Heinrich* bis hin zu Thomas Manns *Zauberberg*. Das bedeutet, dass im Fokus all dieser in der Literatur behandelten Bildungskonzepte vor allem der junge Mann steht. Man kann daran sehr schön erkennen, wie klassische und romantische Texte dieselbe Geschlechterideologie entwickeln und fortspinnen. Dass es einen Zusammenhang von Klassik und Romantik gibt, lässt sich an dieser Frage eindrücklich demonstrieren, und dieser Zusammenhang besteht in einer grundlegenden anthropologischen Sichtweise, die klassische Autoren wie auch romantische Autoren teilen. Wo romantische Autoren wie zum Beispiel Novalis (1772–1801), der eigentlich Friedrich von Hardenberg hieß, Goethes berühmten Bildungsroman nicht nur nachschreiben, sondern auch überschreiben wollen, ist immer noch dieselbe anthropologische Grundlage bestimmend, und diese drückt sich wiederum vor allem in ganz bestimmten Geschlechterstereotypen aus (siehe Frage 52). Auch der Held aus Novalis' Roman, den man durchaus gleichermaßen als Bildungsroman bezeichnen kann, nämlich sein *Heinrich von Ofterdingen* (entstanden 1800, 1802 posthum veröffentlicht), ist ein junger Mann, der sich auf die Reise begibt. Diese Reise in die Welt ist immer auch eine Reise zu sich selbst, eine Reise, die nach außen geht und nach innen führt. Ein anderes Beispiel ist der Roman *Lucinde* von Friedrich Schlegel (1799). Im Zentrum dieses Romans, der arabeskenartig von sechs Teilen ein- und sechs Teilen ausgeleitet wird, steht ein großer Mittelteil, der die eigentliche Geschichte erzählt und der einen bezeichnenden Titel trägt, der explizit auf Goethes Roman anspielt: *Lehrjahre der Männlichkeit.* In diesen Lehrjahren steht eine besondere Form von Sozialisation im Blickpunkt, nämlich vor allem eine erotische Sozialisation und die damit verbundene Frage, wie ein junger Mann eine ihm entsprechende Partnerin findet. Der Held durchlebt mehrere Beziehungen, bis er schließlich in Lucinde die ideale Partnerin findet. Ideal ist sie sicherlich nicht im Hinblick auf soziale Normen, denn Lucinde war schon verheiratet, sie ist nicht unschuldig, sondern vielmehr eine Frau von Erfahrung; ideal ist sie aber im Hinblick auf das Liebesmodell, das dieser Roman entfaltet: Die Liebe ist absolut und frei gegenüber sozialen Normen, und die Ehe ist lediglich der soziale Ausdruck dieser Form von radikaler Liebe. Dennoch ist dieser Roman nicht wirklich emanzipatorisch, weil diese Form der Liebe immer noch aus dem Fokus eines männlichen Entwicklungsweges entworfen und geschildert wird.

Allein innerhalb des Romans *Wilhelm Meisters Lehrjahre* erzeugen die als eigenes Buch eingefügten *Bekenntnisse einer schönen Seele* (Wilhelm bekommt dieses Manuskript von einem Arzt zur Lektüre) einen Gegensatz zwischen männlichem und weiblichem Entwicklungs- und Selbstfindungsweg. In diesem Text schildert ein weibliches Ich seinen Weg zu Gott. Es handelt sich um eine pietistische Glaubenserfahrung. Übrigens hatte Schiller den Begriff der schönen Seele ganz und gar als ästhetisches Konzept entworfen, das sich in bestimmten weiblichen Figuren mythologisch oder dramatisch ausdrücken lässt. Bei Goethe bilden diese eher religiös motivierten Erfahrungen einen bewusst inszenierten Kontrast zu Wilhelms Bildungsweg. Man kann hierbei durchaus von gegensätzlichen Bildungsmodellen ausgehen. So dienen die *Bekenntnisse* zwar dazu zu zeigen, dass Bildung immer auch sozial vermittelt sein muss und nicht in die geistige Isolation führen darf, wie dies hier vor dem Hintergrund pietistischer Selbstbeobachtung und Selbstbeschäftigung der Fall ist. Aber sie zeigen auch, dass Bildung selbst ein männliches Konzept per se darstellt.

55. Kann der Teufel eine Wette gewinnen? Goethe hat sein Leben lang am *Faust* gearbeitet. Idee und Konzeption haben Goethe durch all die Epochen begleitet, für die Goethes Namen auch immer stand, vom Sturm und Drang über den Klassiker bis hin zum späten Goethe. Man kann dabei vier verschiedene Stadien und Texte unterscheiden. Schon sehr früh, in seiner Sturm-und-Drang-Zeit, hat Goethe den Faust-Stoff für sich entdeckt. Parallel zum *Werther* schreibt er in den Jahren von ca. 1770 bis 1775 an einer ersten Fassung, die er dann wieder liegen lässt. Diese Fassung ist heute unter dem Namen *Urfaust* oder *Faust. Frühe Fassung* überliefert. In den Jahren 1788 bis 1790 widmet er sich wieder dem Dramenplan und fertigt eine neue Textfassung an, die allerdings nicht vollständig ausgeführt wird. Daher rührt der Namen dieser Fassung *Faust. Ein Fragment.* Ab 1797 nimmt er sich dieses Drama abermals vor, nun erhält es das mehrfach gestaffelte Vorspiel (*Zueignung*, *Vorspiel auf dem Theater* und *Prolog im Himmel*), und das Zusammenspiel von Gelehrten- und Gretchentragödie wird vervollständigt; im Jahr 1806 ist das Manuskript abgeschlossen, und es wird im Jahr 1809 unter dem Titel *Faust. Eine Tragödie* veröffentlicht. Als er an einer Fortsetzung, an einem zweiten Teil schreibt, nennt man diesen ersten Teil *Faust. Der Tragödie erster Teil.* An der Fortsetzung schreibt er ab 1825 bis zu seinem Tode 1832. Sie wird nicht mehr zu seinen Lebzeiten, sondern erst nach Goethes Tod veröffentlicht.

Während der zweite Teil des *Faust* die Handlung ganz eigenständig weiterführt und den Problemhorizont, der im Drama verhandelt wird, noch einmal radikal weitet, gehören die ersten drei Fassungen des *Faust* thematisch eng zusammen. Sie gruppieren sich alle um denselben dramatischen Kern, der sich wiederum aus zwei Quellen speist. Da ist zum einen die historische Figur des Faust, die schon vor Goethe ihren Weg in die Literatur gefunden hat und eine weitverzweigte und lange Tradition des Faust-Stoffes ausgebildet hatte (siehe Frage 20). In diese Tradition gehört ein Element von Zauberei ebenso wie das des möglichen Teufelspaktes, es finden sich aber auch bestimmte anthropologische Momente wie Wissensdurst und Hochmut. Die andere Quelle ist historischer Natur, es geht um den Kindsmord (siehe Frage 47).

Faust ist ein Menschheitsdrama, ein Drama, das ganz grundsätzlich nach der *conditio humana* fragt. In der Frage, wie denn nun die Gelehrten- und die Gretchentragödie zusammengehören, kann man die beiden Motivstränge erkennen. Aber im Grunde genommen ist diese Frage falsch gestellt. Denn die Gretchentragödie ist ja auch ein Teil der Gelehrtentragödie, und die Gelehrtentragödie ist wiederum ein Teil einer größeren Tragödie, in deren Mittelpunkt nicht Faust als Gelehrter steht, wie es in seinen allerersten berühmten Versen deutlich zu werden scheint:

> Habe nun, ach! Philosophie,
> Juristerei und Medizin,
> Und leider auch Theologie!
> Durchaus studiert, mit heißem Bemühn.
> Da steh ich nun, ich armer Tor!
> Und bin so klug als wie zuvor; (V. 354–359)

Nein, es geht um Faust als den exemplarischen Menschen. Das wird an einer Wette deutlich, die in zweifacher Form im Rahmen, im *Prolog im Himmel*, und auch im Drama selbst geschlossen wird. Im Rahmen wetten Gott und Mephistopheles miteinander.

> Mephistopheles:
> Was wettet Ihr? den sollt Ihr noch verlieren! Wenn Ihr mir die Erlaubnis gebt, Ihn meine Straße sacht zu führen.
> DER HERR:
> Solang er auf der Erde lebt, So lange sei dir's nicht verboten,
> Es irrt der Mensch so lang er strebt. (V. 312–317)

Karl Eibl hat in seiner Studie mit dem markanten Titel *Das monumentale Ich* als zentrales Bezugsproblem nicht nur dieser Wette, sondern des ganzen *Faust* die Frage gesehen, wie der Mensch im Spannungsfeld von Bestimmung und Unbestimmtheit situiert werden kann. Man könnte dies auch die Frage nach der anthropologischen Disposition des Menschen nennen: was bestimmt den Menschen, was macht ihn aus? Und die entscheidende Antwort muss sein: seine Unbestimmtheit, seine Offenheit, sein Streben, sein Immer-schon-über-sich-Hinaussein. Von daher ist diese Wette nicht ganz fair, denn Mephistopheles kann diese Wette nie gewinnen. Und selbst wenn er sie gewönne, hätte er sie im selben Augenblick verloren, denn wenn es ihm gelänge, Faust zu verführen und auf seine Seite zu schlagen, hätte dies wiederum die Offenheit des Menschen gleichermaßen bestätigt und damit Gott recht gegeben. Insofern ist auch die Binnenwette, die als Teufelspakt bezeichnet wird, eine Wette zuungunsten Mephistopheles'.

Faust:
Werd ich beruhigt je mich auf ein Faulbett legen,
So sei es gleich um mich getan!
Kannst du mich schmeichelnd je belügen,
Daß ich mir selbst gefallen mag,
Kannst du mich mit Genuß betrügen –
Das sei für mich der letzte Tag!
Die Wette biet ich!
Mephistopheles:
Topp!
Faust:
Und Schlag auf Schlag!
Werd ich zum Augenblicke sagen:
Verweile doch! du bist so schön!
Dann magst du mich in Fesseln schlagen,
Dann will ich gern zugrunde gehn!
Dann mag die Totenglocke schallen,
Dann bist du deines Dienstes frei,
Die Uhr mag stehn, der Zeiger fallen,
Es sei die Zeit für mich vorbei! (V. 1692–1706)

Auch in dieser Wette steckt eine Tautologie, die Mephistopheles schlichtweg übergeht. Faust wettet mit dem Teufel also, dass es ihm, dem Teufel, nicht gelingen wird, Faust in eine Situation zu bringen, die für ihn von solcher Qualität und Bedeutung ist, dass die Zeit schlichtweg aufhört. Was Faust hier imaginiert, ist ein Zustand des absoluten Präsens. Mephistopheles unternimmt nun alles, um für Faust jene Dispositionen zu schaffen, damit ein solches Erlebnis zumindest denkbar erscheint. Genau an diesem Punkt verschränken sich Gelehrten- und Gretchentragödie. Das Gelehrtentum, Bildung, wie wir heute sagen würden, selbst wenn sie auf die höchsten akademischen und intellektuellen Spitzen getrieben wurde, muss bei der Frage, was den Menschen zum Menschen macht, akademisch und damit unmenschlich bleiben. Die Bedingungen des Menschseins, so führt es uns Faust vor oder wird es uns an Faust vorgeführt, lassen sich reflexiv nicht mehr einholen, sondern bestenfalls praktisch.

Hier kommt – im wahrsten Sinne des Wortes – Mephistopheles ins Spiel. Er schafft entsprechende Erlebnisqualitäten: Er lässt Faust verjüngen, damit ihm bestimmte Erlebnisse überhaupt erst wieder zugänglich werden, er probiert einiges aus, aber schnell wird klar, wenn es ein solches Erlebnis gibt, dann muss es ein Liebeserlebnis sein, sowohl in emotionaler wie in sexueller Hinsicht. Als sich die Begegnung Fausts mit Gretchen ergibt und Faust sich verliebt, unternimmt Mephistopheles alles, um die beiden zusammenzubringen, und schreckt dabei auch vor Mord nicht zurück, zu dem er die beiden Liebenden provoziert. Sosehr nun Faust mit Mephistopheles Gretchen in eine Situation gebracht hat, in der sie Faust begehrt und ihrem Begehren keinen moralischen Einhalt mehr gebieten kann, so spürt sie doch, dass diese Verführung nicht mehr in der für sie gültigen und durch die Religion gewährleisteten Ordnung stattfindet, und stellt Faust daher die berühmte Gretchenfrage: «Nun sag, wie hast du's mit der Religion?» Auch wenn der Teufel seine Wette nicht gewinnen kann, so kann doch Faust diese Frage nicht mehr beantworten. Wo Gretchen dann ihr eigenes Kind tötet, zeigt Goethe sie uns nicht so sehr als Täterin, sondern als Opfer. Und insofern kann sie am Ende des ersten Teils des Dramas auch Erlösung erfahren.

So unterschiedlich Rahmen- und Binnenwette auch gestaltet sind, gerade die Idee der absoluten Gegenwart im Augenblick als Ende der Zeit des Menschen lässt einen Rückbezug zur Rahmenwette zu. Auch dort war die Rede davon, dass der Mensch irre, solange er strebe, was aber auch bedeutete, dass er strebe. Das Streben, diese unaufkündbare Prozessualität des menschlichen Lebens, scheint eine anthropologische Grundbedingung zu sein, und die Wette mit dem Teufel scheint nur eine gigantische Inszenierung Gottes zu sein, um das Menschsein des Menschen ein für alle Mal unter Beweis zu stellen. Einen solchen Augenblick kann es nicht geben, und wenn es ihn gäbe, dann würde der Mensch genau in diesem Augenblick nicht nur aufhören zu existieren, sondern auch Mensch zu sein. Insofern sind absolutes Präsens und der Tod äquivalent. Das erklärt auch den Widerspruch zwischen den beiden Wetten, auf die schon Eibl aufmerksam macht, auch wenn hier ein anderer Vorschlag zur Auflösung gemacht wird. Dass Mephistopheles sich «mit den Toten / [...] niemals gern befangen» will (V. 318 f.), wie er dem Herrn gegenüber äußert, aber Faust gegenüber seine Wettbedingung im Falle seines Wettverlustes so erklärt, dass Faust dann «drüben» (V. 1668) ihm so dienen soll, wie Mephistopheles ihm auf Erden gedient hätte, verweist noch einmal auf die Unmöglichkeit für Mephistopheles, die Wette zu gewinnen. Das gibt Gott zumindest ex negativo die unabdingbare Zuversicht in seine notwendige Oberhoheit über den Teufel.

56. In welchem Roman Goethes tragen alle wichtigen Figuren denselben Vornamen und warum nur? Goethes relativ später Roman *Die Wahlverwandtschaften* aus dem Jahre 1809 gilt als einer der rätselhaftesten Romane und hat dementsprechend große Interpretationsbemühungen auf sich gezogen. Er beginnt wie eine versteckte Fortsetzungsgeschichte des *Werther*. Eduard liebte Charlotte, konnte sie aber nicht heiraten, da sie schon vergeben war. Nach dem Tod ihres Mannes jedoch ist der Weg frei, die Liebesheirat nachzuholen, und die beiden Adeligen haben alle Chancen, eine glückliche Ehe zu führen. Der Umgestaltung ihres riesigen Anwesens in einen Landschaftspark nach englischem Muster widmen sie ihre ganze Zeit. Genau an dieser Stelle beginnt der Roman, und er beginnt geheimnisvoll. «Eduard – so nennen wir einen reichen Baron im besten Mannesalter ...» – die natürlichste Verbindung von Zeichen und was sie bezeichnen, nämlich Eigenname und Person, wird schon in den ersten Worten des Romans als Setzung eines Erzählers ausgegeben. Und im weiteren Verlauf wird dieser Roman nicht mehr aufhören, solche Verbindungen von Zeichen und Bezeichnetem zu problematisieren.

Eduard will seinen in Not geratenen Freund, den Hauptmann, auf das Anwesen holen, was seine Frau Charlotte zunächst nicht gutheißt, weil sie fürchtet, dass dies ihre Zweisamkeit stören könnte. Um einen Ausgleich für dieses Störpotenzial zu schaffen, soll dann auch noch eine weibliche Figur das Ensemble ergänzen, Ottilie, die junge Nichte von Charlotte, die sich schwertut, den Anforderungen eines hektischen Schulbetriebs gerecht zu werden. In diesem Zusammenhang kommt die Gleichnisrede von den Wahlverwandtschaften auf. Das ist eine Metapher aus der Chemie. So wie sich bestimmte Elemente zueinander verhalten, so verhalten sich auch Menschen zueinander. Soziale Verhältnisse sind kompliziert geworden in einer modernen Gesellschaft. Es ist Eduard und Charlotte bewusst, dass sie in ihrem Landgut wie auf einer Insel der Seligen leben, aber das Leben außerhalb die Menschen in immer stärker ausdifferenzierte und komplexere Verhältnisse stellt. Er habe «sociale Verhältnisse symbolisch dargestellt», hat Goethe selbst zu seinem Roman angemerkt. Aber der Roman weiß mehr als seine Figuren, und insofern sind die *Wahlverwandtschaften* auch ein Roman über den Roman und ganz generell über Literatur. Sie stellen nicht nur soziale Verhältnisse symbolisch dar, sondern sie reflektieren auch die Möglichkeit der Literatur, ein solches Vorhaben überhaupt ins Werk zu setzen. Das gelingt dem Roman, indem er permanent Szenen vorführt, in denen die Figuren auf hochproblematische Weise mit solchen Symbolen umgehen. Ein sehr schönes Beispiel liefert Charlotte. Sie lässt nämlich Grabsteine versetzen und an einer Kirchenmauer entlang neu aufstellen. Sie zerstört damit die natürliche Beziehung zwischen Grabstein und Grab als Beispiel für das Verhältnis von Zeichen und Bezeichnetem. Die Grabsteine werden ihres symbolischen Charakters beraubt und sie bekommen dafür eine neue, eine ästhetische Funktion. Und vielleicht liegt in dieser kleinen Szene sogar eine große Diagnose moderner Verhältnisse: In der modernen Lebenswelt werden natürliche Relationen durch künstliche oder künstlerische ersetzt.

Das herausragendste Beispiel dafür liefert aber Eduard selbst. Denn er bringt die chemische Gleichnisrede auf, deutet aber das Konzept der Wahlverwandtschaften falsch. Er meint, weil er nun mit seinem Freund, dem Hauptmann, enger zusammenarbeiten könne, bedarf es eines weiteren Elements, Ottilie nämlich, die seinen Platz an der Seite Charlottes ausfüllt. Aber damit hat er sich gründlich getäuscht. Tatsächlich wird der Roman eine ganz andere Geschichte erzählen, es ist die Geschichte einer inneren Erosion einer Ehe, und insofern hat Goethe auch einen der ersten modernen Eheromane geschrieben (übrigens hat ein anderer berühmter Eheroman, Fontanes *Effi Briest*, gleichermaßen 36 Kapitel). Eduard verliebt sich in Ottilie, während Charlotte dem Hauptmann näherkommt. Aber es kommt nicht zu einem Bäumchen-wechsle-dich-Spiel. Charlotte lässt es nicht zum Äußersten kommen, sie hält an der Ordnung ihrer Ehe fest. Anders Eduard. Seine Liebe zu Ottilie wird so leidenschaftlich, dass er bereit ist, die Ehe gänzlich in Frage zu stellen. Nun ist die Ehe anders als der Sex keine natürliche, sondern selbst eine symbolische Verbindung, die gestiftet wird, um soziale Ordnung zu ermöglichen.

Immer wieder entdeckt Eduard Zeichen, die seine Leidenschaft zu Ottilie ‹bezeichnen› und damit überhaupt erst vorantreiben, zum Beispiel ein Trinkglas, in das die Buchstaben seiner beiden Vornamen Eduard und Otto eingeritzt sind, E und O, und das nicht zerbricht, obschon man es bei einer Richtfestzeremonie in die Luft wirft, oder zum Beispiel die Handschriften von Eduard und Ottilie, die sich immer mehr angleichen. Den Zwiespalt zwischen der natürlichen und der symbolischen Ordnung der Dinge hat Goethe in einer der markantesten Szenen der Weltliteratur dargestellt. Eduard zeugt mit seiner Frau, obschon die Ehe am Zerbrechen ist, ein Kind. Während die beiden Ehepartner miteinander schlafen, denken sie aber jeweils an andere Partner, Eduard an Ottilie und Charlotte an den Hauptmann. Das Kind trägt die Züge jener Partner, an die die Eheleute während des Aktes gedacht haben: ein doppelter Ehebruch der Phantasie. Kein Wunder also, dass dieses Kind, selbst ein Symbol, im Rahmen dieser symbolischen Ordnung keine Überlebenschance hat. Ottilie wird das Kind aus einem Boot in den See fallen lassen, es ertrinkt, ein Buch, das sie auch in der Hand hält, wird gerettet. Die symbolische Ordnung ist stärker als die natürliche. Und es setzt sich die Zerstörungslogik noch radikaler fort. Der Tod des Kindes befreit nicht die Eheleute, sondern erlegt ihnen eine besondere Schuld auf. Ottilie entsagt der Liebe und dem Leben, sie tritt in einen schweigenden Hungerstreik und stirbt, und Eduard stirbt ihr nach. Charlotte bestattet beide. Und so kommen wir noch einmal auf die (Symbolik der) Eigennamen zurück. Eduard heißt, wie gesagt, mit zweitem Namen Otto, Ottilie ist eine weibliche Form von Otto, Charlotte trägt zumindest einen Teil des Namens in ihrem Namen und der Hauptmann, obschon er zumeist nur mit seinem Funktionstitel angesprochen wird, heißt tatsächlich auch Otto. Und das Kind aus dieser *ménage à quatre* heißt ‹natürlich› auch Otto.

57. Was haben Hölderlin, Jean Paul und Kleist gemeinsam? Es ist schon bemerkenswert, ja geradezu paradox, wenn man erkennt, dass die Werte, die im Programm einer Weimarer Klassik vertreten wurden, wenig zu tun haben mit der Realität des Literaturbetriebs. Als Goethe und Schiller zusammen jenes Dioskurenpaar der Weimarer Klassik bildeten, wiederholten beide jene ablehnende Haltung gegenüber anderen Autoren, die zuvor Schiller von Goethe hatte erfahren müssen. Vielleicht ist diese Abgrenzung auch nur die negative Seite, deren positive Seite die Entwicklung der Weimarer Klassik ist. Wo sie sich zusammenschließen, schließen sie andere aus, was weitreichende literaturgeschichtliche und bisweilen auch existenzielle Folgen hat. So fällt es bis heute schwer, Autoren wie Hölderlin (siehe Frage 58), Kleist oder Jean Paul literaturhistorisch zu klassifizieren. Sie sind – wenn auch unterschiedlich – an dem Dioskurenpaar oder wenigstens an Goethe gescheitert. Jean Paul beispielsweise wäre gerne in Weimar ansässig und Mitglied dieses Programms geworden, aber die beiden ließen es nicht zu. Zu stark empfanden sie die Divergenz in ästhetischen Anschauungen und lehnten daher Jean Paul ab. Berühmt geworden ist Goethes Charakterisierung von Jean Paul als «Chinese in Rom» in einem gleichnamigen Gedicht, das Goethe in Schillers *Musen-Almanach auf das Jahr 1797* publiziert hat. Stellt man die Bedeutung in Rechnung, die Rom biographisch und vor allem ästhetisch – als Ort überlieferter Antike – für Goethe hatte, dann wird damit auf bösartige Weise zum Ausdruck gebracht, wie exotisch er Jean Paul, der ein anderes Verständnis von Ästhetik entwickelt, angesehen haben muss.

Am dramatischsten ist sicherlich die Auseinandersetzung Kleists (1777–1811) mit Goethe. Die Literaturwissenschaftlerin Katharina Mommsen hat von *Kleists Kampf mit Goethe* gesprochen. Für Kleist, stellvertretend für eine ganze Generation junger Autoren, war Goethe die absolut überragende Gestalt. Man hat ihn verehrt, regelrecht vergöttert, aber sich auch an ihm gestoßen. Die psychischen Dynamiken liegen bei Kleist wie sonst bei keinem anderen Autor offen zutage: Er wollte von Goethe anerkannt werden, und als sich abzeichnete, dass Goethe ihm diese Anerkennung verweigerte, wollte er Goethe übertreffen, und als es wiederum bei diesem Versuch zum Konflikt kam, wollte er ihn überwinden. Kleist hat sich Goethes Anerkennung gründlich verscherzt. Dabei fing alles so gut an: Im Jahr 1808 wurde Kleists Drama *Der zerbrochne Krug* in Weimar uraufgeführt, inszeniert von keinem Geringeren als Goethe. Doch das Stück fiel durch, und Kleist gab Goethe die Schuld, wollte ihn gar zum Duell fordern, was ihm aber ausgeredet wurde. Schon zuvor hat Kleist bei Goethe um die Mitarbeit in seinem Kunstjournal *Phöbus* geworben. Unvorsichtigerweise hat man, noch bevor eine Antwort Goethes vorlag, mit seinem Namen Werbung gemacht. Das hat das Klima zwischen den beiden sicherlich nicht verbessert.

Fest steht allerdings auch, dass Goethe für Kleist und sein Schreiben kein Verständnis aufbrachte. Deutlich wird dies vor allem an seiner Reaktion auf Kleists Drama *Penthesilea*, das Kleist ihm zukommen ließ (siehe Frage 52). Hier offenbart sich ein ambivalentes Goethebild, das weit über den Konflikt mit Kleist hinausreicht. Goethe muss sich für einen Schlussstein der Literaturgeschichte gehalten haben, und als er merkte, dass eine jüngere Generation nachkam, die ihn anfangs verehrte, sich dann aber auch von ihm abwandte, um sich selbst und eigenständig zu positionieren, reagierte er unsensibel oder verständnislos. Dieser Verständnislosigkeit ist Kleist nicht als Erster und nicht als Letzter zum Opfer gefallen.

Bekannt geworden ist vor allem Goethes drastische Abwertung des Romantischen: «Klassisch ist das Gesunde, romantisch das Kranke» (*Maximen und Reflexionen*, Nr. 1031). Goethe wiederholt diese Einschätzung auch in den Gesprächen mit Eckermann (2.4.1829). Dass Goethe hier eine medizinische Diagnose als ästhetische Norm benutzt, ist bedenklich genug. Man kann sie immerhin auf seine naturwissenschaftlichen Auseinandersetzungen zurückführen, wo ‹krank› schlichtweg als ‹normabweichend› definiert wird. Das heißt aber auch, dass man seine Aussage als literaturpolitisches Statement verstehen muss. Es war der Versuch einer Abgrenzung in einem Feld literarischer Interessen. Den Romantikern, zum Beispiel Novalis oder den Schlegels, galt Goethes Roman *Wilhelm Meisters Lehrjahre* als Musterbeispiel des Romans. Doch ab 1800 entwickelten sie eigene ästhetische Ideen, die auf neuartige Weise von der Philosophie gespeist wurden, zum Beispiel die Idee einer im endlichen Kunstwerk manifestierten Unendlichkeit. Die Rückkehr zu einer neuen Mythologie (siehe Frage 62) war nicht mehr mit jenen Vorstellungen, für die Goethe stand, zu vermitteln. Und insofern traf auch sie Goethes später

Bannstrahl. Doch gerade damit wird in besonderer Weise deutlich, was wir heute bei der Kennzeichnung romantisch nicht mehr sehen: Die Romantik war eine Modernisierungsbewegung. Seit dem 17. Jahrhundert gab es immer wieder Neuauflagen jener Debatte, die man als *querelle des anciens et des modernes* bezeichnete. Dabei ging es um die Frage, woran man sich ästhetisch orientieren sollte: an den Klassikern, an den antiken Vorbildern oder aber an den (unterschiedlichsten) Ausprägungen von Modernität. Insofern lässt sich auch dieser Konflikt zwischen Goethe und den Romantikern als eine späte Ausprägung dieses Konflikts lesen. Goethe stand dabei für einen konservativen Standpunkt, die Romantiker für einen Prozess der Modernisierung.

Im Konflikt Goethes mit Kleist sah man schon eine Vorbereitung dieses Konflikts insofern, als man Kleist zu Unrecht als Romantiker klassifizierte. Als Goethe seine Abwertung formulierte, war die literaturgeschichtliche Entwicklung schon über ihn hinweg- und über ihn hinausgegangen. Goethes Zeit und die Goethezeit neigten sich dem Ende zu.

58. War Hölderlin verrückt? Friedrich Hölderlin wurde 73 Jahre alt (1770–1843). 37 Jahre davon galt er als verrückt oder wahnsinnig. 1806 wurde er zu einer ein Dreivierteljahr dauernden Behandlung in das Tübinger Krankenhaus gebracht und 1807 als unheilbar entlassen mit der Erwartung einer nur noch kurzen Lebensspanne. Er wohnte in einem privaten Haushalt unter familiärer, später öffentlicher Vormundschaft. Er begann auch wieder zu schreiben, litt mehr oder weniger stark unter Anfällen, Depressionen (wie wir heute sagen würden), Erregungszuständen und hat diesen Zustand, auch wenn er sich später stabilisierte, nicht mehr verlassen. Hölderlin verschwand aus dem Bewusstsein der Literaturgeschichte, lediglich als pathologischer Fall fand er noch einiges Interesse. Das änderte sich erst um 1900, als er als Autor und Dichter wiederentdeckt wurde, und dann noch einmal in der zweiten Hälfte des 20. Jahrhunderts, als man sich intensiv um historisch-kritische Ausgaben seiner Werke bemühte.

Zu seinen bekanntesten Gedichten gehört sicherlich *Hälfte des Lebens* aus dem Jahre 1805. Es markiert in Hölderlins Schaffen selbst so etwas wie die Grenze zwischen den Hälften seines Lebens, zwischen seiner früheren und seiner späteren Phase. Und natürlich liegt es nahe, darin auch die Grenze zwischen dem gesunden und dem geisteskranken Hölderlin zu sehen. Ausgehend von diesem markanten Gedichttitel hat Hermann Zschoche 1984 in der DDR unter demselben Titel eine filmische Biographie Hölderlins gedreht.

Dieses Gedicht ragt auch deswegen heraus, weil es sich in seiner Form nicht in jene antikisierende Tradition einreiht, die Hölderlin auf bemerkenswert produktive Weise wieder aufgegriffen hat. Zudem ist der Text, gemessen an späteren lyrischen Texten Hölderlins, relativ kurz und in seiner Textgestalt relativ unproblematisch. Hölderlin hat intensiv an seinen Texten gearbeitet, und palimpsestartig sind auf den Manuskripten durch immer neue Korrekturen und Umschriften stark veränderte Fassungen entstanden, die bisweilen nur schwer zu rekonstruieren sind.

Das Gedicht *Hälfte des Lebens* selbst exemplifiziert seinen Titel durch eine markante formale ebenso wie semantische Zweiteilung zwischen einer sommerlichen und einer winterlichen Sphäre. Das Leben spielt sich im Sommer ab. Es ist produktiv und bringt Birnen und Rosen hervor. Vor allem aber ist es geprägt zwischen Trunkenheit und Nüchternheit und mithin zwischen Küssen und Heiligem. So könnte man das Eintauchen der Köpfe als eine Form der Ent-Schuldigung von jener Schuld lesen, die das Leben mit sich bringt, denn Birnen und Rosen hängen ja eben in jenes Wasser, in das die Schwäne ihre Häupter tunken. Die zweite Strophe schildert den Winter und ist in sich noch einmal geteilt, weil die Schilderung mit einer Erinnerung an den Sommer einhergeht. Die letzten drei Verse schildern dann den Winter. Mit den Fahnen sind die Blech- oder Windfahnen gemeint, die man im ländlichen Bereich noch auf den Häusern finden kann. Die entscheidenden Worte sind «sprachlos und kalt», Letzteres lässt sich mit «Tod» in Verbindung bringen und die Sprachlosigkeit mit der Unmöglichkeit, dichterisch produktiv zu sein. Damit eröffnet sich eine poetologische Lesart; man kann das Gedicht als Text über die Möglichkeit – oder Unmöglichkeit – des Schreibens lesen. Nun unterliegen aber die Jahreszeiten einem natürlichen Wechsel, und das Ich fragt ja nach einem Ausweg aus dem Unausweichlichen, auch wenn die Frage vielleicht rhetorisch oder gar nicht zu beantworten ist. Nun könnte man dieses Gedicht auch als Antizipation der eigenen Erkrankung lesen, doch genauso kann man dann auch darauf aufmerksam machen, dass selbst der Winter, diese Zeit der Sprachlosigkeit, immerhin sprachlich gebannt wurde im Gedicht.

Die Frage, ob Hölderlin wahnsinnig gewesen ist oder nicht, hat vor allem Psychologen umgetrieben, dann aber auch Literaturwissenschaftler. Es hat sogar Ansätze gegeben, den Zeitpunkt des Wahnsinns nur zu dem einen Zweck festzulegen, um die danach geschriebenen Texte als wahnsinnig aus dem Werk auszugliedern. Der Hölderlin-Forscher Pierre Bertaux hat hingegen die Ansicht vertreten, Hölderlin habe seinen Wahnsinn nur simuliert, um politischer Verfolgung zu entgehen.

Das eigentlich Problematische an diesen Fragen nach dem Wahnsinn ist jedoch, dass man noch immer Hölderlins bemerkenswerte Stellung inmitten der zahlreichen Diskurse jener Zeit übersieht. Denn Hölderlin hat nicht nur in den unterschiedlichsten Gattungen geschrieben, er hat auch übersetzt und sich außerdem sehr für die zeitgenössische Philosophie interessiert und zu ihren Fragen beigetragen. Hölderlin war mit Schelling und Hegel in der gemeinsamen Zeit als Stipendiaten im Tübinger Stift während des Studiums befreundet. Im Kreise der drei ist wohl auch eines der markantesten Positionspapiere des Deutschen Idealismus im Jahr 1795 entstanden, das erst 1917 veröffentlicht wurde, und zwar unter dem Titel *Das älteste Systemprogramm des Deutschen Idealismus*. Hölderlin hielt sich zuvor auch in Jena auf, er kannte nicht nur die Debatten zwischen Schiller und Goethe (über Erfahrung und Idee), sondern auch Fichtes Konzept einer *Wissenschaftslehre*. Dass Hölderlin sich von Fichte in einem (nur zweiseitigen) Text mit dem Titel *Urteil und Seyn* (veröffentlicht 1961) absetzen konnte, zeigt, wie kompetent er in den grundlegenden Fragen der zeitgenössischen Philosophie, des Idealismus, war. Hölderlins Verständnis von Philosophie und sein Dichtungsverständnis sind eng miteinander verzahnt. Philosophisches und poetologisches Denken gehen bei ihm ineinander über, und Schelling und Hegel haben ihn als Philosophen auf Augenhöhe anerkannt. Ihre grundsätzliche Frage, um sie so einfach wie möglich zu formulieren, lautete, wie man mit Differenzen umgeht, wenn sich zu bestimmten, fundamentalen Differenzen wie zum Beispiel Sein und Denken keine übergeordnete Einheit mehr finden lässt. Hölderlin hat daraus die Idee einer Vereinigungsphilosophie entwickelt, die Ideen einer Universalpoesie, wie sie in der Frühromantik aufkamen, noch radikaler vorwegnahm und die Philosophie und Literatur ununterscheidbar macht.

59. Was ist ein Eheroman? Die Ehe gehört zu den konstantesten Beziehungsmodellen in der menschlichen Kultur. Sie hat eine doppelte Seite: Im Binnenverhältnis ist die Ehe durch Intimität geprägt, im Außenverhältnis tritt das Paar als Paar in die Gesellschaft ein. Kant definiert die Ehe (die Geschlechtsgemeinschaft) in der Rechtslehre der *Metaphysik der Sitten* als «wechselseitigen Gebrauch, den ein Mensch von eines anderen Geschlechtsorganen und Vermögen macht». Und Kleist stellt seiner Verlobten in einem Brief (vom 30.5.1800) folgende Denksportaufgabe: «Gesetzt, Du fragtest mich, welcher von zwei Eheleuten, deren jeder seine Pflichten gegen den andern erfüllt, am meisten bei dem früheren Tode des andern verliert; so würde alles, was in meiner Seele vorgeht, ohngefähr in folgender Ordnung aneinander hangen.» Und gibt ihr die Musterlösung einer Antwort: «[...] daß der Mann nicht bloß der Mann seiner Frau, sondern auch noch ein Bürger des Staates, die Frau hingegen nichts als die Frau ihres Mannes ist; daß der Mann nicht bloß Verpflichtungen gegen die Frau, sondern auch Verpflichtungen gegen sein Vaterland, die Frau hingegen keine anderen Verpflichtungen hat, als Verpflichtungen gegen ihren Mann. [...] und daß also das Glück des Mannes eigentlich der Hauptgegenstand des Bestrebens beider Eheleute ist.» Dieses Zusammenspiel einer erotischen und einer sozialen Sphäre, die sich in der Ehe überlagern, macht die Ehe zu einem interessanten literarischen Thema. Insofern verhält sie sich komplementär zum Bildungsroman. Während der Bildungsroman eher die innere Entwicklung des Helden fokussiert, fokussiert der Eheroman die gesellschaftliche Bedeutung dieser Institution. Der Bildungsroman hat seine Hochphase um 1800, der Eheroman dann eher im Realismus, aber wie schon deutlich geworden ist, entwickeln sich beide thematisch bestimmten Romanformen nebeneinander.

Ein frühes und markantes und immer noch aktuelles Beispiel hat Jean Paul (Jean Paul Friedrich Richter, 1763–1825) mit seinem Roman *Siebenkäs* aus den Jahren 1796/97 geliefert. Der eigentliche Titel hat geradezu barocke Ausmaße: *Blumen-, Frucht- und Dornenstücke oder Ehestand, Tod und Hochzeit des Armenadvokaten F. St. Siebenkäs im Reichsmarktflecken Kuhschnappel*. Er konfrontiert die Ehe mit dem für Männer so attraktiven Alternativmodell zur Ehe, der Männerfreundschaft. Siebenkäs ist Armenadvokat in einem kleinen Marktflecken, Kuhschnappel. Er heiratet Lenette, auf die er zu Beginn des Romans wartet. Doch schon zuvor hatte er seine Identität mit seinem Freund

Heinrich Leibgeber getauscht. Der eine ist in Wirklichkeit der andere. Der Ehe ist kein Glück beschieden; sie funktioniert nicht. Am Ende des Romans wird von den beiden Männerfreunden der Tod Siebenkäsens inszeniert, die Identität noch einmal getauscht, wodurch es Siebenkäs gelingt, eine neue Identität in Liechtenstein aufzubauen und eine neue Beziehung einzugehen.

In Jean Pauls *Siebenkäs* ist die Eheproblematik noch sehr eng an die Identität der männlichen Protagonisten geknüpft. Dazu tragen auch die philosophischen Überlegungen bei, die in diesen Roman als Blumen-, Frucht- und Dornenstücke eingefügt sind. Berühmt geworden ist ein absolut eigenartiger und bemerkenswerter Text, der als *Rede des toten Christus vom Weltgebäude herab, daß kein Gott sei* Berühmtheit erlangt hat. In diesem Text geht es um die Traumvision einer atheistischen Welt, die nur dazu dient, die Leere dieser Vorstellung so hervorzuheben, dass dadurch der Atheismus sich selbst widerlegt. In der Gesamtschau des Romans werden so die soziale Wirklichkeit und die transzendente Sphäre miteinander verwoben, Abgründe werden evoziert und zugleich wieder zurückgenommen. Bei Jean Paul ist die Ehethematik in eine grundsätzliche, aber auch ironisch gebrochene Erzählung der menschlichen Existenz eingebettet.

60. Warum sagen Frauen «Ach»? Es ist auch ein Ehe-, aber mehr noch ein Liebesdrama, das Heinrich von Kleist ab dem Sommer 1803 mit seinem *Amphitryon* geschrieben hat und das 1807 in Dresden erstmals gedruckt wurde und erschienen ist. Am Ende dieses Dramas wechselt das Ehepaar nach geradezu abenteuerlichen Verwicklungen nur noch ganz wenige Worte. Der Ehemann nennt den Namen seiner Frau: «Alkmene», die Ehefrau hingegen sagt nur noch ein «Ach» – und damit endet das Drama. Was ist diesem «Ach» vorausgegangen? Jupiter hat sich in Alkmene verliebt und will ein Liebesabenteuer mit ihr erleben. Da aber Alkmene eine absolut treue Frau ist, ist es völlig ausgeschlossen, dass er als Jupiter – seine Göttlichkeit hin oder her – bei ihr landen könnte. Er kommt also als Amphitryon, als ihr geliebter Mann, zu ihr, und weil er ein Gott ist, ist er vielmehr Amphitryon, als es der echte Amphitryon je sein kann. Alkmene erwartet ihren Gemahl von einer Schlacht zurück, und diese Situation kann Jupiter ausnutzen und ihr als Amphitryon erscheinen. Währenddessen begegnet Merkur dem Diener Sosias, dessen Gestalt er angenommen hat und der mit dieser Situation kaum umzugehen weiß. Es entspinnt sich ein ebenso komödiantischer wie philosophischer Dialog über Ich und Identität. Sosias wehrt sich dagegen, dass man das Ich verobjektivieren und dann wie ein Objekt seinem Besitzer wegnehmen könnte.

Noch dramatischer verhält es sich mit Alkmene. Hier geht es nicht um ihre Identität, sondern um die Identität desjenigen, der sie und den sie liebt. Sie erlebt eine wunderbare Liebesnacht mit Jupiter, aber Jupiter spürt, dass sie in ihm nur den Ehemann, Amphitryon, liebt. Er will Alkmene dazu bringen, ihn als Geliebten anzuerkennen, dem sie ihre Liebe freiwillig schenkt, nicht als Ehemann, der in der Ehe diese Liebe von ihr fordern kann. Für Alkmene ist diese Differenz schlichtweg unsinnig. Und Jupiter merkt, dass ihn ein Wahn zu Alkmene geführt hat, dass all die Liebe, um die er sie betrügt, für sie nur immer ihrem Gemahl gilt.

Erst als der echte Amphitryon zurückkehrt und zwei Amphitryonen auf der Bühne stehen, merkt sie unweigerlich, dass hier etwas nicht stimmen kann, und stürzt daraufhin in eine bedrohliche, existenzielle Krise. Denn die Liebe, die sie schenkt und erfährt, ist der Ausdruck ihres innersten Gefühls. Sie ist regelrecht durch diese Liebe definiert. Aber diese Liebe wird auf eine harte Probe gestellt, weil mit der Identität des geliebten Mannes zugleich ihre eigene Identität in Frage gestellt wird. Nun müsste doch gerade die Liebe, die innigste Beziehung zwischen zwei Menschen, ihre Ich-Identität wechselseitig bestätigen. Doch Alkmene, zu diesem Test aufgerufen, entscheidet sich aus dem bekannten Grund für Jupiter. Erst in dem Moment, in dem Amphitryon bereit ist, seine Identität aufzugeben, was das Äußerste ist, wozu die eigene Ich-Identität das Subjekt ermächtigt, muss der Gott Amphitryons Identität anerkennen. Damit wird klar, Alkmene hat ihren Mann Amphitryon betrogen – und nicht betrogen. Der Ehebruch als Treuebeweis! Sie hat sich in ihrem innersten Gefühl getäuscht – und doch auch wieder nicht, im Gegenteil, gerade dieses innerste Gefühl hat sich auf eindrucksvolle Weise bestätigt. Ausdruck dieses dramatischen Zwiespalts, der sie zu zerreißen droht, ist jenes Ach am Ende des Dramas.

Anders verhält sich mit dem ‹Ach› in E.T.A. Hoffmanns romantischer Erzählung *Der Sandmann*. Zunächst erfahren wir die Vorgeschichte und die derzeitige Situation des Studenten Nathanael, die er in drei Briefen schildert. Er hat offensichtlich ein kindliches

Trauma erlebt, das noch in seiner Gegenwart seine psychische Situation bestimmt. Sein Vater hat alchimistische Versuche mit dem Advokaten Coppelius unternommen, der den kleinen Nathanael mit der Drohung, ihm die Augen zu rauben, nachhaltig verschreckt hat. Als der Vater bei den Versuchen ums Leben kommt, brennt sich Nathanael dieser Schreck ein. Jahre später glaubt er, in dem Wetterglashändler Coppola den Advokaten von damals wiedererkannt zu haben, was ihn abermals in düstere Depressionszustände führt. Diese weitere Geschichte berichtet uns ein Erzähler. Nathanael verliebt sich in Olimpia, obschon sie immer nur ein Wort spricht, nämlich dieses berühmte ‹Ach›. Und dennoch, oder gerade deswegen, fühlt sich Nathanael von ihr verstanden und glaubt, sich bestens mit ihr zu verstehen. Sehr schnell wird klar, dass Olimpia keine richtige, keine lebendige Frau, sondern ein Automat ist. Nur Nathanael verkennt diese Situation und geht so weit, dass er seine Braut, Clara (ihr Name steht für Aufklärung und klaren Verstand), beschimpft: «Du lebloses, verdammtes Automat!», während seine Liebe zu dem leblosen Automaten Olimpia entbrennt.

Was aber bedeutet Olimpias ‹Ach›? Dass sie nur ‹Ach› sagt, kann auf der Oberfläche als Symptom gewertet werden, dass der Mechanismus nicht mehr zulässt. Bei dem liebenden Nathanael kommt dies aber ganz anders an. Für ihn ist dieses ‹Ach› ein Ausdruck einer inneren Tiefe, in der er sich verlieren und in die er sich verlieben kann. In diesem Sinne sind die beiden Texte, von Kleist und von Hoffmann, komplementär. Das ‹Ach› ist in beiden Fällen ein Oberflächenphänomen, das auf eine Tiefe in der weiblichen Psyche verweist, die ein Mann nicht durchmessen kann, weil sie ihm aus intrinsischen Gründen verborgen bleiben muss. Das ‹Ach› ist ein sprachliches Anzeichen für einen Innenraum in der weiblichen Psyche, die die Frau, wie Freud später sagen wird, zu einem dunklen Kontinent macht. Dass wir dies heute aus einer kritischen Perspektive als männliche Projektion durchschauen können, ändert nichts daran, dass diese Vorstellung um 1800 das Menschenbild nachhaltig veränderte. Dabei wird deutlich, dass es solche psychischen Innenräume gibt (Kleist), die aber immer auch in einem Wechselverhältnis mit der männlichen Projektion des Weiblichen auf die Frau stehen (Hoffmann).

61. Gibt es Liebe durch Verrat? Im Krieg und in der Liebe ist alles erlaubt, sagt ein Sprichwort. Fast scheint es so, als wollte Kleist mit seinen Texten Geschichten erzählen, die die Probe aufs Exempel machen. *Die Marquise von O...* beispielsweise, zum ersten Mal 1808 in Kleists eigener Kunstzeitschrift *Phöbus* in Dresden erschienen, beginnt während der Eroberung einer Zitadelle durch russische Truppen. Die Marquise fällt in die Hände russischer Marodeure, die sie vergewaltigen wollen, ein russischer Offizier, ein Graf, rettet sie, vergewaltigt die Ohnmächtige aber nun seinerseits (ausgedrückt im berühmten Gedankenstrich). Er bekommt Gewissensbisse, ahnt wohl, dass er die Marquise geschwängert hat, noch bevor sie sich selbst ihrer Schwangerschaft bewusst geworden ist, und will daher sein Verbrechen wiedergutmachen, indem er sie heiratet. Dazu braucht er schnell ihr Jawort, und obwohl sie gar nicht abgeneigt ist, drängt er auf das Sonderbarste die Familie zu einer schnellen Entscheidung, was diese sehr befremdet: «Alle kamen darin überein, daß sein Betragen sehr sonderbar sei, und daß er Damenherzen durch Anlauf, wie Festungen, zu erobern gewohnt scheine.» Dabei geht es Kleist aber weniger um einen rhetorischen Topos der Gleichsetzung von Liebe und Krieg, sondern vielmehr um ein anthropologisches Problem, das typisch für das Denken seiner Zeit ist.

Wenn man Verrat als eine Form der auch kriegerischen Aggression begreift, so kann man davon ausgehen, dass Kleist mindestens zwei Texte geschrieben hat, in denen die Überlagerung von Liebe und Krieg als Dialektik von Liebe und Verrat entfaltet wird. Der erste Text ist sein Drama *Der zerbrochne Krug*, an dem er während seiner fast gesamten schriftstellerischen Phase von 1802 bis 1810 arbeitet. Hier scheint der Krieg fern zu sein. Die Handlung spielt in den Niederlanden, und Krieg ist weit weg in den Kolonien, in Batavia, und doch durchdringt er das Verhältnis von Eve zu ihrem Verlobten Ruprecht auf ganz intime Art und Weise. Eve hat Angst, dass ihr Ruprecht zu dem brutalen, imperialistischen Kriegsdienst in den Kolonien eingezogen wird, was den sicheren Tod bedeutet. Das jedenfalls lässt der Dorfrichter Adam sie glauben. Weil er – wie er vorgibt – eine Rückstellung bewirken könnte, erpresst er sie und zwingt sie zu einem Schäferstündchen, bei dem ein Krug, der für ihre Jungfräulichkeit steht, zu Bruch geht. Ihre Mutter erhebt Klage vor ebenjenem Dorfrichter Adam, der den Krug selbst zerbrochen hat. Und schon geht es nicht mehr um den Krug, bestenfalls noch in einem übertragenen

Sinn. Bei diesem Prozess tritt nun immer mehr zutage, dass Eve scheinbar sich mit einem anderen eingelassen hat, was Ruprecht als Treuebruch erscheinen muss und ihn dazu bringt, seine Verlobte wüst als «Metze» zu beschimpfen. Doch in Wahrheit war sie das Gegenteil einer Metze, geradezu eine Heilige, die keusch geblieben ist und ihr Leben eingesetzt hat, um seines zu retten. Doch dies begreift Ruprecht nicht, wie es auch die anderen Männer in Kleists Werk nicht begreifen.

Auch Gustav von der Ried begreift es nicht. Er ist der Held der Erzählung *Die Verlobung von St. Domingo*, die Kleist 1811 veröffentlicht hat. Sie spielt im Krieg und in der Revolution um 1800 auf Haiti, wo der Bürgerkrieg in der Folge der Französischen Revolution abartige Formen angenommen hat. Als Zeitangabe wird gemacht: «als die Schwarzen die Weißen ermordeten». Gustav führt einen versprengten Trupp von Weißen über die Insel. Sie kommen zu dem Anwesen Congo Hoangos, der aber auf Mordzug ist. Die alte Babekan und die junge Mestizin Toni sollen die Weißen aufhalten, bis Congo kommt, um sie umzubringen. Aber Gustav und Toni verlieben sich ineinander und feiern Verlobung in einer Liebesnacht. Diese Geschichte gehört zu den spannendsten Texten der Weltliteratur, es stockt einem der Atem, wenn man liest, was nun passiert. Congo kommt zu früh zurück. Wie kann nun Toni ihren Geliebten retten? Ihr Plan: Sie spielt Congo genau das vor, was zu tun sie angehalten war. Sie fesselt Gustav, sie verrät ihn an Congo, um den Weißen so Luft und Zeit zu verschaffen, sich aus dieser Situation befreien zu können. Doch genau dies begreift Gustav nicht. Er fühlt sich, heiß entbrannt in Liebe zu Toni, auf das Ärgste verraten, seine Liebe schlägt ins Gegenteil um und er erschießt Toni. Als man ihn aufklärt, erschießt er sich selbst.

Dass der Akt des Verrats zugleich der höchste Liebesbeweis sein kann, hat auch Auswirkungen auf die Figuren. Sie spalten sich auf und vereinen extreme Gegensätze in sich. Penthesilea ist Furie und Grazie, Eve ist Metze und treue Verlobte, Toni ist Verräterin und Liebende; und diese Strukturen betreffen genauso die Männer: der Graf ist Engel und Teufel, und selbst Congo Hoango wird als treu und rechtschaffen einerseits und fürchterlich andererseits charakterisiert, übrigens mit einer Wortwahl, die stark an *Michael Kohlhaas*, die wohl berühmteste Titelfigur Kleists, erinnert: Auch er gilt als «einer der rechtschaffendsten zugleich und entsetzlichsten Menschen seiner Zeit».

62. Wie romantisch ist die Romantik? Eine wunderschöne, pittoreske Landschaft, ein Abendessen zu zweit bei Kerzenschein, eine schnulzige Liebesgeschichte – unsere landläufigen Vorstellungen haben nur noch wenig gemein mit einer Epoche der Romantik in Literatur oder auch Kunst. Wenn wir heute etwas als romantisch bezeichnen, so meinen wir damit in erster Linie eine Form von – immerhin positiv bewerteter – Rückwärtsgewandtheit. Wer romantisch ist, ist nicht mehr zeitgemäß, und das empfinden wir als gut. So bezeichnen wir einen Menschen als Romantiker, weil er an hohe Werte glaubt und trotz gegenteiliger Erfahrungen in einer Welt, in der solche Werte offenbar keinen Platz mehr haben, daran festhalten will. Aber was hat das mit der Literatur- und Kunstepoche der Romantik zu tun?

Tatsächlich lassen sich Verbindungslinien finden. So spielte in der Romantik die Landschaft eine große Rolle. Landschaft war eine Form, mit der man Natur erfahren konnte. Wo im zeitgenössischen Kontext der Aufklärung und später dann auch noch der Romantik der Ruf «Zurück zur Natur!» laut wurde, zielt dieser Appell auf eine Kritik an der Artifizialität der Kultur. Wenn man allein nur diesen Bedeutungswandel nachverfolgen will, lohnt sich ein Blick in die Literaturgeschichte mit ihren Texten und den darin entwickelten Vorstellungen von Natur. Dabei wird aber ein Mechanismus deutlich, der auch für den Bedeutungswandel von Romantik maßgeblich ist und der uns erklären kann, wie aus einer der fortschrittlichsten Literaturbewegungen ein Synonym für einen plumpen Konservatismus werden konnte. Wenn man romantische Literatur und Kunst daraufhin befragt, welche Bilder sie literarisch oder malerisch erzeugen, dann kann man erkennen, dass diese Bilder für etwas stehen, was sich hinter den Bildern verbirgt. Ein berühmtes Beispiel sind die Bilder von Caspar David Friedrich von verschwindend kleinen Figuren in einer überwältigenden Natur auf einem Berggipfel oder am Meer. Damit ist eine spezifische ästhetische Erfahrung des Erhabenen gemeint, etwas, was den Menschen übersteigt, was er gar nicht zu fassen in der Lage ist, das man aber immerhin noch ästhetisch in Literatur und Kunst bannen kann. Es geht – kurz gesagt – um die Darstellung des Undarstellbaren, es geht um die Erfahrung von Unendlichkeit mit den endlichen Mitteln, die einem Menschen und seiner beschränkten Wahrnehmung zur Verfügung stehen. Es geht um so etwas wie Transzendenzerfahrung, die Erfahrung von Unendlichkeit unter den Bedingungen von Endlichkeit.

Die Romantik ist entstanden als eine Bewegung junger Autoren, die sich gegen das etablierte Denken und Schreiben wandte. Wie schon die Bewegung des Sturm und Drang, an die eine junge Romantikergeneration (Frühromantik) vielfach erinnerte, wandte man sich gegen die Aufklärung, gegen einen klaren und rigiden Rationalismus. Die Romantik war jung, radikal und progressiv! Aber sie war nicht eine Wiederholung des Sturm und Drang, denn hinter die Errungenschaften der Aufklärung konnte man nicht mehr zurück, es ging vielmehr um eine Überwindung von Aufklärung mit den Mitteln der Aufklärung. Wenn man es auf einen einfachen Begriff bringen will, so könnte man sagen, dass die Frühromantiker transzendentales Denken mit transzendenten Ideen zusammenbrachten. Wie ist das zu verstehen? Der Idealismus wird auch als Transzendentalphilosophie bezeichnet. Damit ist gemeint, dass der Mensch nur mit seinem Erkenntnisapparat die Welt und damit auch seinen Erkenntnisapparat selbst erkennen kann: Denken unter den Gesetzen des Denkens selbst. Transzendentes Denken hingegen meint den Versuch, dasjenige zu denken, was grundsätzlich über die Denkmöglichkeiten hinausgeht (trans-cedere, hinaus-gehen). Damit wird Kunst so etwas wie eine neue Mythologie – und dieses Stichwort war für die Frühromantiker von besonderer Bedeutung. Die neue Mythologie ist die Vorstellung einer Reflexion in und mit Kunst, die an die Grenzen von Reflexion und darüber hinaus führt.

Derjenige, der diese Ideen am prägnantesten entwickelt hat, war sicherlich Friedrich Schlegel (1722–1829). Er war Literat, Philosoph, Literatur- und Kulturtheoretiker – und dass er alle diese Tätigkeiten verband, war Prinzip des romantischen Programms. Sein Literaturverständnis besagt, dass Literatur immer auch Reflexion über diese Literatur sei. Er gab eine Zeitschrift heraus, *Das Athenäum*, in der er diese Ideen in Fragmenten formulierte. Im Fragment Nr. 238 prägt er dafür diesen neuen Begriff: «Es gibt eine Poesie, deren eins und alles das Verhältnis des Idealen und des Realen ist, und die also nach der Analogie der philosophischen Kunstsprache Transzendentalpoesie heißen müsste.» Transzendentalpoesie ist also eine Form von Literatur, die immer zugleich Literatur über Literatur ist, in der Literatur und Literaturtheorie zusammenfallen. Als Literatur ist sie nicht mehr auf Gattungen und Formen, Themen und Sujets festgelegt; sie ist schlechterdings universal. Transzendentalpoesie ist daher immer auch Universalpoesie, die nicht nur Gattungsgrenzen überwindet, sondern auch Theorie und Philosophie verbindet und letztlich eine Superkunst ist. Im 118. *Athenäums*-Fragment heißt es entsprechend:

> Die romantische Poesie ist eine progressive Universalpoesie. Ihre Bestimmung ist nicht bloß, alle getrennten Gattungen der Poesie wieder zu vereinigen und die Poesie mit der Philosophie und Rhetorik in Berührung zu setzen. Sie will und soll auch Poesie und Prosa, Genialität und Kritik, Kunstpoesie und Naturpoesie bald mischen, bald verschmelzen, die Poesie lebendig und gesellig und das Leben und die Gesellschaft poetisch machen, den Witz poetisieren und die Formen der Kunst mit gediegnem Bildungsstoff jeder Art anfüllen und sättigen und durch die Schwingungen des Humors beseelen. Sie umfaßt alles, was nur poetisch ist, vom größten wieder mehrere Systeme in sich enthaltenden Systeme der Kunst bis zu dem Seufzer, dem Kuß, den das dichtende Kind aushaucht in kunstlosem Gesang.

63. Wie haben die Romantiker den Film erfunden? In der Romantik entwickelt sich die Idee der – wie es der Literaturwissenschaftler Michael Titzmann nennt – optischen Codierung. Relevante Themen werden so in Szene gesetzt, dass es immer auch um Fragen der Sichtbarkeit und Unsichtbarkeit, des Sehens und Gesehen-Werdens, des richtigen Sehens und des Sehens des Richtigen geht. Die entscheidenden Probleme werden mit oder an visuellen Phänomenen konkretisiert. Ein wunderbares Beispiel, weil es gleich zwei entscheidende visuelle Metaphern miteinander verbindet, liefert die kurze Novelle *Die Abentheuer einer Sylvester-Nacht* von E.T.A. Hoffmann (1776–1822) aus dem vierten Band seiner *Fantasiestücke in Callot's Manier*. Der Ich-Erzähler, der reisende Enthusiast, gelangt in einer Berliner Silvesternacht in ein kleines Kellerlokal, in dem sich schließlich noch zwei weitere seltsame Gäste einfinden. Die eine Figur hat keinen Schatten; man kennt sie, sie heißt Schlemihl (in einer dreisten intertextuellen Verwertung lässt Hoffmann die Hauptfigur aus Adelbert von Chamissos Novelle *Peter Schlemihls wundersame Geschichte* aus dem Jahre 1813 wieder auftreten; siehe Frage 64). Die andere Figur, Erasmus Spikher, will, dass man den Spiegel verhängt, und bekommt vor der silbernen Tabakdose des Erzählers panische Angst, denn er hat kein Spiegelbild mehr. Durch einen Zufall müssen der Erzähler und Spikher die Nacht in einem Zimmer verbringen. Spikher nutzt die Zeit, um seine Geschichte aufzuschreiben, und verschwindet. Am Morgen danach kann der Ich-Erzähler diese Geschichte des Erasmus Spikher in einem zurückgelassenen Manuskript nachlesen.

Als 100 Jahre nach dieser Novelle die ersten Spielfilme professionell gedreht werden, greift ein Drehbuchautor, der Schriftsteller Hans Heinz Ewers (1871–1943), genau auf jenen visuellen Motivfundus zurück und verbindet den Spiegelbild- und den Schatten-Topos, als er das Drehbuch zu einem der ersten berühmten und Epoche machenden deutschen Spielfilme – *Der Student von Prag* aus dem Jahr 1913 – schreibt. In diesem Film verkauft der Student Balduin sein Spiegelbild. Am Ende erschießt Balduin sein Spiegelbild und damit sich selbst.

Schatten oder Spiegelbild sind Metaphern einer solch prekären Doppelung des Subjekts, das in ein reflektierendes und ein reflektiertes zerfällt. Denn das Auge sieht alles, nur sein eigenes Sehen nicht. Aber wie kann das wiederum sichtbar gemacht werden? Die Antwort darauf liefert die romantische Literatur mit ihren optischen Codierungen, also mit der Übersetzung in visuelle Metaphern. Als nun 100 Jahre später der Film erfunden wird, sind die visuellen Metaphern der Romantik und ihr narratives Potenzial für dieses neue Medium ein unerschöpflicher Fundus. Der Film entdeckt in der romantischen Literatur ein visuelles Potenzial, das bis heute nicht ausgeschöpft ist.

64. Was hat Romantik mit Kapitalismus zu tun? Bleiben wir gerade noch bei den visuellen Metaphern und bei diesem einen schon genannten Beispiel, *Peter Schlemihls wundersame Geschichte* von Adelbert von Chamisso (1781–1831) aus dem Jahr 1813. Der Titel ist Programm. Peter Schlemihl lernt einen eigenartigen grauen Herrn kennen, der ihm ein scheinbar lukratives Geschäft vorschlägt. Für seinen Schatten bekommt Peter Schlemihl einen Geldsack, der nie leer wird. Doch das Geschäft hat einen Haken. Ohne Schatten verliert Peter Schlemihl jede soziale Anerkennung und schließlich scheitert sogar eine Heirat. Das Geschäft hat sich als Teufelspakt erwiesen (siehe Frage 20, 55).

Das Zusammenspiel von Teufelspakt und visueller Metapher (verkaufter Schatten) ist für die Literatur ein Instrument der Analyse neuer sozialer Problemlagen und ihrer Kritik. Schon Schiller hatte sehr treffende Diagnosen von Prozessen gegeben, die wir heute unter dem Begriff der Moderne zu fassen versuchen, wie zum Beispiel Prozesse der Ausdifferenzierung, die zu Formen der Entfremdung führen – und das mit einer Hellsichtigkeit, lange bevor Karl Marx sich damit befasst hat. Dennoch gibt es weite Bereiche, in denen grundlegende Veränderungen zwar spürbar werden, die aber noch nicht theoretisch oder konzeptionell erfasst werden können. Dazu zählt auch ein Phänomen wie der Kapitalismus, der mit der veränderten Wirtschaftsstruktur der Gesellschaft immens an Bedeutung gewinnt. Mit dem Kapitalismus, so wird an dieser Geschichte deutlich, gerät das Subjekt in eine Krise, weil plötzlich dasjenige, was das Subjekt zum Subjekt macht und eigentlich untrennbar mit ihm verbunden schien, zum Objekt kapitalistischer Transaktionen, also schlichtweg verkauft werden kann. Dabei tritt ein Strukturgesetz des Kapitalismus zutage: Der Schatten ist an sich nichts wert, und doch entscheidet er über eine Existenz. Der Kapitalismus ordnet den Dingen einen Wert zu, der sich radikal von ihrem materiellen Wert unterscheidet. Der Wert bestimmt sich nicht nach dem Ding, sondern nach seinem Handel. Und dieser Umstand lässt wiederum den Rückschluss zu, dass kapitalistische Geschäfte des Teufels sind, weil man die kapitalistischen Dynamiken, soziale Wertstellung und Zinsentwicklung nicht kontrollieren kann.

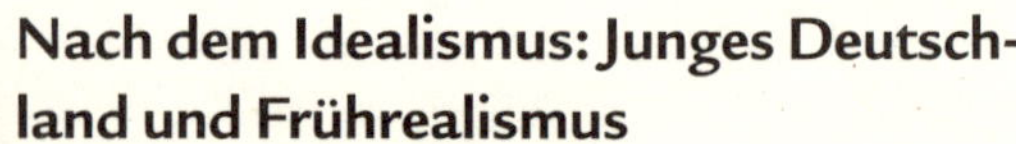

Nach dem Idealismus: Junges Deutschland und Frührealismus

65. Wie beendet Büchner die Goethezeit? Georg Büchner war ein bemerkenswerter Autor. Absolut besehen, hat er zwar ein überschaubares Werk geschaffen, das im Wesentlichen aus einer Erzählung, *Lenz*, und drei Dramen, *Dantons Tod*, *Leonce und Lena* und *Woyzeck*, besteht, aber relativ zu seinem Lebensalter ist das schon ganz erstaunlich. Denn Büchner, geboren 1813, wurde nur 23 Jahre und einige Monate alt. Er starb 1837 an Typhus. Er studierte Medizin, zunächst in Straßburg, dann in Gießen, und sollte sich in Zürich habilitieren. Dazu ist es nicht mehr gekommen. Dass man den wichtigsten Literaturpreis der Bundesrepublik Deutschland nach ihm benannt hat, schenkt ihm die gebührende Ehre.

Büchner war ein politischer Autor. Weil er in Straßburg studierte, waren ihm die französischen Verhältnisse nicht unvertraut. Und das gilt zu jener Zeit für eine ganze Reihe von Autoren. Politisch denken heißt für Büchner vor allem, die politischen und die sozialen Missstände zu erkennen und diese publizistisch anzugehen. Damit allein verändert sich das Literaturverständnis radikal. Demgegenüber entsteht ein äußerst rigides politisches System, das auf alles, was auch nur im Ansatz gefährlich werden könnte, mit rigider staatlicher Macht und vor allem mit einer nahezu lückenlosen Zensur reagiert. Büchner schreibt beispielsweise ein radikales politisches Pamphlet, den *Hessischen Landboten*, indem er in einem berühmten Ausspruch «Friede den Hütten! Krieg den Palästen!» ankündigt. Die Bauern, die die Schrift in die Hände bekommen, können vielfach nichts damit anfangen und liefern sie freiwillig bei der Polizei ab. Büchner muss sich verstecken und fliehen. Er wird steckbrieflich gesucht. Im Versteck schreibt er in nur fünf Wochen das Geschichtsdrama *Dantons Tod*, in dem er seine Vorstellung von Geschichte und politischer Gestaltungsmöglichkeit entfaltet und eher resignativ bzw. fatalistisch beurteilt. Diese Auffassung hatte er schon zuvor in seinem berühmten «Fatalismus-Brief» an seine Verlobte Wilhelmine Jaeglé (1810–1880) dargelegt. Büchner sieht den Menschen als «*Subjectum*» der Geschichte; er ist der Geschichte unterworfen. Ging es in den Geschichtsdramen zum Beispiel eines Schiller darum, zu zeigen, wie der Mensch sich in der Geschichte als Subjekt behaupten kann, so geht es Büchner darum, aufzuzeigen, wie der Mensch Teil eines Prozesses wird, den er selbst nicht mehr kontrollieren kann.

Aber unsere Frage lenkt unseren Blick auf einen anderen Text, auf seine Erzählung *Lenz*. Mit diesem Titelnamen ist eine historische Person gemeint, der als Sturm-und-Drang-Autor bekannt gewordene Jakob Michael Reinhold Lenz (1751–1792) (siehe Frage 48). Büchner erzählt von einer psychischen Erkrankung von Lenz, und auch dieses Sujet geht auf einen authentischen Bericht zurück. Lenz begibt sich im Januar 1778 zu dem Pfarrer Oberlin in den Vogesen, um bei ihm seelische Entlastung und Gesundung zu finden. Oberlin verfasst über die Zeit mit Lenz einen Bericht, den wiederum Büchner verwendet. Fast die Hälfte seines Textes stammt aus jenem Bericht. Oberlin hat eine beruhigende Wirkung auf Lenz, Lenz kommt zu innerer Ruhe, er kann sich ein Stück weit von seinen Problemen befreien und dem Druck, der nicht zuletzt von einer übermächtigen Vaterfigur herrührt, entgehen. Als der Schweizer Genieapostel Christoph Kaufmann zu Besuch kommt, entspinnt sich ein Gespräch über Kunst und Literatur, in dem Lenz noch einmal die überkommenen idealistischen Prinzipien wiederholt. Als Kaufmann ihn auffordert, sich seinem Vater zu stellen und sich mit seiner bürgerlichen Existenz auseinanderzusetzen, ist Lenz überfordert. Er glaubt sogar, ein totes Mädchen wieder zum Leben erwecken zu können, was eine dramatische Verschlechterung seines psychischen Gesundheitszustandes bedeutet. Sein Zustand verbessert sich nicht mehr. Am Ende gesteht er einen Mord, den es nur in seinen Wahnvorstellungen gibt, und begeht einen Selbstmordversuch, so dass Oberlin ihn wegschicken muss.

Büchner greift am Ende der Goethezeit auf einen Autor für die Titelfigur seiner Novelle zurück, der am Beginn der Goethezeit im Sturm und Drang geschrieben und der diese Epoche mit seinen Dramen und Überlegungen als Mitglied einer jungen Bewegung von Schriftstellern mitbegründet hat. Was am Anfang dieser Epoche als eine literarische Neubegründung des Subjekts erscheint, erscheint an ihrem Ende als psychopathologischer Fall. Die Parameter haben sich grundlegend geändert. Das Subjekt ist zum Fall, zum Gegenstand einer Fallgeschichte geworden, der Idealismus hat sich in Pathographie verwandelt, die Goethezeit ist an ein Ende gekommen.

66. Warum kann Heinrich Heine nicht schlafen? Das 24. Gedicht mit dem romantisch anmutenden Titel *Nachtgedanken* aus dem Zyklus *Zeitgedichte*, der wiederum im Rahmen der *Neuen Gedichte* 1844 erschienen ist, beginnt mit zwei berühmten Versen, die sprichwortartig geworden sind und die selbst den Titel für viele andere Texte abgegeben haben:

> Denk ich an Deutschland in der Nacht,
> Dann bin ich um den Schlaf gebracht

Wo sie in einem ernsthafteren Kontext zitiert werden, stehen sie für etwas, was man das Leiden des Intellektuellen an Deutschland nennen könnte. Wenn man jedoch bei Heinrich Heine (1797–1856) selbst das Gedicht nachliest, so schildert es eine Situation, die von starkem Heimweh geprägt ist. Das lyrische Ich, das sich in Frankreich befindet, sehnt sich vor allem nach seiner Mutter und den Freunden in Deutschland zurück, die es zwölf Jahre lang nicht gesehen hat. Deutschland wird als Heimat gesehen, und diese alte Heimat ist vor allem ein Mutterland. Die neue Heimat wird durch eine Ehe repräsentiert und hat damit doch auch eine erotische Komponente. Gleichzeitig wird so Deutschland zum Land der Herkunft, aber auch der Vergangenheit, während Frankreich mit dem Morgen und auf diese Weise mit Gegenwart oder gar Zukunft verbunden wird.

Heine hat einen weiteren, sehr berühmten Text geschrieben, der Deutschland ganz prominent im Titel führt: *Deutschland. Ein Wintermärchen*. Dabei handelt es sich um ein Versepos, das auf satirische Weise eine Reise nach Deutschland wiedergibt. Diese Reise hatte Heine tatsächlich 1843 unternommen. Er lebte, da er auf dem Gebiet Deutschlands weder beruflich noch schriftstellerisch tätig sein konnte, seine Schriften verboten waren und er polizeiliche Verfolgung hätte gewärtigen müssen, im französischen Exil, wollte aber seine Mutter und seinen Verleger Julius Campe in Hamburg besuchen. Die Reise führt ihn nach dem Grenzübertritt durch Norddeutschland über Köln, den Rhein, Mülheim, Hagen, Detmold, Paderborn, Minden, Bückeburg, Hannover, bis er schließlich nach Hamburg kommt. Alle Stationen sind mehrdeutig; sie repräsentieren immer auch einen Aspekt, der dieses Deutschland charakterisiert. Als er einschläft, träumt er von Kaiser Barbarossa, der ein seniler Greis ist und mit dessen Hilfe Heine einen deutschen Ursprungsmythos zerstört. In Hamburg beispielsweise trifft er die verkörperte Stadt Hammonia, die eine Prostituierte ist. Sie zeigt ihm - beziehungsweise lässt ihn riechen - Deutschlands Zukunft, die - sit venia verbo - beschissen ist. Es ist der Nachttopf Karls des Großen, den Hammonia schnell wieder verschließt, bevor sie ein heftiges Liebesabenteuer mit dem Erzähler erlebt. Es ist eine bitterböse Abrechnung mit Deutschland, aber ein solcher Text beweist auch, dass Heine nicht von Deutschland loskommt.

Das literaturgeschichtlich Neue aber besteht darin, dass Deutschland überhaupt ein Thema wird. Das wäre wenige Jahrzehnte zuvor noch nicht möglich gewesen. Natürlich hat man auch zu früherer Zeit über Deutschland gesprochen und beispielsweise über nationale Institutionen, doch das Politische dieses Begriffs in dieser Dimension ist absolut neu. Die Bewegung von Schriftstellern, die diese politische Dimension der Idee Deutschlands aufgreift, nennt man das *Junge Deutschland* und ihre Literatur die Literatur des Vormärz. Damit ist vor allem die literaturgeschichtliche Phase zwischen 1830 und (der März-Revolution des Jahres) 1848 gemeint. Hierzu lassen sich Autoren wie Heine, aber auch Ludwig Börne, Heinrich Laube, Karl Gutzkow, Theodor Mundt zählen. Bisweilen rechnet man sogar den jungen Georg Büchner dazu. Allerdings darf man nicht übersehen, dass diese Autoren niemals eine Vereinigung waren oder als geschlossene Gruppe aufgetreten sind. Heine und Börne, anfangs befreundet, später zerstritten, konnten die Situation nur aus dem Pariser Exil betrachten. Doch zusammengenommen machen sie deutlich, dass diese Form des politischen Engagements der Literaten und der Literatur die kulturellen und nationalen Koordinaten nach der Goethezeit grundlegend verändert hatte.

67. Ist es gottlos, eine nackte Frau anzuschauen? Karl Gutzkow (1811-1878) war sicherlich einer der prominentesten Vertreter des Jungen Deutschland. An seinen Arbeiten wird die gesamte Bandbreite ersichtlich, die dieses neue Rollenprofil des Schriftstellers zwischen Dichter, Publizist, Journalist, Philosoph und auch Intellektuellem abdeckte. So hat sich Gutzkow auch mit Fragen der Religion auseinandergesetzt. Wie konservativ und rückwärtsgewandt die restaurativen Zeiten auch immer gewesen sein mögen, darf man sich doch nicht darüber hinwegtäuschen, dass sich die europäischen Gesellschaften in einem tiefgreifenden Wandlungsprozess befanden. Mit der Entstehung neuer gesellschaftlicher Strukturen, durch die die alte ständische Ordnung mehr und mehr an Bedeutung verlor, wandelte sich auch die Funktion von Kunst und Religion in nachdrücklicher Weise.

Gutzkows Roman *Wally, die Zweiflerin* kann als Reflex auf solche Veränderungen gelesen werden. Wally ist zu Beginn des Romans eine sehr junge und gebildete Dame aus den besseren Kreisen. Wenn der Romantitel sie als Zweiflerin bezeichnet, so ist damit der Zweifel an der Religion gemeint. Das war ein heißes Eisen, und wer sich den Roman mit seiner ursprünglichen Seitengestaltung ansieht, kann dies auch heute noch erkennen. Die Seiten sind so großzügig gestaltet, dass man annehmen kann, es ginge hier darum, möglichst viel Platz zu verbrauchen. Und tatsächlich war es so. Im Zuge der Karlsbader Beschlüsse, mit denen die Restaurationszeit im Deutschen Bund ab 1819 zementiert wurde, wurde auch eine 20-Bogen-Klausel erlassen. Sie besagte, dass alle Bücher unter 20 Bogen der Zensur unterworfen werden mussten. 20 Bogen entsprachen 320 Seiten. Man ging davon aus, dass Bücher mit mehr als 320 Seiten wohl ungefährlicher seien, weil man sie – vielleicht – ohnehin nicht lesen würde. Es kam also darauf an, um die *Wally* an der Zensur vorbei zu publizieren, den Roman auf über 320 Seiten zu strecken. Der Originaldruck hatte dann genau 326 Seiten. Genutzt allerdings hat es nichts. Das Buch wurde doch verboten und beschlagnahmt. Gutzkow musste dafür sogar sechs Wochen ins Gefängnis.

Gutzkow hat sich intensiv mit dem Manuskript der Fragmente des Wolfenbüttler Ungenannten auseinandergesetzt. Gemeint sind damit Schriften von Hermann Samuel Reimarus (1694–1768), der die Religionskritik schon im 18. Jahrhundert vorweggenommen hatte. Bereits Lessing hatte in seiner Zeitschrift *Zur Geschichte und Literatur. Aus den Schätzen der Herzoglichen Bibliothek zu Wolfenbüttel* mehrere Fragmente veröffentlicht und sich damit erheblichen Ärger eingehandelt (siehe Frage 40). Gutzkow packte seine Veröffentlichung in einen Roman.

Wally trifft auf Cäsar, einen jungen (knapp 30 Jahre alten), eleganten und gebildeten Baron, der Wally erheblich durcheinanderbringt, indem er zynisch und sehr kritisch über Religion spricht. Beide behaupten, sie wären nicht ineinander verliebt, und sind es stillschweigend eben doch, aber ihre Liebesgefühle sind nicht wirklich synchronisiert. Und so gehört es zu ihrem Schicksal, dass dann, wenn der eine Partner bereit für eine Liebesbeziehung wäre, der andere eher ablehnend reagiert. Als Wally Cäsar gesteht, sie werde den sardinischen Gesandten heiraten, ist Cäsar sehr verstört. Er macht Wally ein unmoralisches Angebot, sie solle sich ihm nackt zeigen. Wally ist empört und zeigt sich später doch. So trennen sich die Wege der beiden, zumindest vorerst. Die Ehe Wallys mit dem Gesandten besteht nur auf dem Papier, doch sein Bruder Jeronimo verliebt sich in Wally, was unerwidert bleibt, so dass er sich vor ihrem Fenster erschießt. Das verstört Wally erheblich, und sie beschäftigt sich immer intensiver mit Fragen der Religion und ihrer eigenen Religiosität. Von Cäsar erhält sie jene religionskritischen Manuskripte - Gutzkow hatte den Roman als Rahmen entworfen, innerhalb dessen er diese Fragmente publik machen konnte. Diese Lektüre stürzt sie immer tiefer in die Depression, bis sie sich am Ende umbringt. Über die Nacktszene - in der ersten Fassung von Gottfried Kellers *Grünem Heinrich* findet sich eine ähnlich gestaltete Szene - gehen wir heute fast schon gelangweilt hinweg. Seinerzeit war sie ein Skandal, und die Verbindung mit der Religionskritik im Roman war für die Zensur ein untrügliches Anzeichen dafür, wie Unmoral und Atheismus zusammengingen. Doch genau andersherum wird ein Schuh daraus: Moral und Religion sollen in ihrer gesellschaftlichen Bedingtheit durchschaubar werden.

68. Warum wird ein Mensch zum Verbrecher? Die Literatur interessiert sich sehr für Verbrecher und Verbrechen. Das Kriminalsujet gehört zu den wichtigsten Themen der Literatur neben Liebe und Sexualität, Individuum und Gesellschaft, Tod und Sterben. Immer schon gab es eine forensische Neugier am Verbrechen und mithin am Abseitigen, Perversen und Kranken der Gesellschaft. Daraus resultiert eine enge Verwandtschaft zwischen Jurisprudenz und Literatur. Es gibt einen Bereich, da haben es beide mit Verbrechen zu tun, weil ihnen darum zu tun ist, verbrecherische Taten aufzuklären und durchschaubar zu machen. Sammlungen von Verbrechensdarstellungen gibt es eine Reihe in der Literaturgeschichte, zum Beispiel den berühmten *Pitaval*. Francois Gayot de Pitaval (1673-1743) hatte eine zwanzigbändige Ausgabe von Strafrechtsfällen herausgegeben. Noch heute hat dieses Genre Konjunktur, wenn man beispielsweise an die Erzählungen des Strafverteidigers Ferdinand von Schirach in unseren Tagen denkt (*Verbrechen* 2009, *Schuld* 2010).

Schon Schiller hatte 1786 eine Erzählung unter dem Titel *Verbrecher aus Infamie*, später mit *Verbrecher aus verlorener Ehre* überschrieben, veröffentlicht, die auf einen wahren Kriminalfall und mehrere Berichte darüber zurückgeht. Dasselbe macht im 19. Jahrhundert Annette von Droste-Hülshoff (1797–1848): Sie greift ebenso einen historischen Kriminalfall auf, in den ihre Vorfahren sogar als Gerichtsherren involviert waren. Es ging dabei um den Mord an einem Juden; dieser war 1782 von dem Knecht Hermann Winkelhanns bei Paderborn im Wald erschlagen worden. Der Onkel der Droste veröffentlichte 1818 einen umfassenden Bericht unter dem Titel *Geschichte eines Algierer-Sklaven*. Der Titel spielt auf den Umstand an, wonach der seinerzeit Schuldige nach der Tat geflohen ist und 24 Jahre durch die Welt irrte, unter anderem in Algerien in Sklaverei geriet. Als er in seine Heimat zurückkehrte, erhängte er sich bald danach.

Schon bei Schiller wird ein modernes Interesse am Verbrechen deutlich. Es geht darum herauszubekommen, warum jemand zum Verbrecher wird. Dabei werden erstmals psychische und soziale Faktoren in Rechnung gestellt. Für Schiller war der verbrecherische Charakter interessanter als der gute, und diesen Umstand musste er in Verbindung mit einer Vorgabe bringen, der zufolge Kunst auch Moral durchzusetzen hatte. Gerade am Verbrecher, so seine Überlegung, könnte man die Funktionsweise eines Menschen studieren, daher seien diese verbrecherischen und bösen Charaktere für die Kunst so wichtig. Wo es bei ihm noch um einen Einblick in den inneren Mechanismus des Menschen ging, hatte sich der Blick im 19. Jahrhundert schon gewandelt. Und ein schönes Beispiel dafür ist die Novelle der Droste, *Die Judenbuche*, die 1842 erstmals erschien. Sie trägt den Untertitel *Ein Sittengemälde aus dem Gebirgichten Westfalen*, der von der Droste selbst stammt, den heute bekannten Haupttitel hat der Verleger treffsicher über den Text gesetzt. Diese Novelle erzählt die Geschichte des Friedrich Mergel, der 1738 geboren wurde. Er ist ein Kind aus ärmlichsten und schwierigsten Verhältnissen. Erzählt wird in dieser Geschichte, wie im Zusammenspiel des sozialen Milieus, der fehlenden Erziehung, aber auch der Eingebundenheit in die Umgebung, die Landschaft und die Natur, sich ein verbrecherischer Charakter entwickeln kann. Nachdem Mergel von Aaron auf einer Hochzeit gedemütigt wurde, als dieser die Schulden eintreiben will, tötet er diesen und flieht. Die Juden kaufen den Baum, unter dem Aaron getötet wurde, und bringen eine hebräische Schrift an. Sie lautet: «Wenn Du Dich diesem Orte nahest, so wird es dir ergehen, wie du mir getan hast.» Das ist zugleich der letzte Satz der Novelle, der zuvor schon auf Hebräisch abgedruckt war. So kommt es auch: Mergel kehrt nach 24 Jahren – in der Tat: abgemergelt – zurück und erhängt sich an der sogenannten Judenbuche. Das ist das Spannende und zugleich Zeittypische dieser grandiosen Erzählung aus dem 19. Jahrhundert. Hier scheint ein mysteriöses Fatum zu walten, die den Täter an den Ort seiner Tat zurücktreibt, um ihn dort sühnen zu lassen. Doch was es mit diesem Fatum auf sich hat, wird vom Text nicht beantwortet. Der Text bleibt bei der äußeren Wirklichkeit und macht gerade dadurch Bedingungsfaktoren hinter dieser Wirklichkeit sichtbar.

69. Dürfen Thronfolger Bürgerliche heiraten? Die Frage, ob Adelige Bürgerliche heiraten dürfen, war vielleicht noch vor einigen Dekaden in den Häusern des europäischen Hochadels ein Thema, das die Boulevardpresse gerne aufgegriffen hat, weil man daraus so wunderschöne Geschichten im Spannungsfeld zwischen Liebe und Staatsraison stricken konnte. Im späten Mittelalter war es allerdings eine Frage auf Leben und Tod, und eines der berühmtesten Beispiele dafür lieferte Agnes Bernauer, die Augsburger Baderstochter, die die Geliebte und die Ehefrau des bayerischen Herzogs Albrecht wurde. In den Augen von Albrechts Vater, des regierenden Herzogs, war diese nicht standesgemäße Heirat nicht tragbar, und so ließ er Agnes Bernauer (deswegen!) zum Tode verurteilen und ertränken. Friedrich Hebbel machte daraus ein beeindruckendes Drama, das zwei Beziehungen in den Mittelpunkt stellt, die Beziehung von Mann und Frau und die Beziehung von Vater und Sohn. Und beide Beziehungen werden in einen doppelten Horizont gestellt, von Adel und Bürgertum bzw. von Staatsraison und individueller Liebe. Deswegen hat man auch davon gesprochen, dass das Drama in zwei Teile zerfällt, ein Liebesdrama und ein Geschichts- bzw. Staatsdrama. Aber die eigentliche Pointe besteht ja gerade darin, diese beiden Sphären zu verknüpfen.

Agnes wurde hingerichtet, um einen Bürgerkrieg zu verhindern. Aber die Hinrichtung bringt Albrecht dazu, das Land mit Bürgerkrieg zu überziehen, und sein Vater Ernst billigt das auch noch. Als Albrecht Dörfer niederbrennt, sagt er: «Das ist er! So hat die Wut den Schmerz besiegt! Nun wird alles gut! *(Rufend.)* Nur zu, mein Sohn, nur zu! Je ärger, je besser!» Und muss sich darauf zu Recht von seinem Höfling Preising vorhalten lassen: «Aber das wolltet Ihr ja eben verhüten!» Das ist ein Hinweis darauf, dass es um mehr geht als nur darum, einen Bürgerkrieg zu verhindern. Die Konfliktkonstellation ist so angelegt, dass hier zwei Werte unvermittelt und unvermittelbar gegenüberstehen. Auf der einen Seite gibt es die Liebe zwischen Agnes und Albrecht, und das ist eine absolute Liebe, losgelöst von allen politischen und dynastischen Anforderungen. Auf der anderen Seite steht das dynastische Interesse, das gleichermaßen nicht relativiert werden kann. Denn es geht hier um nicht weniger als um den Fortbestand des Staates und damit um das Wohl und Wehe und vielleicht um das Überleben der Menschen in diesem Staat. Beide Werte können nicht gleichermaßen verwirklicht werden, sie können aber auch nicht gegeneinander abgewogen oder gegeneinander ausgespielt werden.

Und das ist die geniale Konstruktion, die Hebbel in seinem Drama entfaltet. Ernst löst das Problem, indem er einen Justizmord begeht. Die eigentliche Pointe des Dramas besteht nun darin, dass Ernst selbst diesen Justizmord als solchen anerkennt und dafür auch die Verantwortung übernimmt. Dadurch kann er die Unbedingtheit der Liebe seines Sohnes zu Agnes anerkennen, ohne deswegen den Wert, für den er steht, nämlich die Staatsraison, aufzugeben. Für dieses Verfahren zahlen alle einen extrem hohen Preis, Agnes sogar mit ihrem Leben.

Realismus

70. Was sollen die Gespenster im Realismus? In Theodor Storms (1817–1888) Novelle *Der Schimmelreiter*, die im Jahr 1888 erschien, tritt ein waschechtes Gespenst auf, nämlich der titelgebende Schimmelreiter. Es war die letzte Novelle, die Storm vollständig ausarbeiten konnte, und es war zugleich seine größte und wichtigste Novelle. Storm hat zeit seines Lebens Gespenstergeschichten gesammelt und sogar ein Gespensterbuch geplant. Gleich zu Beginn der Novelle gibt es einen autobiographischen Hinweis: Dort ist von der Urgroßmutter Feddersen zu lesen, bei der der junge Rahmenerzähler diese Geschichte erstmals in einer Zeitschrift liest – und Feddersen hießen auch Großmutter und Urgroßmutter von Storm. Eine solche Lektüresituation kann durchaus authentisch sein und möglicherweise ist so Storm zu der Sammlung seiner Gespenstergeschichten gekommen, vielleicht hat er sie sich aber auch von alten Frauen oder von Schulmeistern erzählen lassen, wie sie ebenfalls in der Novelle auftreten. In der Novelle werden diese beiden Figuren gegenübergestellt. Der Schulmeister ist der Aufklärung und der Bildung verpflichtet, wo man der alten Wirtschafterin Antje Vollmers eher den Zugang zu dem Gespenstischen, Mysteriösen, Irrationalen zutraut. Wie kann es dann sein, so könnte man sich fragen, dass in der Erzählung des rationalistischen Schulmeisters, dass auch in dieser wunderbaren markanten realistischen Novelle ein Gespenst vorkommt? Was kann man daraus über den literarischen Realismus lernen?

Solche Gespenstergeschichten hat es schon in der Romantik gegeben. E.T.A. Hoffmann beispielsweise hat Novellen geschrieben, die ihm den Spitznamen Gespenster-Hoffmann eingebracht haben. Es scheint also eine Entwicklungslinie von der Romantik bis in den Realismus zu geben, was die Frage verschärft, inwiefern man gerade am Gespenstischen etwas über den Realismus lernen könnte. Um noch ein anderes, nicht weniger berühmtes Beispiel zu nennen: jenes kleine Abziehbild, das einen Chinesen zeigt und am Bett einer jungen, frisch verheiraten Frau klebt, die sich in ihrer Ehe und an ihrem neuen Wohnort nicht wohlfühlt und die bei ihrem Ehemann keinen Schutz und keine Beruhigung findet, weil er es ist, der massiv zu ihrer Beunruhigung beiträgt. Die Rede ist von Effi Briest und dem gleichnamigen Roman von Theodor Fontane aus dem Jahr 1895.

Das Gespenst dieses Chinesen läuft offenbar immer über den Dachboden und erzeugt irritierende Geräusche, die Effi nachts stark ängstigen. Dass der Spuk so gut wirken konnte, war natürlich von ihrem Ehemann perfekt und perfide vorbereitet, indem er ihr die Geschichte des fremdartigen Chinesen erzählt, was Effi «gruselig» findet. Später wird sie ein Damenmann, der Major Crampas, über das erzieherische und sadistische Kalkül aufklären, das ihr Mann mit solchen gespensterhaften Beunruhigungen verfolgt. Und dennoch bleibt etwas Gespenstisches von diesem Chinesen übrig, und man fragt sich auch hier, was ein solches Gespenst in einem realistischen Roman zu suchen hat.

Zunächst muss man die Begriffe Realismus und Realität unterscheiden. Der Realismus erschöpft sich nicht in einer realistischen Abbildung von Realität. Ja, man kann sogar sagen, dass der Realismus in dieser Hinsicht sogar unrealistisch ist. Es geht in erster Linie nicht darum, mit Hilfe von literarischen Verfahren der genauen Beschreibung ein literarisches Abbild von Realität zu schaffen. Vor diesem Hintergrund kann man die beiden wesentlichen ästhetischen Prinzipien erklären, die den literarischen Realismus charakterisieren und die ihm einen doppelten Namen gegeben haben: poetischer und bürgerlicher Realismus. Beide Prinzipien hängen zusammen. Poetischer Realismus meint, dass das literarische Verfahren zur Beschreibung und Abbildung einer sozialen Realität poetisch sein, also durchaus ästhetischen Ansprüchen genügen muss. Das bedeutet aber auch, dass aus dem Bereich des Erzählbaren alles ausgeschlossen wird, was diesem Prinzip entgegenstehen könnte. Insofern wird im poetischen Realismus keine Realität geschildert, die extrem hässlich, abstoßend oder ekelhaft ist und ästhetische und moralische Prinzipien verletzt. Damit engt sich die Perspektive auf die soziale Realität deutlich ein. Eine zweite Perspektivenverengung ergibt sich durch das andere Prinzip. Soziale Realität ist bürgerliche Realität. Im Realismus nun verbinden sich diese beiden Sphären: Die Schilderung einer bürgerlichen Sphäre (soziale Realität) und die Poetik der Schilderung sind untrennbar miteinander verbunden. Das Gespenst ist nun ein poetisches Instrument, um bestimmte Strukturen und Prozesse der sozialen Ebene, der bürgerlichen Sphäre, transparent zu machen, nicht zuletzt kapitalistische oder eheliche Krisen.

71. Wie bereitet Stifter den Realismus vor? Adalbert Stifter (1805–1868) gilt als biederer, vielleicht sogar als langweiliger Dichter. In seinen Novellen werde das Beschauliche gefeiert, in seinem umfangreichen Bildungsroman *Der Nachsommer* (1857) passiere so wenig, dass es den Leser ermüde, so könnte ein Urteil lauten. Dazu mag vielleicht auch ein falsches Verständnis seines Wortes vom «sanften Gesetz» beigetragen haben, das er im Vorwort seiner Erzählsammlung *Bunte Steine* (1853) erläutert:

> Wir wollen das sanfte Gesetz zu erblicken suchen, wodurch das menschliche Geschlecht geleitet wird. [...] Es liegt in der Liebe der Ehegatten zu einander, in der Liebe der Eltern zu den Kindern, der Kinder zu den Eltern, in der Liebe der Geschwister, der Freunde zueinander, in der süßen Neigung beider Geschlechter [...] So wie in der Natur die allgemeinen Gesetze still und unaufhörlich wirken und das Auffällige nur eine einzelne Äußerung dieser Gesetze ist, so wirkt das Sittengesetz still und seelenbelebend durch den unendlichen Verkehr der Menschen, und die Wunder des Augenblickes ... sind nur kleine Merkmale dieser allgemeinen Kraft.

Dies könnte man biedermeierlich als eine Beschränkung auf das kleinbürgerliche Glück missverstehen. Tatsächlich aber geht es Stifter vielmehr um Fragen, die den Realismus als Literatursystem insgesamt umtreiben, nämlich vor allem um die geradezu soziologisch anmutende Frage, wie gesellschaftliche Ordnung überhaupt möglich sei, wie sie erhalten werden könne und welche Rolle dabei die Natur und die Landschaft spielten. Dass sie eine Rolle spielen, das hält Stifter für eine Gesetzmäßigkeit, die er in den Erzählungen offenbar machen will, so dass diese Gesetzmäßigkeit zugleich als erzählerisches Prinzip fungiert.

Tatsächlich ist Stifter einer der großartigsten Erzähler des Realismus, auch wenn man ihn nicht vorrangig als realistischen Erzähler rezipiert hat. Ein Beispiel soll vorgeführt werden, das diesen Umstand besonders prägnant zum Ausdruck bringt. Es handelt sich um eine Erzählung, die in zwei Fassungen vorliegt. Wenn man sich die beiden Versionen anschaut und die Änderungen, die die spätere Fassung gegenüber der ersten aufweist, kann man darin jene Tendenzen erkennen, die auf den Realismus zulaufen. Gemeint ist die Erzählung *Das Haidedorf*, mit der – neben dem *Condor* und den *Feldblumen* – Stifter die literarische Bühne sehr erfolgreich betritt. *Der Condor* wird im April 1840 in der *Wiener Zeitschrift für Kunst, Literatur, Theater und Mode* veröffentlicht, *Das Haidedorf* schon im Juli. Wie bei allen seinen Erzählungen hat Stifter auch diese Erzählung, als sie als Buch veröffentlicht werden sollte, umgeschrieben. Deswegen spricht man auch von den Journal- und den Buchfassungen seiner Erzählungen. Zwischen den beiden Fassungen vergehen nur vier Jahre, aber in diesem Fall fällt die Umschrift sehr radikal aus, weil sie der Erzählung ein anderes Ende verleiht.

Der Text in seiner frühen Fassung erzählt eine erfolgreiche Sozialisationsgeschichte, die späte Fassung eine gescheiterte. Ein junger Mann, Felix, wächst in der Heide und im Kreis seiner Familie auf, zieht in die Welt und kommt verwandelt zurück. Die beschauliche Heidewelt ist kein geschützter Raum; Naturkatastrophen wie eine Trockenheit können genauso über sie kommen wie Modernisierungsprozesse. Als Felix zurückkommt, bleibt er ein Fremder in der Dorfgemeinschaft. Doch in der ersten Fassung kommt der König vorbei und adelt ihn gewissermaßen, weil er ihn als Dichter schätzt, und Felix' Prophezeiung, es werde am Pfingstsonntag regnen, erweist sich als richtig. In der zweiten Fassung haben sich die Koordinaten völlig verändert. Sobald Felix wieder in der Dorfgemeinschaft lebt, muss er sich den gesellschaftlichen Bedingungen anpassen. Eine königliche Bestätigung kann er nicht mehr erwarten. An die Stelle der königlichen Adelung, der ‹Verköniglichung›, ist vielmehr die Arbeit als Wert getreten, der aus den gesellschaftlichen Veränderungen resultiert und der nunmehr für jedes Lebensmodell verbindlich und unabdingbar ist.

Und dann lässt sich daraus auch etwas ablesen, was das veränderte Bild des Schriftstellers im Realismus betrifft. In der Journalfassung war der Schriftsteller noch ein Außenstehender, wenn man so will, ein A-Sozialer. In der Buchfassung wird dagegen ein Bild des Autors gezeichnet, der sich ausschließlich über seine soziale Funktion definieren muss. An die Stelle des Autors als Schöpferinstanz tritt dann – in perspektivischer Verlängerung – der Chronist oder Dokumentarist. Das Prinzip jener Umschreibung von der Journal- zur Buchfassung im Falle der Erzählung *Das Haidedorf* lässt genau jene Grundstruktur hervortreten, die dann für den bürgerlichen Realismus maßgeblich wird.

72. Warum erzählt Keller die Geschichte von Romeo und Julia ein zweites Mal? Diese Frage scheint Gottfried Keller (1819–1890) selbst beschäftigt zu haben. Gleich im ersten Satz der Novelle gibt er einen Grund an: «Diese Geschichte zu erzählen würde eine müßige Nachahmung sein, wenn sie nicht auf einem wirklichen Vorfall beruhte, zum Beweise, wie tief im Menschenleben jede jener Fabeln wurzelt, auf welche die großen alten Werke gebaut sind. Die Zahl solcher Fabeln ist mäßig; aber stets treten sie in neuem Gewande wieder in die Erscheinung und zwingen alsdann die Hand, sie festzuhalten.» So beginnt Gottfried Kellers Novelle *Romeo und Julia auf dem Dorfe*, die 1856 zum ersten Mal im Novellenzyklus *Die Leute von Seldwyla* erschienen ist. Seldwyla ist ein erfundenes kleines schweizerisches Dorf, das Keller zum literarischen Modellfall für jene sozialen Strukturen macht, die er in seinen Novellen schildern will.

Vergleicht man Shakespeares Text mit dem von Keller, so erkennt man wesentliche Unterschiede selbst in der abstrakten Anlage der Erzählung. So ist bei Shakespeare der Grund für den Familienzwist überhaupt nicht mehr auszumachen, weil er in dunkler Vorgeschichte liegt. Bei Keller hat der Zwist einen handfesten Anlass, den Streit zweier Bauern um Ackerland, das sie sich widerrechtlich angeeignet haben. Es gibt also einen ökonomischen, einen kapitalistischen Grund. Als sich die beiden Familien von Manz und Marti, Salis und Vrenchens Väter, in Prozessen und im Streit zugrunde gerichtet haben und Sali und Vrenchen, die mittlerweile ein Liebespaar geworden sind, keinerlei Zukunft für sich als Paar mehr sehen, schlägt ihnen ein schwarzer Geiger eine Existenz außerhalb gesellschaftlicher Regeln vor, was aber für beide unannehmbar ist. Es ist jener schwarze Geiger, dem der Acker, den sich die Väter einst angeeignet hatten, gehört hatte, der aber, weil er nicht in die Schweizer Gesellschaft integriert war, seine Besitzrechte nicht hatte geltend machen können. Am Ende der Geschichte gehen Sali und Vrenchen in den gemeinsamen Freitod.

Keller bestätigt einmal mehr das realistische Grundgesetz: Realität ist nur, was soziale Realität ist. Was aber die Gesellschaft im Innersten zusammenhält, was den Status ihrer Mitglieder begründet, das ist das Geld bzw. das Kapital. Und deswegen erzählt Keller diese Geschichte von Romeo und Julia noch einmal. Dass sie auf dem Dorfe spielt, mag an die Tradition der Dorfgeschichte erinnern, aber das Dorf hat nichts Romantisches mehr, sondern das Dorf ist ein Mikrokosmos, an dem die Gesetze der großen, und das heißt im

19. Jahrhundert der kapitalistischen Welt studiert werden können, insbesondere dort, wo sie sich negativ oder tödlich auswirken.

73. Welche Geschichten darf man Diktatoren erzählen? Die Literatur des (deutschsprachigen) Realismus hat die Form der Rahmennovelle zu einer besonderen Kunstform gemacht. Rahmennovelle bedeutet eigentlich, dass erzählt wird, wie erzählt wird. Eine besonders kunstvolle Rahmenerzählung hat der Schweizer Autor Conrad Ferdinand Meyer (1825–1898) mit seiner Novelle *Die Hochzeit des Mönchs* (1883/84) vorgelegt, indem Rahmen- und Binnenerzählung auf außergewöhnlich komplexe Weise miteinander verbunden werden, ja mehr noch, indem sich Rahmen- und Binnenerzählung wechselseitig thematisieren. Der große Dichter Dante hat am Hofe des Tyrannen Cangrande Asyl gefunden und lebt dort abgeschieden in seiner Kammer. An einem Abend kommt er in eine kleine Hofgesellschaft, wo man sich die Zeit mit Erzählungen vertreibt. Er wird aufgefordert, auch eine Erzählung beizutragen. Dante lässt sich also herab, doch was er dann regelrecht inszeniert, zeigt nicht nur eine Kunstfertigkeit, sondern eine soziale Macht des Erzählens. Dazu verwendet er einen Trick, auf den die anwesenden Zuhörer hereinfallen. Er benennt die Figuren seiner Erzählung genauso wie die Anwesenden. Dadurch macht er versteckte Identifikationsangebote. Das gewinnt vor dem Hintergrund der Themenstellung besondere Brisanz. Denn an diesem Abend geht es um das Thema «plötzlicher Berufswechsel». Dante schlägt eine Geschichte vor, die denselben Titel wie die Novelle Meyers tragen könnte. Er entwickelt sie aus einem Grabspruch: «Hier schlummert der Mönch Astorre neben seiner Gattin Antiope. Beide begrub Ezzelin.» Ezzelin, muss man wissen, war ein Tyrann wie auch jener Herrscher, der Dante Asyl gewährt und der inmitten seiner Zuhörer sitzt, Cangrande. Dante spielt mit dem Feuer, denn an diesem Hof darf man wohl eine «dreiste und ketzerische Äußerung» machen, die «hier kein Ärgernis» erregt, «während ein freies oder nur unvorsichtiges Wort über den Herrscher, seine Person oder seine Politik, verderben konnte». Es geht um einen Vater, der seine Söhne verliert, bis nur noch jener letzte übrig bleibt, der sich entschlossen hatte, ins Kloster zu gehen. Um die Familientradition zu retten, überlistet ihn der Vater und presst ihm das Versprechen ab zu heiraten. Astorre, von seinem Gelübde unfreiwillig befreit, verlobt sich mit Diana, verliebt sich aber in Antiope, die er dann auch heiratet. Diana rächt sich, indem sie Antiope ermordet, worauf Astorre Dianas Bruders ermordet, der seinerseits noch Astorre ermorden kann. Ezzelin, der Tyrann, begräbt die Toten. Nachdem das Gelübde einmal gefallen ist, gibt es für Astorre kein Halten mehr. Erzählt wird also, wie eine gesellschaftliche Ordnung eigentlich aus ökonomischem Interesse heraus (der Familienbesitz braucht Erben) erhalten werden soll, aber gerade deswegen in die Katastrophe treibt.

Prekär ist diese Situation, weil auf dem Weg in die soziale Katastrophe ein Mann zwischen zwei Frauen geschildert wird. Genau in dieser Situation aber befindet sich auch Cangrande. Dante erzählt ihm also eine Geschichte, in der ihm sein eigenes Verhalten (zumal bei Namensgleichheit der Frauen in Rahmen- und Binnenerzählung) als gesellschaftsschädigend vorgehalten wird. Doch Cangrande schreitet nicht ein, im Gegenteil. Es passiert etwas völlig Eigenartiges. An einer markanten Position seiner Erzählung überlässt ihm Cangrande seinen Platz, nicht nur zwischen den Frauen, sondern auch den Platz des Herrschers. «Der Fürst erhob sich [...], trat auf den Verbannten zu [= Dante], nahm ihn an der Hand und führte ihn an seinen eigenen Platz, nahe dem Feuer. ‹Er gebührt dir›, sagte er, und Dante widersprach nicht.» Der Erzähler nimmt den Platz des Souveräns und des Tyrannen ein, was man natürlich wiederum poetologisch deuten kann und muss. Der Erzähler ist der wahre Herrscher. Diese Szene ist eine Allegorie der Macht, der Allmacht des Erzählers und zugleich eine Selbstbehauptung der Kunst gegenüber der Politik.

Gleichzeitig entsteht aber auch ein anderes Beziehungsgeflecht. Wenn man sich die Binnengeschichte vergegenwärtigt, dann fällt einem die hohe Anzahl extrem unwahrscheinlicher Begebenheiten auf: Ein Schiff sinkt mit einer Hochzeitsgesellschaft, ein Vater verliert zwei Söhne, ein Ring rollt vor die Füße eines Mädchens. Tatsächlich ist für all diese Ereignisse die mehr oder weniger beabsichtigte oder zufällige Präsenz von Ezzelin verantwortlich. Aber man darf nicht vergessen, dass Dante diese Geschichte erzählt. Was also in der Binnenerzählung als Tyrann erscheint, ist auf der Erzählebene die Willkur, der epische Gestaltungsspielraum des Erzählers. Insofern dreht sich das Identifikationsangebot um. Nicht nur kann sich Cangrande (aus dem Rahmen) mit zwei Binnenfiguren identifizieren, mit der Binnenfigur des Ezzelin können sich wiederum zwei Rahmenfiguren identifizieren, neben Cangrande eben auch der Erzähler Dante. Identifikationsmoment für Cangrande ist politische, für Dante erzählerische Macht. Was Meyer hier auf sehr kunstvolle Weise regelrecht inszeniert, ist die Macht des Erzählers im Realismus.

74. Warum ist Gideon besser als Botho? Theodor Fontanes (1819–1898) kleiner Roman *Irrungen, Wirrungen*, als Buch erschienen 1888, vereint Gegensätzliches: Da ist auf der einen Seite die wunderschöne und auch traurige Liebesgeschichte zwischen dem Baron Botho von Rienäcker und der proletarisch-kleinbürgerlichen Näherin Lene Nimptsch, die auch ein Hauch von Erotik durchweht. Deswegen wurde der Text scharf kritisiert, und selbst der Herausgeber der *Vossischen Zeitung*, die den Roman 1887 als Fortsetzungsroman brachte, soll die Redaktion gefragt haben: «Wird denn die gräßliche Hurengeschichte nicht bald aufhören?» Auf der anderen Seite ist dieser Text in geradezu brutaler Form realistisch, weil er gesellschaftliche Prozesse vorführt, die selbst die intimsten Verhältnisse der Menschen bestimmen. Die trennenden Standesunterschiede, die zwar in der Bismarck'schen Ära und dann in der Wilhelminischen Gesellschaft noch eine bedeutende Rolle spielen, sind nur vorgeschoben. Die Beziehung zwischen Botho von Rienäcker und Lene Nimptsch scheitert nämlich nicht mehr an den Standesgrenzen, sondern an ökonomischen und kapitalistischen Dispositionen. Denn die Familie von Botho von Rienäcker ist in finanziellen Schwierigkeiten, und besonders er, der er als Offizier über seine Verhältnisse lebt, ist pleite. Botho wird also erfolgreich von seiner Familie und von seiner Mutter erpresst und so heiratet er am Ende seine Cousine Käthe von Sellentin, die das nötige Kleingeld in die Ehe bringt, damit Botho sein Offiziersleben wie bisher weiter leben und vor allem finanzieren kann. Aus der Zeitung entnimmt er dann die folgende Meldung, was zu einem kleinen Dialog mit seiner unwissenden Frau führt – und damit endet der Roman:

> ‹Ihre heute vollzogene eheliche Verbindung zeigen ergebenst an: *Gideon Franke*, Fabrikmeister, *Magdalene Franke*, geb. *Nimptsch*› ... Nimptsch. Kannst du dir was Komischeres denken? Und dann Gideon!«
> Botho nahm das Blatt, aber freilich nur, weil er seine Verlegenheit dahinter verbergen wollte. Dann gab er es ihr zurück und sagte mit so viel Leichtigkeit im Ton, als er aufbringen konnte: «Was hast du nur gegen Gideon, Käthe? Gideon ist besser als Botho».

Immerhin bietet Gideon Lene eine bürgerliche Ehe. Die Liebe bleibt auf der Strecke, aber das wird nicht mehr ausgesprochen. So ist der Realismus.

75. Warum ist die Ehe eine paradoxe Institution? An der Ehe werden im 19. Jahrhundert die Prinzipien und die Paradoxien der bürgerlichen Gesellschaft abgehandelt. Ein schönes Beispiel dafür ist die Tatsache, dass in drei großen europäischen Literaturen drei große Eheromane entstehen, die bis heute nichts von ihrem Zauber verloren haben. Da ist zunächst von Gustave Flaubert *Madame Bovary. Ein Sittenbild aus der Provinz* aus dem Jahr 1857, sodann von Leo Tolstoi *Anna Karenina* aus den Jahren 1873 bis 1878 und schließlich von Theodor Fontane *Effi Briest* aus dem Jahr 1895. Dass es Fontane ist, der so spät seinen Roman schreibt, mag man auf die verspätete gesellschaftliche Entwicklung in Deutschland zurückführen, das erst 1871 zu einem Nationalstaat zusammengefasst wurde. Interessanterweise sind alle drei Romane nicht nur Eheromane, sondern auch Ehebruchsromane und schließlich auch Romane gescheiterter Ehen sowie gebrochener und zerbrochener Frauen.

Gerade angesichts dramatischer sozioökonomischer Rahmenbedingungen wird der Ehe eine umso wichtigere soziale Funktion zugesprochen: Sie stabilisiert die Gesellschaft in dynamischen Prozessen und gibt ihr eine Struktur. Dabei verbinden sich archaische Vorstellungen zum Beispiel von der jungfräulichen Braut mit ganz konkreten Instrumentalisierungen, beispielsweise dort, wo es um die Erziehung von Kindern oder das Erbrecht geht. Die eheliche Treue ist damit zu einem gesellschaftspolitischen Faktor geworden, der sogar eherechtlich sanktioniert wird, wo Ehebruch direkt oder indirekt bestraft wird. In dieser Funktionalisierung bleibt allerdings die emotionale und die erotische Dimension der Ehe auf der Strecke.

Ein schönes Beispiel hierfür liefert Fontanes Roman. Eine echte Liebesbeziehung hätte es wohl in der Generation vor Effi geben können, denn ihre Mutter und ihr Bräutigam waren seinerzeit verliebt, doch vor allem die Mutter hat auf dieses Liebesglück verzichtet, um sozial zu reüssieren. Den gesellschaftlichen Aufstieg konnte ihr der junge Innstetten nicht bieten. Nun ist er aufgestiegen und kommt als Ehemann für die sehr junge Tochter in Frage. In der Ehe ihrer Tochter holt die Mutter ihr ehemaliges Liebesglück nach, doch das Glück lässt sich nicht wiederholen, im Gegenteil. Aufgrund des großen Altersunterschiedes wird Innstetten zum Erzieher seiner Frau, nicht zu ihrem erotischen und geliebten Partner. Das dadurch entstehende emotionale Defizit in dieser Ehe erweist sich als eine Hypothek. Effi, ohne den Ehebruch zu suchen, schlittert in die Affäre mit Crampas, der als Verführer schlau genug ist, genau diese Defizite auszumachen und Effi für sich zu gewinnen. Dramatischer verhält es sich bei Flaubert und Tolstoi, wo die Frauen aus Ehen ausbrechen, die sie als Gefängnis empfinden müssen, weil sie ihre Lebenswünsche und Sehnsüchte zu stark einschränken. Die Männer, das kann man an diesen Romanen sehr schön erkennen, werden durch die gesellschaftliche, insbesondere berufliche Indienstnahme als erotische Partner für die Frauen unattraktiv. Die (Ehe-)Männer werden langweilig, in ihnen verkörpert sich das soziale Gefängnis, das die Frauen empfinden müssen. So kommt es zum Ehebruch.

Jahrhundertwende: Naturalismus und neue Strömungen

76. Wie naturalistisch ist der Naturalismus? Wie romantisch ist der Naturalismus? Man könnte annehmen, der Naturalismus, der sich als literarische Strömung um 1890 im deutschsprachigen Bereich herausbildet, sei lediglich eine Zuspitzung oder Radikalisierung des Realismus. Doch der Naturalismus kappt das poetische Prinzip, und es ist Arno Holz (1863–1929), der ihm die programmatische Grundlage verschafft. In seinem Buch *Die Kunst. Ihr Wesen und ihre Gesetze* ging es ihm darum, das mimetische Verhältnis von Kunst und Welt auf eine neue Grundlage zu stellen. Berühmt wurde seine Formel «Kunst = Natur – x». x meint dabei die Differenz zwischen Natur und Kunst, und genau damit wird jener Bereich bezeichnet, der im Realismus noch poetisch aufgeladen war. Dass Holz dies in einer mathematischen Formel ausdrückt, ist selbst wiederum bezeichnend, denn es geht darum, Gesetzmäßigkeiten zu erkennen und die Kunst als Gesetzmäßigkeit zu definieren. Die künstlerische Darstellung darf dabei die Gesetzmäßigkeiten des Dargestellten nicht verdecken, sondern muss sie vielmehr direkt abbilden. Das impliziert aber eine gewisse Weltsicht, die wiederum diese Definition der Kunst bedingt. Tatsächlich gehen die Naturalisten davon aus, dass die Welt, gefasst als Natur, aber auch der Mensch von Gesetzmäßigkeiten beherrscht und geradezu determiniert werden. Natur ist nichts anderes als das Produkt von Gesetzmäßigkeiten, und das ist eine Sichtweise, die aus den neuen Ansätzen aus der Natur- und Sozialwissenschaft, zum Beispiel von Charles Darwin, Auguste Comte oder Hippolyte Taine, übernommen wird. Der Mensch wird durch das Ererbte, durch das Erlernte und schließlich durch das Milieu determiniert, in das er hineingeboren wurde. Das hat abermals Gerhart Hauptmann (1862–1946) mit seinem Drama *Vor Sonnenaufgang* (uraufgeführt 1889), das dem Naturalismus auf der Bühne den Durchbruch brachte, drastisch vor Augen geführt. Hier geht es um vererbbaren Alkoholismus als die die Gesellschaft zerstörende Kraft.

Um 1900 entwickelt sich aber eine Reihe von Strömungen gleichzeitig und nebeneinander, manchmal unabhängig voneinander, manchmal in Konkurrenz, und manchmal gehen sie auseinander hervor. Daher lohnt sich ein Blick noch auf ein anderes Drama von Gerhart Hauptmann, an dem dies exemplarisch an einem einzigen

Text abgelesen werden kann. Es ist sein Drama *Und Pippa tanzt*, das 1906 uraufgeführt wurde. Dieses Drama schildert eine winterliche Situation in Schlesien. In einer Spelunke sitzen Arbeiter und der Direktor einer nahen Glashütte zusammen. In diese Runde ist auch der Italiener Tagliazoni mit seiner Tochter Pippa gekommen, die für die anwesenden Männer tanzt und ihr Begehren weckt. Ein junger Mann, Michel Hellriegel, verliebt sich in Pippa. Doch dann wird ihr Vater wegen einer Streiterei im Glücksspiel ermordet. Der alte Huhn, eine mystische Gestalt, verschleppt daraufhin Pippa. Hellriegel findet sie und will mit ihr nach Venedig gehen. Der Glashüttendirektor befindet sich währenddessen bei einer gleichermaßen mystischen Figur, dem alten Wann, bei dem er Rat sucht. Pippa stürzt herein und bittet um Hilfe für Hellriegel, der in der Zwischenzeit vom Schnee verschüttet wurde. Wann lässt Pippa und den geretteten Hellriegel in seiner Hütte übernachten, bevor sie sich am nächsten Tag auf den Weg nach Venedig machen sollen. Hier werden sie von Huhn entdeckt. Huhn und Wann kämpfen miteinander, Huhn unterliegt. Und als Pippa ein letztes Mal für ihn tanzt, stirbt er, aber auch Pippa. Michel ist blind geworden, er macht sich auf den Weg nach Venedig und glaubt Pippa an seiner Seite.

Das literaturgeschichtlich Besondere an diesem Drama besteht darin, dass es in einem Theaterstück deutlich macht, was sich in der Epoche als Ganzes vollzieht. Es beginnt wie ein «klassisches» naturalistisches Drama: Es zeigt eine typische Szenerie aus der Arbeitswelt der untersten sozialen Sphäre, und es zeigt sie durchaus in naturalistischer Manier. Dann aber werden im Fortgang der Handlung anti-naturalistische Elemente immer wichtiger, die schließlich den Charakter des Dramas selbst verändern. Aus einem anfänglich naturalistischen Drama ist ein *Glashüttenmärchen* geworden, wie das Drama im Untertitel heißt. Und das zeichnet auch das literarische Feld um 1900 aus: die Gleichzeitigkeit des Ungleichzeitigen, das Nebeneinander von naturalistischen und anti-naturalistischen, zum Beispiel neo-romantischen Strömungen.

77. Wie hängen Prostitution und Mathematik zusammen?
Sozialisation – das impliziert die Frage: Wie wird aus einem jungen Menschen – und in der patriarchalischen Sichtweise, die bis weit ins 20. Jahrhundert hinein vorherrschte, meinte das vor allem: aus einem jungen Mann – ein Mitglied der Gesellschaft? Im Laufe des

19. Jahrhunderts wurde der Prozess der Vergesellschaftung vor allem an den Fragen der Sozialisation, der Bildung und Erziehung offenbar. Erziehung wurde zu einer gesellschaftlichen und nicht zuletzt staatlichen Aufgabe. Der rigide und zum Teil totalitäre Charakter von Nationalstaaten zeigte sich auch an der disziplinierenden Funktion von Erziehung und Erziehungsanstalten. So hatte vor allem die Internatsgeschichte um 1900 eine erste Hochkonjunktur. Erziehungsanstalten hatten immense und in erster Linie negative Auswirkungen auf die psychische oder musische Entwicklung der Jugend, für die es darauf ankam, ihre eigene Erziehung durchzustehen, ja zu überleben. Verschärft wurde dieser Konflikt durch eine psychische Disposition, die in ihrer eruptiven Kraft um 1900 wesentlich besser thematisiert und durchschaut werden konnte als noch in früheren Zeiten. Die Rede ist von der pubertären Sexualität.

Genau dies bezeichnet die Ausgangssituation einer der berühmtesten Internatsgeschichten, *Die Verwirrungen des Zöglings Törleß*, von Robert Musil (1880–1942) aus dem Jahr 1906. Darin erzählt Musil, wie der junge Törleß aus gutem Hause auf ein Internat in der Provinz des Habsburgerreiches kommt. Seine Geschichte besteht vor allem in einem Skandal an diesem Internat, in den er hineingezogen wird. Einige der jungen Männer beobachten, wie ein Kamerad, Basini, einen Diebstahl begeht. Sie melden diesen Vorfall nicht, sondern wollen den Delinquenten selbst bestrafen. Die Art und Weise, wie vor allem zwei der jungen Männer, Reiting und Beineberg, mit Basini umgehen, wie sie ihn demütigen, wie ihre sadistischen Exzesse einer beängstigenden Selbstdynamisierung unterliegen, schildert der kurze Roman auf eindrucksvolle Weise. Törleß bleibt dabei nicht unschuldig, obschon er nicht aktiv an den Quälereien beteiligt ist. Seine Rolle beschränkt sich vielmehr auf das Beobachten. Es geht schon sehr bald nicht mehr nur darum, einen Dieb zu bestrafen, sondern darum, herauszufinden, was passiert, wenn man einen Menschen in eine solche Situation treibt, in der er so gar nichts mehr von seinem Menschsein zurückbehalten hat. Hier wird das Experiment einer Grenzerfahrung literarisch gestaltet, dem alle unterworfen werden, und am intensivsten derjenige, der am wenigsten aktiv wird, weil er sich im Wesentlichen auf seine Beobachterposition beschränkt. Vielleicht wird gerade hier der Naturwissenschaftler und Ingenieur Musil spürbar.

Hierbei lohnt sich ein Bick auf zwei andere Situationen. Zum einen gibt es in der Nähe des Internats die Prostituierte Bozena, die natürlich für die jungen Kadetten eine Attraktion darstellt. Auch Törleß begleitet seine Kameraden, obschon es ihm weniger um das sexuelle Abenteuer oder auch nur um den Reiz des Anrüchigen geht, sondern um eine Erfahrung, die ihn aus seinem bisherigen Erfahrungsbereich herausführt. Ganz anders scheint ein mathematisch-philosophisches Interesse von Törleß gelagert zu sein, nämlich das an den imaginären Zahlen. Doch auch hier geht es ihm um die Frage, wie er diese unvorstellbaren Größen begreifen könnte. Es geht also um die Frage, und das verbindet Prostitution und Mathematik, wie man dasjenige, was sich der Erfahrung entzieht, dennoch erfahren kann.

78. Warum hat Sigmund Freud Angst vor seinem Doppelgänger Arthur Schnitzler? Sigmund Freud (1856–1939) schreibt am 14. Mai 1922 einen Brief an Arthur Schnitzler (1862–1931) zu dessen 60. Geburtstag und macht dabei ein erstaunliches Geständnis:

> Ich will Ihnen ... ein Geständnis ablegen, welches Sie gütigst aus Rücksicht für mich für sich behalten und mit keinem Freunde oder Fremden teilen wollen. [...] Ich meine, ich habe Sie gemieden aus einer Art von Doppelgängerscheu. Nicht etwa, daß ich sonst leicht geneigt wäre, mich mit einem anderen zu identifizieren oder daß ich mich über die Differenz der Begabung hinwegsetzen wollte, die mich von Ihnen trennt, sondern ich habe immer wieder, wenn ich mich in Ihre schönen Schöpfungen vertiefe, hinter deren poetischem Schein die nämlichen Voraussetzungen, Interessen und Ergebnisse zu finden geglaubt, die mir als die eigenen bekannt waren.

Freud macht Schnitzler ein Kompliment und hält ihn doch gleichzeitig auf Distanz. Dass er Schnitzler als Doppelgänger bezeichnet, macht aus den beiden Männern Analytiker, der eine – nach seinem eigenen Anspruch – mit wissenschaftlichen, der andere mit literarischen Mitteln. Indirekt ist damit auch ein zusätzlicher Legitimationsgrund gegeben, warum Freud der Literaturanalyse seinerseits eine solch große Bedeutung für die Psychoanalyse zugemessen hat, was sich in einer Reihe von literatur-, kunst- und kulturtheoretischen Arbeiten schon niedergeschlagen hat.

Wenn man allerdings diesen Hintergrund mit in Rechnung stellt, bekommt dieses Geständnis noch eine zusätzliche Dimension. Denn Freud hatte sich schon mit dem literarischen Motiv des Doppelgängers auseinandergesetzt, und seine Überlegungen können als Folie für diesen Brief dienen, der sich dann auch als Beispiel einer Verhältnisbestimmung von Literatur und Psychoanalyse lesen lässt. Vor allem in seinem Aufsatz zum *Unheimlichen* aus dem Jahr 1919 setzt er sich mit einer psychoanalytischen Bestimmung des literarischen Unheimlichen auseinander. Das Unheimliche besteht darin, dass es mit dem Heimlichen, also mit seinem Gegenteil zusammenfällt. Freud greift dabei auf ein ganzes Arsenal romantischer Figuren und Topoi wie «Wachsfiguren, kunstvolle [...] Puppen und Automaten» oder natürlich auch das «Doppelgängertum» zurück. Er bezieht sich dabei auf zwei markante Texte von E.T.A. Hoffmann: *Der Sandmann* (1815) und auf den großen Schauerroman *Die Elixiere des Teufels* (1815/16). Gerade durch diesen Roman zieht sich das Motiv des Doppelgängers und entfaltet seine volle Unheimlichkeit. Denn der Doppelgänger ist die Negation der Identität des Subjekts. Der Doppelgänger ist gefährlich und ein Mörder, während das Ich harmlos oder ängstlich ist. Mit dem Doppelgänger begegnet das Ich dem Anderen seines Ichs, und deswegen sind diese Selbstbegegnungen immer auch Selbstinfragestellungen.

Schnitzler arbeitet in seinen Texten zudem immer wieder verborgene Triebstrukturen heraus, die zu einem modernen, psychisch fundierten Doppelgängertum führen. Dieses Doppelgängertum wird beispielsweise an der Doppelmoral deutlich, mit denen sich eine ganze Reihe von Autoren im Wien und im Österreich der Jahrhundertwende auseinandersetzt. Denn um Doppelung geht es in beiden Fällen: Auch die Doppelmoral führt zu einer Doppelung der Figur, die einerseits an der gesellschaftlichen Oberfläche normkonform handelt, die aber im Verborgenen jenen Trieben nachgeht, die sozial nicht sichtbar werden dürfen. Schnitzler hat diesen Konflikt immer wieder ausgearbeitet und meistens mit einem tragischen, schlechten Ausgang dargestellt. In einem seiner berühmtesten Texte, der *Traumnovelle*, den er schon von 1906 an konzipiert hat, der aber erst 1925 veröffentlicht wird, hat er diese Problematik auf die Ehe bezogen, aber der Geschichte einen positiven Ausgang gegeben. Durch Zufall kommt ein Wiener Arzt zu einer nächtlichen Geheimgesellschaft, in der alle Mitglieder ihre geheimen Lüste ausleben. Am Ende gelingt es beiden Ehepartnern, sich mit Hilfe sexueller Phantasmagorien wieder über die Grundlagen ihrer Ehe zu verständigen, aus den Träumen ins Wache zurückzukehren und ihre Ehe zu retten. Stanley Kubrick hat diese Novelle unter dem grandiosen Titel *Eyes Wide Shut* verfilmt und die Geschichte ins New York des Jahres 1999 verlegt.

Das Doppelgängertum ist das Anzeichen einer Doppelbödigkeit, eines Zweiebenenmodells von Oberfläche und Tiefe, das immer dort in modernen Gesellschaften in Funktion tritt, wo psychische und soziale Dimension auseinandertreten. Selbst Freuds zweifelhaftes Lob des Doppelgängers, seine geheime Doppelgängerscheu vor Schnitzler hat etwas Doppelgängerhaftes. Denn in Schnitzler begegnet er sich selbst und zugleich dem Anderen seiner selbst. Das kann für Schnitzler vice versa gelten. Und dabei wird auch deutlich, dass ebenso Literatur und Psychoanalyse Doppelgänger sind.

79. Ist Misogynie emanzipatorisch? Das war eine Premiere in doppelter Hinsicht: Am 25.2.1898 betrat Frank Wedekind (1864–1918) als Dramatiker und als Schauspieler die Bühne, als Autor des Stückes *Erdgeist* und als Darsteller der Figur des Dr. Schön. Er arbeitete schon länger an diesem Stück, vermutlich seit 1892; es sollte ursprünglich *Die Büchse der Pandora* heißen und wurde in einer handschriftlichen Fassung aus dem Jahr 1894 auch als «Monstertragödie» mit dem Zusatz «Buchdrama» bezeichnet, doch dann hat Wedekind das Drama geteilt und aus den beiden Teilen zwei eigenständige Dramen gemacht, indem er zu beiden Teilen jeweils einen neuen Akt schrieb. Der erste Teil bekam den Namen *Erdgeist*, der schon 1895 veröffentlicht wurde, der zweite Teil behielt den ursprünglichen Gesamtnamen *Die Büchse der Pandora*. Diese Teilung hatte dramaturgische Gründe. Zunächst einmal sollte die «Monstertragödie» spielbar gemacht werden. Zudem konnte in beiden Teilen jeweils ein spezifischer Spannungsbogen umgesetzt und eine ganz spezifische Thematik verhandelt werden. Daraus kann man erkennen, was für heutige Leser oder Theaterbesucher nicht mehr so leicht einsehbar ist, nämlich dass dieses Stück zu seiner Zeit revolutionär, avantgardistisch und provokant war. Das betrifft hier vor allem das Verhältnis von bürgerlicher Moral und sexueller Triebstruktur, aber es betrifft auch die Vorstellungen von Mann und Frau, die man sich zu jener Zeit nicht nur vor dem Hintergrund der Freud'schen Psychoanalyse, sondern auch einer beginnenden Sexualwissenschaft gemacht hat. Und nicht zuletzt ist es die Auseinandersetzung mit einem Frauentypus, der dieses Drama so provokant macht: nämlich das Phantasma der *femme fatale*. Wedekind hat dann übrigens diese beiden Teile seines Doppeldramas zusammengefasst und nach seiner Hauptfigur *Lulu* benannt und daraus noch später, um 1913, wieder ein einziges, fünfaktiges Drama, abermals unter Titel *Lulu*, gemacht – also sich ganz und gar auf diesen Typus konzentriert, der dann ja auch als Typus in die Kulturgeschichte der Geschlechterdarstellungen eingegangen ist.

Der erste Teil des Dramas zeigt dem Zuschauer Lulu als *femme fatale* par excellence, in dieser Verbindung von Keuschheit und Kindlichkeit einerseits und einer im wahrsten Sinne des Wortes mörderischen Verführungskraft andererseits. Der erste Teil des Dramas erzählt die Geschichte des Verhältnisses von Dr. Schön und Lulu. Dr. Schön hat Lulu gerettet, doch er will sie auf Distanz halten, um eine bürgerliche Ehe einzugehen, die er nicht von Lulu gefährdet sehen will. Daher verheiratet er sie an den Medizinalrat Dr. Goll. Als dieser sie malen lässt, verführt sie den Maler Schwarz, woraufhin Dr. Goll einen tödlichen Herzanfall erleidet. Als Dr. Schön im nächsten Akt dem Maler von Lulus Vergangenheit berichtet und davon, wie wenig sich Lulu männlich sozialisieren und domestizieren lässt, bringt er sich um, indem er sich die Kehle durchschneidet. Der Versuch von Dr. Schön, Lulu auf Distanz zu halten, hat sie ihm gefährlich nahegebracht. Als Dr. Schön Lulu den Suizid befiehlt, kann sie ihm nicht gehorchen und bringt letztlich ihn dazu, sich umzubringen. – Im zweiten Drama haben sich die gewaltsamen Verhältnisse umgekehrt: Nun sind es die Männer, die Lulu in immer neuen Stationen Gewalt antun. Ihre Unterstützer, vor allem die Gräfin Geschwitz, können sie nicht retten. Das Drama endet mit der Verkehrung einer Freier-Situation. Lulu, die sich prostituiert, gibt Jack the Ripper Geld, damit er mit ihr schläft, doch er ersticht sie.

Die Darstellung dieser *femme fatale* berührt unmittelbar die Fragen nach der Möglichkeit von Kunst. Bürgerliche Kunst ebenso wie bürgerliches Verhalten unterliegen einer starken Disziplinierung. Kunst hingegen, so Wedekind, müsse gerade das freilegen, was diesem Prozess vorausgeht. Dabei zeigt sich für ihn, dass vor allem die Männer nicht nur Frauen disziplinieren, sondern selbst einer rigorosen Disziplin, zum Beispiel in moralischen Fragen, unterliegen. Das wird vor allem an der Liebe deutlich: Liebe ist für Männer etwas, das man *macht*. Liebe ist für Lulu dasjenige, was sie *ist*. Es gibt keine Differenz zwischen Leben und Liebe; Liebe ist für Lulu ein existenzieller Ausdruck ihrer selbst, Liebe ist für sie jenes Residuum vor der Gesellschaft, das sich eben nicht vergesellschaften lässt. Und Analoges gilt für die Kunst: «In jeder Kunst war Selbstverständlichkeit!», heißt es im Prolog zum *Erdgeist*.

80. Welche literaturgeschichtliche Bedeutung haben Lyrik-Anthologien? Kurt Pinthus war ein umtriebiger Journalist, Literaturwissenschaftler, Publizist, Literaturvermittler und Dramaturg. 1886 geboren, nahm er an den revolutionären Umtrieben 1919/20 als Soldatenrat teil, musste später, 1937, ins Exil gehen, lehrte dort unter anderem Theatergeschichte und kehrte 1967 nach Deutschland zurück, wo er 1975 verstarb. Man würde ihn heute vielleicht nicht mehr kennen, wenn er sich nicht einen bedeutenden Platz in der Literaturgeschichte erobert hätte – nicht so sehr durch die eigene schriftstellerische Leistung, sondern durch die Herausgabe einer Lyrik-Anthologie. Im Jahr 1919 gab er eine Sammlung expressionistischer Gedichte unter dem Titel *Menschheitsdämmerung* heraus, die 1920 in einer Neuauflage bei Rowohlt erschien. Bei Rowohlt ist das Buch bis heute zu haben, ein echter Longseller. Doch bereits im Erscheinungsjahr erlebte es drei Auflagen. Von den Nazis wurde es allerdings verboten und verbrannt.

Die literaturgeschichtliche Bedeutung dieser Sammlung drückt sie auch heute noch mit ihrem Untertitel aus: *Ein Dokument des Expressionismus*. Ganz unbestritten – in keiner anderen Epoche der Lyrik gibt es eine Sammlung, die gleichzeitig einen so hohen Grad an Repräsentation für das gesamte lyrische Schaffen der Epoche beanspruchen kann. Der Band versammelt ca. 250 Gedichte von «etwa zwei Dutzend Dichter[n]», genau gesagt: 23 Autoren (von denen sechs die Veröffentlichung nicht mehr erlebten, weil sie im Ersten Weltkrieg umgekommen waren). Der Band ist in vier Kapitel gegliedert: *Sturz und Schrei*, *Erweckung des Herzens*, *Aufruhr und Empörung* und *Liebe den Menschen*. Es geht dabei um ein neues, literarisch und lyrisch entworfenes und gefeiertes Menschenbild, dessen Abgesang (*Menschheitsdämmerung*) sich gleichermaßen schon vorbereitet und abzeichnet. Am meisten finden sich die Worte, worauf Pinthus in seinem Vorwort selbst hinweist: «Mensch, Welt, Bruder, Gott». Und als Grund gibt er an: «Weil der Mensch so ganz und gar Ausgangspunkt,

Mittelpunkt, Zielpunkt dieser Dichtung ist». Grundlegend ist ein Menschenbild, das durch und durch modern ist, das geprägt ist durch die Erfahrungen moderner Lebensumwelten wie insbesondere die Großstadt, die Technik, den Verkehr oder auch den technifizierten Krieg. Seine Wahrnehmung verschafft dem Menschen nicht unbedingt den Zugang zur Welt, sondern dokumentiert auch den verhinderten Zugang, die Fragmentierung, Isolation, Vereinzelung, Orientierungslosigkeit in einer Welt, die - modern gesprochen - für den Menschen hyperkomplex geworden ist. Doch selbst damit kann die Lyrik noch souverän und geradezu witzig umgehen, wie es das erste und zudem berühmt gewordene Gedicht der Anthologie von dem später von den Nazis ermordeten Autor Jakob van Hoddis (1887-1942) - *Weltende* - beweist, das mit dem Vers beginnt: «Dem Bürger fliegt vom spitzen Kopf der Hut».

81. Welches weltliterarische Werk der deutschen Literatur wurde in einem Zuge und in einer Nacht geschrieben? Schreiben ist ein solitärer Akt. Ein Autor jedoch hat uns Einblick gewährt, wie er eine der weltberühmtesten Erzählungen niedergeschrieben hat. Franz Kafka (1883-1924) hat seine Erzählung *Das Urteil* «in der Nacht vom 22 zum 23 [September 1912] von 10 Uhr abends bis 6 Uhr früh in einem Zug geschrieben», wie er es gleich danach am Folgetag seinem Tagebuch anvertraut. Kafka gilt als schwieriger Autor, seine Texte sind geheimnisvoll und schwer zu interpretieren. Auch für *Das Urteil* gilt, dass es sich um eine dunkle Geschichte handelt. Umso erstaunlicher mag es anmuten, dass wir über die Entstehung dieser Geschichte so genau informiert sind. Aber gerade das kann uns auch einen Schlüssel zu dieser Geschichte liefern.

Die Geschichte erzählt von Georg Bendemann, der heiraten will und gerade überlegt, wie er diese Nachricht seinem Freund in Russland mitteilen kann, ohne ihn vor den Kopf zu stoßen, da er offensichtlich nicht so gute Perspektiven hat. Um sich zu beratschlagen, geht er zu seinem Vater, der in einem hinteren Zimmer der Wohnung lebt. Der Vater fragt, für den Leser ganz unverständlich, ob es diesen Freund überhaupt gäbe, wird plötzlich aber aggressiv, wächst über sich hinaus, beleidigt die Braut und begehrt plötzlich auf, indem er behauptet, er stünde in Wirklichkeit mit dem Freund im Bunde. Am Ende verurteilt er seinen Sohn zum Tode, und dieser akzeptiert dies auch noch, geht zum Fluss und ertränkt sich. Darin wird ein Prinzip deutlich, das dem Leser immer wieder in Kafkas Texten begegnet: Den Figuren widerfahren phantastische Begebenheiten, ohne dass sie sie als solche wahrnehmen. Sie nehmen sie vielmehr als Normalfall in ihrer Lebenswirklichkeit wahr und versuchen immer vergeblich, sich damit auseinanderzusetzen. Das macht Kafkas Texte so geheimnisvoll, deswegen entziehen sie sich einer Interpretation.

Dass Kafka ein schwieriger Mensch war, das kann man nicht leugnen, aber man darf nicht dem Missverständnis aufsitzen, von den Interpretationsschwierigkeiten ausgehend bestimmte Dichtermythen zu erzeugen. Kafka war Beamter, und in seinem Dienst war er anerkannt, geschätzt und erfolgreich. Aber der Beruf kostete Zeit. Die Zeit zum Schreiben musste sich Kafka mühevoll freihalten. So schrieb er nach Dienstschluss, so auch am Abend des 22. September 1912. Aber Kafka war kein Hobbyschriftsteller. Im Gegenteil, das Schreiben war ihm das Wichtigste im Leben. Für Kafka war diese Erzählung von großer Bedeutung, sie bedeutete für ihn den Durchbruch zum Schreiben. Aber noch wichtiger war der Schreibprozess selbst. Im Tagebuch hält er programmatisch für sich selbst fest: «Nur so kann geschrieben werden». Und wie? Er fährt fort: «nur in einem Zusammenhange, mit solcher vollständigen Öffnung des Leibes und der Seele».

Mit seiner Verlobten und Briefpartnerin Felice Bauer spielt er noch einige Interpretationsspiele. Er fordert sie auf, Bezüge zwischen ihnen beiden einerseits und den Figuren andererseits aufgrund von Buchstabenkonstellationen herzustellen, aber all dies steht unter einer eher abweisenden Frage: «Findest Du im ‹Urteil› irgendeinen Sinn, ich meine irgendeinen geraden, zusammenhängenden, verfolgbaren Sinn?» Kafka lockt uns auf die Fährte einer autobiographischen Lesart, um sie im selben Moment auch wieder zu desavouieren. So macht es der Text selbst, denn er enthält eine Reihe von Elementen, die sich auch in Kafkas Biographie wiederfinden lassen, zum Beispiel das prekäre Verhältnis zwischen Vater und Sohn. Die Verlobung als Akt einer Emanzipation des Sohnes gegenüber dem Vater lässt sich biographisch nachverfolgen, und die geheimnisvolle Figur des Freundes hat etwas mit dem Verhältnis von Vater und Sohn zu tun, worauf wiederum Kafka selbst hinweist. Aber wie auch immer man nun diesen Text interpretieren will, so darf man nicht übersehen, dass dieser Text ebenso von sich selbst, von seiner eigenen Entstehung, von den Voraussetzungen seines eigenen Schreibprozesses handelt. Denn es geht auch um die Möglichkeit einer schreibenden Selbstbestimmung des Sohnes angesichts familiärer und erotischer Zumutungen, schließlich beginnt die Erzählung mit einer (Brief-)Schreibszene.

82. Was bedeuten Prozess und Schloss bei Kafka? Ein solcher Wurf wie *Das Urteil* ist Kafka nie mehr gelungen. Schon bei der nächsten größeren Geschichte war es ihm nicht mehr möglich, seine Art zu schreiben umzusetzen. Die Geschichte um die *Verwandlung* von Gregor Samsa zu einem Ungeziefer wuchs sich aus, die Geschichte konnte nicht in einem Zug zu Ende geschrieben werden. Romane konnte man erst recht nicht in einem Zuge niederschreiben, und Kafka hat sich intensiv mit der Frage auseinandergesetzt, wie denn ein solcher Schreibprozess am besten zu gestalten sei. Bei dem Roman, den er um 1914 zu schreiben beginnt, *Der Proceß*, wendet er einen Trick an, um sich selbst zu überlisten. Damit der Roman kein Fragment mit offenem Ende bleibt, schreibt er dieses Ende schon relativ früh. Es ist die brutale Hinrichtung des Josef K. als Strafe für ein Verbrechen, das er niemals explizit genannt bekommt. Damit soll sich ein Spannungsbogen von dem ersten berühmten Satz des Romans bis zu seinem Ende ziehen lassen. Am Anfang heißt es im Manuskript: «Jemand musste Josef K. verläumdet haben, denn ohne dass [sic!] er etwas Böses getan hätte, war er eines Morgens gefangen.» Kafka hat diesen Anfang später korrigiert: Die Worte «war» und «gefangen» wurden durchgestrichen und ersetzt, so dass der Nebensatz endgültig lautete: «wurde er eines morgens verhaftet». Damit unterstreicht Kafka den juristischen Kontext. Diese Verhaftung scheint aus dem Nichts zu kommen, aber Josef K. akzeptiert sie sofort. Er macht sich auf den Weg, um seinen Prozess zu betreiben, er sucht Hilfe bei Advokaten, er besucht einen Maler in seinem Dachatelier, er besucht einen Kaplan im Dom, der ihm die berühmte *Türhüterlegende* erzählt, vor allem aber sucht er Hilfe bei den Frauen, doch das Gericht, das seinen Prozess führt, bleibt eine anonyme, undurchdringliche Macht. Kafkas Trick funktioniert nicht, auch wenn wir dies bei oberflächlicher Lektüre nicht unbedingt merken. Der Roman ist Fragment geblieben. Zwar hat Max Brod dem Roman eine scheinbar endgültige Form gegeben, doch die Reihenfolge der Kapitel, die alle nur in einzelnen Handschriftkonvoluten erhalten sind, ist nie definitiv festgelegt worden. In der historischen kritischen Ausgabe, die Roland Reuß und Peter Staengle besorgt haben, wird der *Proceß* als Paket (Schuber) veröffentlicht, in dem sich die Kapitel, so wie sie Kafka zu Konvoluten zusammengefasst hat, als einzelne Hefte finden.

1922, zwei Jahre vor seinem Tod, unternimmt es Kafka noch einmal, einen Roman zu schreiben: *Das Schloß*. Hier erzählt er strikt chronologisch, vom Anfang der Erzählung an, aber er muss im dritten Kapitel, bevor es zur ersten erotischen Begegnung des Helden kommt, eine entscheidende Korrektur vornehmen. Er hat bis dahin in der Ich-Form erzählt, er wechselt dann zur Er-Form und ersetzt «Ich» durch «K.». Ein angeblicher Landvermesser kommt in einer Winternacht in ein Dorf, über dem ein Schloss thront, und behauptet, Landvermesser zu sein. Der Roman erzählt von den Bemühungen des Landvermessers K., vom Schloss akzeptiert und damit von den Dorfbewohnern in ihre Gemeinschaft integriert zu werden. Auch hier ist K. unermüdlich auf dem Weg, Unterstützung und Anerkennung zu finden. Und es scheint so, dass genauso, wie K. dem Schloss nicht nahe kommt, trotz all seiner Anstrengungen, auch der Leser dem Sinn des *Schloß*-Romans nicht näherkommt. Max Brod hat daher in seinem Nachwort vom *Schloß*-Roman dem Leser einen Interpretationsvorschlag gemacht: «Somit wären im ‹Prozeß› und im ‹Schloß› die beiden Erscheinungsformen der Gottheit (im Sinne der Kabbala) – Gericht und Gnade – dargestellt.»

83. Was haben Professor Unrat und Gustav von Aschenbach gemeinsam? Über die beiden Brüder ist viel geschrieben worden, und ihr Verhältnis zueinander liefert reichhaltiges Material. Der eine, ältere, eher proletarisch ausgerichtet, der jüngere eher bürgerlich, der eine eher mittellos, der andere nach einer vorteilhaften Heirat gut situiert, der eine links, der andere eher bürgerlich konservativ, der eine verurteilt den Ersten Weltkrieg, der andere goutiert ihn, bevor er seine Meinung ändert, der eine eher Sozialist, der andere kokettiert bestenfalls mit dem Sozialismus. Beide werden zu Gegnern des Nationalsozialismus, der eine dezidiert, der andere muss sich erst zu einer solchen Positionierung durchringen, beide gehen über Umwege ins Exil in den USA. Die Rede ist von Heinrich (1871–1950) und Thomas Mann (1875–1955). Der Historiker und Publizist Joachim C. Fest nennt sie in seinem Buch mit demselben Titel *Die unwissenden Magier*, und der Literaturwissenschaftler Helmut Koopmann nennt sie im Untertitel seiner Doppelbiografie *Die ungleichen Brüder*. Die Frage, wie sich Kunst und Politik zueinander verhielten oder zu verhalten hätten, beantworteten die Brüder auf gänzlich verschiedene und bisweilen entgegengesetzte Weise.

In ganz unterschiedlichen Phasen ihres Lebens haben die beiden unabhängig voneinander und auch nicht absolut gleichzeitig, aber doch epochemachende Werke geschrieben, die sich wechselseitig zuordnen lassen. 1905 veröffentlicht Heinrich Mann den Roman *Professor Unrat oder Das Ende eines Tyrannen*. Und 1912 erscheint Thomas Manns Novelle *Der Tod in Venedig*. In beiden Texten steht ein Intellektueller im Mittelpunkt, ein Künstler oder Lehrer, der in der Mitte seines Lebens, auf dem Höhepunkt seiner gesellschaftlichen Reputation und seiner intellektuellen bzw. künstlerischen Entfaltung, einer erotischen Anfechtung erliegt. Heinrich Mann erzählt die Geschichte des Gymnasiallehrers Raat, der von seinen Schülern als Unrat verunglimpft wird. Das ist eine Reaktion auf seine totalitäre Art, den Unterricht zu führen, wodurch die Schule zum Paradigma der restriktiven wilhelminischen Gesellschaft wird, die Heinrich Mann auch in seinem anderen berühmten Roman, *Der Untertan* (1914), entlarvt hat. Raat verfällt der *femme fatale* Lola völlig. Er verlässt nach und nach seine bürgerliche Sphäre und wird Mitglied in der *demi-monde*. Schließlich heiraten die beiden und machen sich nun selbst daran, andere ehrbare Bürger der Stadt zu verführen. Ihr Ziel ist, wie es im Roman heißt, die «Entsittlichung der Stadt». Diejenigen, die er einst so drangsaliert hatte, seine Schüler, erweisen sich nunmehr als die Bürger, die bürgerlich reagieren.

Gustav Aschenbach oder von Aschenbach, wie seit seinem 50. Lebensjahr sein Name amtlich lautet, worauf der Erzähler gleich im ersten Satz der Novelle *Der Tod in Venedig* hinweist, ist ein Schriftsteller und ebenso ein Lehrer der Jugend. Aschenbach entschließt sich in einem Zustand der körperlichen, geistigen und künstlerischen Erschöpfung, nach Venedig zu reisen. Auf der Reise begegnet er mehreren Todesboten, bevor er sich in Venedig in den schönen Knaben Tadzio verliebt, dem er fortan auf Schritt und Tritt nachfolgt, ohne dass es zum Kontakt kommt. Als die Cholera in Venedig ausbricht, lässt er den Moment der Abreise vorübergehen, um in Tadzios Nähe zu bleiben. Gustav von Aschenbach stirbt in Venedig.

Beide Autoren schildern Repräsentanten des alten Regimes, der wilhelminischen Gesellschaft, und zeigen dabei auf, wie deren soziales wie ästhetisches Selbstverständnis so brüchig geworden ist, dass sie selbst anfechtbar und verführbar werden. Ihr soziales wie ästhetisches Regime steht auf tönernen Füßen, und die Veränderung der historischen Koordinaten wird sie hinwegfegen.

84. Hat Döblin eine Chinoiserie geschrieben? Eine Chinoiserie ist ein Kunstgegenstand, der die chinesische Kultur nachahmt. Eine Chinoserie kann aber auch ein Text sein, der die chinesische Kultur nutzt, um seine Geschichte zu erzählen. Alfred Döblins (1878–1957) Roman *Die drei Sprünge des Wang-lun*, an dem er von 1912 bis 1913 geschrieben hat und der 1915 veröffentlicht wurde, mag als solche Chinoiserie gelten. Er trägt die Gattungsbezeichnung «Chinesischer Roman». Der Herausgeber, Walter Muschg (1898–1965), seines Zeichens selbst ein sehr bekannter Literaturwissenschaftler, nennt im Nachwort zu seiner Ausgabe den Roman «eine halb romantische, großartige Chinoiserie». Aber ist dieses Urteil gerechtfertigt?

Döblins bekanntester Roman ist sicherlich *Berlin Alexanderplatz*, weil in diesem Roman am deutlichsten und markantesten eine neuartige Form des Erzählens zum Ausdruck kommt, in der sich Erzählweise und die erzählte Großstadt auf beeindruckende Weise ergänzen. *Berlin Alexanderplatz*, 1929 erschienen, ist das Paradigma des modernen Romans. Dass dieser Roman eine solche Bedeutung zugesprochen bekommen hat, ist leicht einsehbar; warum *Die drei Sprünge des Wang-lun* in den Hintergrund getreten sind, allerdings nicht. Dieser Roman erzählt die Geschichte des Diebs und Räubers Wang-lun, der einen Bekehrungsprozess durchmacht und eine Sekte gründet, deren Lehre, das Wu-wei, darin besteht, nicht zu handeln, passiv zu sein und die eigentliche Macht im Schwachsein zu erkennen. Aus dieser Sekte wird eine Volksbewegung, und aus der Volksbewegung wird eine Revolution, die niedergeschlagen wird. Wang-lun widerruft seine Lehre, kämpft gegen den Kaiser, macht es sich zum Ziel, die Mandschu-Kaiser abzulösen. Die kaiserlich militärische Übermacht vernichtet die Aufständischen, Wang-lun widerruft ein weiteres Mal, kehrt zur Lehre des Wu-wei zurück, bevor er von den kaiserlichen Truppen vernichtet wird. Drei Sprünge hat also Wang-lun getan: aus der Gewalt in die Passivität, dann zurück zu seiner Ausgangsposition und zuletzt noch einmal ins Wu-wei und damit in den Untergang gegenüber der politischen Macht.

Der Roman hat einen historischen Kern, diesen Aufstand hat es tatsächlich gegeben. Dabei vermengen sich in der historischen Realität genauso wie im Roman politische und religiöse Beweggründe. Aber bedeutsam ist der Roman auch deswegen, weil er zum ersten Mal in einer großen Form, der des Romans, eine neue Erzählweise umsetzt, die man als expressionistisches Erzählen charakterisieren kann. Dazu gehören nicht nur die Massenszenen in diesem Roman, sondern vor allem auch seine Fähigkeit, einen hochkomplexen Wahrnehmungsraum zu gestalten, in dem das Triebhafte, Grelle, Krasse, Inkommensurable zum Ausdruck kommen kann. Es ist ein Roman, der expressionistisches Erzählen, chinesischen Exotismus, politische, soziale und religiöse Zeitkritik und eine überbordende literarische Phantasie miteinander korreliert, kurz: ein Meisterstück, das wiederentdeckt gehört.

Weimarer Republik: Neue Sachlichkeit und Exil

85. Wie dient der Erste Weltkrieg als Fluchtpunkt für den Roman? Thomas Mann beginnt die Idee zu seinem Roman *Der Zauberberg* schon 1912 zu entwickeln. Der Roman wird 1924 veröffentlicht. Robert Musil beginnt mit seinem Jahrhundertroman *Der Mann ohne Eigenschaften* 1921. Der erste Band (der drei Bücher enthält) erscheint 1930, der erste Teil des zweiten Bandes wird 1932 publiziert. Zu Lebzeiten von Musil wird kein weiterer Band veröffentlicht, doch er arbeitet an diesem Roman weiter bis zu seinem Tod 1942.

Thomas Mann beginnt seinen Roman noch vor dem Krieg, und die Kriegserfahrung fließt in den Roman ein – und zwar auf eine ganz und gar entscheidende Art und Weise. Der Roman erzählt die Geschichte von Hans Castorp. Dieser junge Mann, der Schiffsingenieur werden will, möchte nur für drei Wochen seinen Cousin Joachim Ziemßen besuchen, der sich in der Schweiz, in Davos, zur Kur aufhält. Aus diesen drei Wochen werden schließlich sieben Jahre. Er erlebt dort oben auf dem Zauberberg Krankheit, Erotik und Tod – und damit jene Bereiche, die den modernen Roman um 1900 ausmachen (siehe Frage 86). Und er erlebt in all den Diskussionen, die vor allem die beiden Intellektuellen, der irrationalistisch orientierte Naphta und der aufklärerische Settembrini, als Wortgefechte, schließlich sogar als echtes Duell austragen, auch die entgegengesetzten geistigen Strömungen der Zeit. Der Roman spielt in den Jahren von 1907 bis 1914 in der neutralen Schweiz. Aber auch hier ist eine Entwicklung spürbar, die zum Krieg hinführt. Es ist vor allem Mynheer Peeperkorn, der in einer grandiosen Vision den Krieg vorwegnimmt, was mit jener anderen grandiosen Vision, die Hans Castorp im Schnee träumt, korrespondiert. Hier sieht Hans Castorp eine Kultur bacchantisch in Gewalt und Orgie untergehen. Der Roman endet, als Hans Castorp schließlich nicht mehr länger auf dem Zauberberg bleiben kann. Aber das ist genau der Zeitpunkt, zu dem der Krieg – gemeint ist natürlich der Erste Weltkrieg – heraufdämmert. Der Roman endet mit dem Hinweis auf das ungeklärte Schicksal seines Helden in diesem «Weltfest des Todes».

Robert Musil hat sich für seinen Roman *Der Mann ohne Eigenschaften* eine grandiose Konstellation ausgedacht, die zumindest den ersten Teil trägt. In Wien überlegt ein illustrer Kreis, dem auch die Titelfigur Ulrich angehört, wie man das 70-jährige Thronjubiläum von Kaiser Franz Josef im Jahr 1918 begehen könnte. Die Planungen und Überlegungen laufen daher unter dem Namen Parallelaktion (parallel zum gleichzeitigen Thronjubiläum des deutschen Kaisers). Damit hat Musil eine äußere Konstellation entworfen, mit dem es ihm literarisch gelingt, die entscheidenden Fragen der Moderne im Medium der Literatur zu stellen, wie zum Beispiel, warum eben solche eine Gesellschaft umfassenden Ideen in der Moderne nicht mehr möglich sind. Genau in dem Jahr, in dem die Parallelaktion die Monarchie noch einmal in ihrer Gesamtheit zum Ausdruck bringen soll, hat sie der Weltkrieg tatsächlich aus der Geschichte hinweggefegt. Die Figuren steuern auf eine Apokalypse zu, die ihnen selbst nicht bewusst ist.

Bei beiden Romanen, die in der Vorkriegszeit spielen, in der die Figuren noch nichts vom Krieg wissen können, kann man jedoch die Frage stellen, wie der Krieg präsent ist, bevor er präsent wird. So hat Musil eine der interessantesten Figuren der Weltliteratur geschaffen, nämlich den Lustmörder Moosbrugger. Ein Gewaltmörder, der im Roman auf seine Zurechnungsfähigkeit hin untersucht wird und dabei bei mehreren Figuren ein eigenartiges Interesse hervorruft. Nun darf man nicht aus den Augen lassen, dass Musil keine realistischen Personen schildert, sondern dass alle seine Figuren immer auch Funktionen verkörpern. In dem Roman findet sich ein sehr seltsamer Satz, der genau darauf hinweist: «Wenn die Menschheit als Ganzes träumen könnte, müßte Moosbrugger entstehen» (18. Kapitel). Tatsächlich gibt es auch bei anderen Figuren Mord, Gewalt und Verbrechen. So ist das zweite Buch bzw. der dritte Teil überschrieben mit: *Ins Tausendjährige Reich (Die Verbrecher)*. Es handelt vor allem von der inzestuösen Gemeinschaft der beiden Geschwister Ulrich und Agathe, die zudem Agathes Mann um das Erbe ihres Vaters betrügen. So könnte man sagen, auch Ulrich ist eine Variante von Moosbrugger (oder umgekehrt), so wie das für jede andere Figur ebenfalls gelten könnte. Alle Figuren sind Moosbrugger.

86. Ist Thomas Manns *Zauberberg* ein moderner Roman? Das Feld, auf dem die Frage sehr intensiv diskutiert worden ist, wie denn Literatur modern wird, ist das der Erzählung und des Erzählers. Als Beispiel fungiert hierbei vor allem der Roman. Wie kann modern erzählt werden? Und was macht den modernen Roman im 20. Jahrhundert aus? Der moderne Roman gewinnt seine Kontur gerade durch die Absetzung vom traditionellen, realistischen Roman des 19. Jahrhunderts. Einer der größten Erzähler steht genau in dieser Spannung zwischen realistischem Erzählen und modernem Roman: Thomas Mann. Vor allem hat ihn die Frage beschäftigt, ob sein großer Roman *Der Zauberberg* modern ist. Immer wieder wägt er zwei Seiten miteinander ab: Einerseits bezeichnet er seinen Roman – zum Beispiel in der späteren *Einführung in den Zauberberg*, einem Vortrag aus dem Jahre 1939 vor Studenten der Universität Princeton, der ab 1939 den Ausgaben des Romans als Leseanleitung beigegeben wurde – ohne jede Scheu als «modernen Roman», kurz darauf auch als «modernverzwickt». Auf der anderen Seite jedoch entwickelt Thomas Mann, zumal mit Blick auf andere markante Autoren der literarischen Moderne, insbesondere auf Proust und Joyce, ein Problembewusstsein und eine gewisse Skepsis hinsichtlich der Modernität des eigenen Romans und des gesamten Schaffens seit dem *Zauberberg*. So freut er sich regelrecht, wenn er bzw. der *Zauberberg*, aber auch die späteren Arbeiten, nicht zuletzt der *Doktor Faustus*, im Zusammenhang mit Joyce und Proust erwähnt, besprochen oder gar thematisiert werden. Einerseits bezeichnet er sich «im Vergleich mit Joyce» (und in diesem Zusammenhang auch Picasso) als «flauer Traditionalist». Dieses Urteil wird er später, in der *Entstehung des Doktor Faustus*, als «Vorurteil» bezeichnen und weitgehend zurücknehmen; es bleibt nur etwas, was er «traditionelle Gebundenheit» nennt. Auf der anderen Seite aber nimmt er für sich in Anspruch, Joyce «gar nicht so fern» zu stehen. Was man über den *Ulysses* sagt, soll auch für seine Romane gelten: «... ‹Ulysses› is a novel to end all novels.› Das trifft wohl auf den ‹Zauberberg›, den ‹Joseph› und ‹Doktor Faustus› nicht weniger zu ...», so Thomas Mann in der *Entstehung des Doktor Faustus*.

Thomas Mann hebt dabei auf ein Merkmal des Romans ab, das die Romanform selbst aushebelt – so, in seinen Worten, «als käme auf dem Gebiet des Romans heute nur noch das in Betracht, was kein Roman mehr sei» – und gerade dadurch die Modernität des Romans ausmacht: ein Roman, der kein Roman mehr ist. Was Thomas Mann – natürlich nur in indirekter Vermittlung, da «der direkte Zugang zu dem Sprachwerk des Iren» ihm verschlossen sei – am *Ulysses* als ein solches Merkmal der Modernität auffällt, ist, einer *Ulysses*-Interpretation von Harry Levin zufolge, die Tatsache, wonach «Joyce's technique passes beyond the limits of realistic fiction», wie er selbst in seinem späteren Roman *Die Entstehung des Doktor Faustus* zitiert. Demgegenüber behauptet aber Thomas Mann selbst die Modernität seines Romans: «Sie [die Geschichte] arbeitet wohl mit den Mitteln des realistischen Romanes, aber sie ist kein solcher, sie geht beständig über das Realistische hinaus, indem sie es symbolisch steigert und transparent macht für das Geistige und Ideelle.» Übrigens revidiert Walter Benjamin (1892–1940), der in seinem Urteil über Thomas Mann noch von dem realistischen Modell ausgegangen war, nach dem und anlässlich des *Zauberbergs* seine Meinung. Der *Zauberberg* ist ein moderner Roman, nicht zuletzt deswegen, weil er die Diskussion um die Modernität des modernen Romans neu befeuert hat.

87. Erklärt *Doktor Faustus* Hitler? Spätestens (gemessen an der Chronologie der Literaturgeschichte) wenn man Thomas Manns großen Roman *Doktor Faustus. Das Leben des deutschen Tonsetzers Adrian Leverkühn, erzählt von einem Freunde*, der zwischen 1943 und 1947 entstanden und 1947 erschienen ist, in den Blick nimmt, kann man erkennen, welch unglaubliches Potenzial Motiv, Struktur und Sujet des Teufelpaktes für die Literatur bietet. Offensichtlich ist der Teufelspakt nicht auf eine bestimmte Epoche oder eine bestimmte historische Problemkonstellation eingeschränkt. Der Teufelspakt erlaubt es, die Erfahrung des Unerfahrbaren literarisch zu bannen und damit das Unerklärliche zu erklären. Gerade weil der Teufelspakt für moderne Gesellschaften seit dem 18. Jahrhundert so anachronistisch wirken muss, ermöglicht er es der Literatur, ganz aktuelle Phänomene zu thematisieren. Thomas Mann scheint mit seinem Teufelspakt in die Romantik oder noch davor zurückzufallen, wo er den Teufelspakt als Vertrag zwischen dem Teufel und dem Künstler inszeniert.

Serenus Zeitblom, der Freund des Komponisten Adrian Leverkühn, schreibt dessen Lebensgeschichte auf. Natürlich handelt es sich dabei um eine fiktive Biographie. Leverkühn wird 1885 geboren, besucht mit Zeitblom das Gymnasium, interessiert sich sehr für Musik, studiert dann aber Theologie, was er nach vier Semestern abbricht, um sich doch ganz der Musik zu widmen. In Leipzig kommt er in Kontakt mit der Prostituierten Esmeralda, die er später wiedertrifft und von der er die Syphilis bekommt, obschon sie vor ihrem Körper warnt. Leverkühn geht nach Italien, wo es zur Begegnung mit dem Teufel und zum Teufelspakt kommt. 24 Jahre genialischen

Schaffens bekommt Leverkühn vom Teufel, in denen es Leverkühn gelingen soll, eine ganz neue Musik zu schaffen, die die Kompositionsprinzipien des 19. Jahrhunderts hinter sich lässt und so zur neuen Zwölftonmusik vorstößt. Im Gegenzug darf Leverkühn nicht lieben und muss sein restliches Leben in menschlicher und atmosphärischer Kälte verbringen. Leverkühn wird immer einsamer, 1930 ist seine Zeit abgelaufen. Zuletzt lädt er Gäste aus seinem gesellschaftlichen Münchner Umfeld ein, denen er aus seinem letzten Werk, dem Oratorium *Dr. Fausti Weheklag*, vorspielt, und bricht dann physisch, psychisch und mental zusammen und dämmert den Rest seines Lebens nur noch dahin.

Das Entscheidende bei Thomas Mann allerdings besteht darin, dass der Teufelspakt nicht nur auf ästhetischem Gebiet vollzogen wird. Die Biographie von Leverkühn wird von Serenus Zeitblom immer auch mit der deutschen Geschichte verknüpft und damit vor allem mit der Geschichte der Nazidiktatur und des Zweiten Weltkriegs. Zeitblom schreibt sein Manuskript zwischen 1943 und 1945, insbesondere die Kriegsereignisse und der militärische Zusammenbruch der Nazididaktur sind im Roman präsent. Dadurch werden Historiographie und Biographie parallelisiert, das Leben des deutschen Tonsetzers bekommt etwas Paradigmatisches und Beispielhaftes. Leverkühn wird zum deutschen Schicksal par excellence.

Thomas Mann hatte sich schon früher die ideologische Nähe von Künstlertum und totalitärer Ideologie, die er einst selbst erlebt hatte, bewusst gemacht und reflektiert, so zum Beispiel in seiner Novelle *Mario und der Zauberer. Ein tragisches Reiseerlebnis*, die bereits 1930 veröffentlicht wurde, oder in seinem Essay aus dem Jahr 1938 mit dem provokanten Titel *Bruder Hitler*. Mit der Fertigstellung des Romans konnte Thomas Mann die gesamte Geschichte dieses deutschen Verhängnisses, also auch das Ende der Nazidikatur, überblicken und dafür relativ früh ein literarisches Erklärungsmodell für die Frage anbieten, wie Deutschland Hitler so erliegen und bis in die Katastrophe folgen konnte. Er will deutlich werden lassen, warum nicht trotz, sondern gerade wegen deutscher Kulturleistungen ein solcher Rückfall in die Barbarei möglich war.

88. Hat Hermann Hesse den Nobelpreis verdient? Jedenfalls hat er ihn bekommen, 1946. Hermann Hesse (1877–1962) war immer schon ein Autor, der über die Jugend und für die Jugend geschrieben hat, und der Gradmesser seiner Rezeption lag und liegt stets in der Frage, inwieweit er Jugendliche ansprechen konnte. In der Nazizeit war er im deutschsprachigen Bereich verpönt. Dass er 1946 den Nobelpreis bekommen hat, hat zunächst nicht positiv auf die Wertschätzung Hesses gewirkt. Aber dann passiert in den 60er Jahren etwas Eigenartiges. Für eine ganze Generation amerikanischer Jugendlicher wird er zum Kultautor. Offenbar fühlen sie sich in einer bestimmten Weise angesprochen. Zwar kann man sich überlegen, welche Themen Hesse aufgegriffen hat, die dann wieder auf einem ganz anderen Kontinent, zu einer ganz anderen Epoche, unter ganz anderen soziokulturellen Umständen virulent geworden sind, aber das allein erklärt nicht völlig hinreichend, wie es einem Autor gelingen konnte, drei Generationen nach seiner Zeit einen solchen Zuspruch zu finden. Dass Harry Haller, der Held seines in dieser Hinsicht herausragenden Romans *Steppenwolf* (1927), nach dem sich später eine Band benannt hat, Drogen nimmt, um sein Bewusstsein zu erweitern und seine Wahrnehmung so zu verändern, dass daraus eine neue Persönlichkeit entsteht, gehört sicherlich in diesen Kontext. Dass Hesse Versatzstücke fernöstlicher Kulturen und Religionen rezipiert hat, um sie in seine Konzeptionen anderer Erfahrungsräume einzubauen, wird sicherlich auch zu diesem Erfolg beigetragen haben.

Hesse hat offenbar Jahrhundertthemen aufgegriffen, wie insbesondere die Sozialisation Jugendlicher, wobei er – und das scheint ein Geheimnis seines späteren Erfolges gewesen zu sein – nicht so sehr das Sozialisationsziel, sondern den Sozialisierten in den Mittelpunkt seines literarischen Interesses gerückt hat, wie zum Beispiel in dem Roman *Peter Camenzind* (seinem ersten) oder in *Narziß und Goldmund* (1930). Zu seinen berühmtesten Romanen gehören sicherlich *Siddharta* (1922), der gleichermaßen eine exemplarische Jugendgeschichte und eine Geschichte des Erwachsenwerdens auf der Suche nach sich selbst und nach Selbsterkenntnis darstellt, und dann der *Steppenwolf* (1927). Harry Haller ist ein Held von 50 Jahren. Er ist in der Lebenskrise und steckt in tiefer Depression. Er mietet sich in einer fremden Stadt in ein Zimmer ein, verabscheut und beneidet das bürgerliche Leben, lernt dort die androgyne Hermine kennen, die ihn mit Maria bekannt macht. Auf einem Maskenball bekommt er einen Hinweis auf ein magisches Theater, ein Bewusstseinstheater, in dem er verschiedene Wahrnehmungsräume und Lebensoptionen imaginär kennenlernt. Hesses letzter Roman setzt diese Ansätze fort und treibt die Konzeption ins Esoterische. Hesse beginnt *Das Glasperlenspiel. Versuch einer Lebensbeschreibung des Magister Ludi Josef Knecht samt Knechts hinterlassenen Schriften* 1931; der Roman wird 1943 veröffentlicht. Es erzählt die Sozialisationsgeschichte von Josef Knecht, der in einem geheimnisvollen Orden, der sich um das Glasperlenspiel herum gruppiert, zu einem Magister Ludi, zu einem Meister des Spiels, aufsteigt. Vor allem geht es, um es prononciert zu sagen, um so etwas wie selfdesigning oder selffashioning. Und das machte Hesse in einer bestimmten historischen Konstellation so attraktiv.

89. Ist Kästner Moralist? Wer Kinderbücher schreibt, muss ein Moralist sein. Und Erich Kästner (1899–1974) hat sehr erfolgreiche und wunderbare Kinderbücher geschrieben. Kinderbücher leben von der Normvermittlung: ehrlich und aufrichtig zu sein, empathisch und solidarisch, engagiert und hilfsbereit. Weil Normen sehr zeitabhängig sind, sind auch Kinderbücher Konjunkturen unterworfen und veralten sehr schnell. Gute Kinderbücher aber sind davor weitgehend gefeit. Das liegt zum einen an den Normen, die offenbar zeitlos – oder wenigstens nicht so stark zeitbedingt – sind, und zum anderen an der kunstvollen Vermittlung. Kästners erzieherischer Impetus, den er in den Kinderbüchern verfolgt, lässt sich durchaus auf seine Erfahrungen mit und im Nationalsozialismus beziehen. Kästner war ein verbotener Autor. Er hatte Schreibverbot und konnte doch unter Pseudonym (Bertold Bürger) und mit Ausnahmegenehmigung schreiben.

Dass der Nationalsozialismus die Macht ergreifen würde, war aber für ihn keine Überraschung, hat er doch die politische Situation vor 1933 sehr genau durchschaut und darüber auch einen Roman geschrieben, in dem die Frage nach der Moral, nach der Möglichkeit und der Notwendigkeit eines moralischen Lebens zentral behandelt wird, so dass sie sogar Eingang in den Untertitel gefunden hat. Es handelt sich um den Roman *Fabian. Geschichte eines Moralisten*, der in den frühen 20er Jahren in der Weimarer Republik, genauer gesagt: hauptsächlich in Berlin, spielt und der 1931 veröffentlicht wurde. Erzählt wird die Geschichte von Dr. phil. Jakob Fabian, der promovierter Germanist ist, aber als Werbetexter arbeitet. Der Roman schildert die schwierige, aber extrem vielschichtige Situation der Menschen in der Wirtschaftskrise der Weimarer Republik und kann dabei aus dem vollen Leben schöpfen. Soziale, ökonomische und politische

Verwerfungen werden eindrucksvoll geschildert. Der Kampf zwischen den linken und rechten Feinden der jungen Republik wird drastisch inszeniert, Fabian erlebt Schlägereien und Totschlag mit. Aber er durchstreift auch die Halbwelt Berlins, die Bordelle, Kneipen, Ateliers, Salons. Fabian begegnet dieser Welt distanziert, souverän, ironisch und auch pessimistisch, aber seine Erlebnisse verändern seine Haltung. Als er die junge Cornelia Battenberg kennenlernt und sie sich wechselseitig verlieben, ist Fabian in der Lage, Empathie, Engagement und Optimismus zu entwickeln. Aber gerade in dieser Situation wird es für ihn schwierig, sich zu behaupten. Er verliert seinen Arbeitsplatz, ein Kollege klaut seine Ideen. Fabian wird vor allem durch die unglückliche Liebesgeschichte mit Cornelia Battenberg desillusioniert oder besser: des-ironisiert. Weil sie gerne als Schauspielerin Karriere machen möchte, schläft sie sich nach oben. Fabian verlässt sie und schließlich auch Berlin und kehrt in seine Heimatstadt zurück. Eine Arbeit bei einer rechtsgerichteten Zeitung schlägt er aus. Als er einen Jungen entdeckt, der in einen Bach gefallen ist und zu ertrinken droht, springt er ins Wasser, um ihn zu retten, obwohl er selbst nicht schwimmen kann. Der Junge kann sich alleine retten, aber Fabian ertrinkt. Der letzte Satz lautet daher auch: «Lernt schwimmen!»

Selten kann man bei einem Buch so deutlich angeben, was denn nun die Moral von der Geschichte ist. Dieser Imperativ, schwimmen zu lernen, ist eine moralische Norm. Und im Grunde genommen ist dieser Imperativ eine Warnung genauso wie ein Appell. Gemeint ist damit natürlich auch, obenauf zu bleiben, nicht unterzugehen, und das bedeutet, Distanz zu wahren, realistisch zu bleiben und vor allem nicht von der Moral, von moralischen Prinzipien abzulassen. Die Welt, die Kästner in diesem Roman beschrieben hatte, war allerdings drauf und dran, von der Moral abzulassen. Kästner blieb immer Moralist.

90. Wie episch ist Brechts *Mutter Courage*? Auf dem Gebiet des Dramas und nicht zuletzt der Dramentheorie und ihrer praktischen Umsetzung hat Bertolt Brecht (1898–1956) Erstaunliches geleistet, und es ist nicht verkehrt, ihn in einem Atemzug – in einer chronologischen Folge – mit Aristoteles und Lessing (siehe Frage 36) zu nennen. Brecht entwickelte eine radikal neue Definition des Theaters, die das Theater als Institution der politischen Aufklärung und des politischen Kampfes begriff. Eine Idee des Theaters, die den Zuschauer in seinen Bann zieht, um ihn zu unterhalten, war Brecht zuwider. Er sprach von einem kulinarischen Theater, das Stücke auf die Bühne bringt, die der Zuschauer regelrecht verschlingen kann, von denen aber keine nachhaltige Wirkung und keine Veränderung des Zuschauers ausgehen. Brecht aber wollte politisch wirken. Wenn aber die kulinarische Wirkung des Theaters dieses Potenzial verhinderte, so kam es in der Logik von Brechts Theatertheorie, die er schon früh, in den 20er Jahren, auch zusammen mit Erwin Piscator, experimentell entwickelte und die er 1948 in seinem *Kleinen Organon für das Theater* systematisch reflektierte, darauf an, diese Funktion der bloßen Unterhaltung zu unterminieren. Aus dieser Überlegung heraus entwickelte sich eine Theaterform, die dann unter dem Namen des epischen Theaters in die Theatergeschichte eingehen sollte. Der Begriff allein macht deutlich, dass hier zwei Gattungsbegriffe zusammengebunden werden. Das Theater sollte epische Elemente enthalten, die die dramatische Darstellung unterbrechen. So sollte es möglich werden, den Zuschauer aus seiner passiven Rezeptionshaltung herauszuholen, ihn zu belehren, ihn politisch zu schulen oder zu indoktrinieren oder ihn gar zum Handeln zu motivieren. Diese epischen Elemente konnten allerlei Störelemente sein, die den Gang der Dramenhandlung unterbrechen, zum Beispiel Lieder, die noch einmal konzentriert und sentenzhaft zusammenfassen, was als Quintessenz der gespielten Szenen zu gelten hatte. In der Inszenierung ließen sich noch viele weitere Möglichkeiten denken, um die Handlung durch solche Verfremdungseffekte oder V-Effekte zu unterbrechen.

Zu den markantesten Stücken des epischen Theaters gehört sicherlich das Drama *Mutter Courage und ihre Kinder*, das Brecht 1938/39 im schwedischen Exil geschrieben hat, das 1941 in Zürich uraufgeführt wurde und eine zweite, sehr erfolgreiche Neuinszenierung in Ost-Berlin in der sowjetischen Besatzungszone durch das Berliner Ensemble am Deutschen Theater am 11. Januar 1949 erfuhr. Das Drama spielt im 30-jährigen Krieg zwischen 1624 und 1636 und ist in zwölf Bilder aufgeteilt. Das Drama hat also keine durchgängige Handlung mehr und zeigt lediglich Stationen seiner Titelheldin. Mutter Courage wird die Marketenderin Anna Fierling genannt, weil sie anscheinend sehr mutig mitten im Kriegsgeschehen ihrem Geschäft nachgeht. Aber in Wirklichkeit stellt sie nur ihre Geschäftsinteressen höher als ihr eigenes Wohl oder vor allem das ihrer drei Kinder, die sie während des Krieges von drei verschiedenen Männern empfangen hat: Eilif, ihr ältester Sohn, dann Schweizerkas, und das jüngste Kind ist die stumme Kattrin, die ihre Stimme verloren hat, als sie als Kind von Soldaten überfallen und gefoltert wurde. Das Drama erzählt die Geschichte, wie die Mutter Courage ihre drei Kinder verliert, weil sie das Geschäft immer wichtiger als ihre Kinder nimmt.

Die Lehren des Stücks können deutlich herauspräpariert werden. Kapitalismus und Krieg gehen eine unheilvolle Allianz ein. Weil die Mutter Courage nichts über diese Zusammenhänge lernt, schafft sie für die Zuschauer die Möglichkeit, dass diese sie durchschauen und begreifen. Doch sosehr dieses Stück auch als Musterfall des epischen Theaters gilt, so gibt es in seiner Anlage doch ein Moment, das im Widerspruch zum Konzept des epischen Theaters steht. Aber weit entfernt, dass dieser Widerspruch dem Drama dadurch einen Abbruch tue, scheint dieser vielmehr zum Erfolg dieses Dramas bis heute beizutragen. Die Mutter Courage wird gerade in dieser Zerrissenheit zwischen Mutter- und Geschäftspflichten zu einer Identifikationsfigur, deren Unglück und Leid den Zuschauer dazu bringt, sich in die Geschichte einzufühlen. So könnte man fragen, ob nicht die Mutter als Typus so viel Affektpotenzial mit sich bringt und beim Zuschauer so viel Empathie auslöst, dass dadurch der Verfremdungseffekt konterkariert wird.

Nachkriegszeit und Gegenwart

91. Ästhetisiert Celans *Todesfuge* den Holocaust?

Der Holocaust wird zu einem fundamentalen Thema nicht nur der deutschsprachigen, sondern der Weltliteratur. Beim Thema Holocaust erweist sich Literatur als ein wesentlicher Teil einer Erinnerungskultur, weil sie aufgerufen ist, Zeugnis abzulegen und Erinnerung zu stiften und zu bewahren. Demgegenüber kann man fragen: Ist die Ästhetisierung ein Teil der Erinnerungsarbeit oder eine Verharmlosung? Im deutschsprachigen Bereich wurde diese Diskussion durch einen einzigen Satz des Philosophen, Soziologen und Kulturkritikers Theodor W. Adorno (1903–1969) ausgelöst, der in der Folgezeit häufig falsch zitiert und falsch verstanden wurde. Adorno hätte gesagt, dass man nach Auschwitz keine Gedichte mehr schreiben dürfe. Das Missverständnis ließ sich dann leicht rechtfertigen mit dem Hinweis, Gedichte würden die Welt insgesamt ästhetisieren, aber die Welt könne und dürfe nach Auschwitz nicht mehr ästhetisiert werden. Und so entspann sich eine weitreichende Diskussion, an der eine Reihe von Autoren teilnahm, welche veränderte Bedeutung Literatur und Kunst nach Auschwitz denn zugesprochen werden müsse oder solle. Tatsächlich hat Adorno in seinem Essay *Kulturkritik und Gesellschaft* aus dem Jahr 1951 den Satz geschrieben: «Nach Auschwitz ein Gedicht zu schreiben, ist barbarisch, und frisst auch die Erkenntnis an, die ausspricht, warum es möglich ward, heute Gedichte zu schreiben.» Pointierte Stimmen haben daraufhin betont, dass es gerade nach Auschwitz darauf ankomme, Gedichte zu schreiben und Kunst zu produzieren.

Paul Celan (1920–1970) war derjenige Autor (wie neben ihm vielleicht nur noch Nelly Sachs, 1891–1970), dessen gesamtes Werk sich immer wieder um die Frage dreht, wie man denn nach Auschwitz Gedichte schreiben könne. Er wurde als Paul Antschel in Czernowitz geboren und hat den Holocaust am eigenen Leib erfahren. 1941 wurden dort die Juden und damit auch seine Familie interniert, 1942 wurden seine Eltern deportiert, sein Vater starb an Typhus, seine Mutter wurde ermordet. 1945 kam Celan nach Bukarest, von dort floh er nach Wien. Schon 1948 zog er nach Paris, wo er heiratete, arbeitete und schrieb und am 20. April 1970 Selbstmord beging. Sein berühmtestes Gedicht ist vielleicht auch das berühmteste Gedicht über den Holocaust: *Todesfuge*. Er hat das Gedicht 1944 geschrieben, es wurde zuerst in Rumänien in rumänischer Übersetzung unter dem Titel *Todestango* veröffentlicht, die deutsche Veröffentlichung erfolgte 1948 in Celans Gedichtband *Der Sand in den Urnen*.

Dieses Gedicht wurde später berühmt und geradezu beliebt – und Celan ging auf Distanz. Was Celan störte, war der Umstand, dass das Gedicht mit seinem größeren Bekanntheitsgrad immer eingängiger wurde. Tatsächlich war es leicht, die Chiffren als ästhetische Formeln zu verstehen, die den Holocaust nicht so sehr zum Ausdruck bringen als ihn vielmehr verschleiern oder gar ästhetisieren. Das beginnt schon mit dem Bild am Eingang des Gedichts, wo es heißt:

> Schwarze Milch der Frühe wir trinken sie abends
> wir trinken sie mittags und morgens wir trinken sie nachts
> wir trinken und trinken

Eine solche Chiffrensprache wurde später typisch für Celan, auch wenn er seine Ausdrucksweisen wesentlich verfeinerte und veränderte. Daraus resultierte für seine Leser der Eindruck des Dunklen, Opaken und Geheimnisvollen. Gegen einen solchen Lektüreeindruck hat sich Celan stets gewehrt, der seine Gedichte immer als ‹realistisch› ansah. Er wehrte sich vor allem gegen eine Lektüre, die vergaß, auf das zu blicken, was hinter und in den Chiffren zum Vorschein kommt. Auch in der Todesfuge gibt es Sätze von einem erschreckenden Realismus, wenn es beispielsweise heißt: «wir schaufeln ein Grab in den Lüften da liegt man nicht eng», was natürlich den Gedanken an die Einpferchung und die Vergasung von Menschen und die Verbrennung der Leichen evoziert. Dass dies auch Teil einer Kultur ist, die Goethes *Faust* hervorgebracht hat, wird gleichermaßen angesprochen, wenn es zum Ende des Gedichts heißt: «dein goldenes Haar Margarete / dein aschenes Haar Sulamith». Celan setzt sich mit einer Spaltung auseinander, die sein Leben schmerzlich bestimmen wird. Die Sprache seiner Gedichte ist seine Muttersprache, die Sprache seiner geliebten Mutter, aber zugleich auch die Sprache der Mörder seiner Mutter, der Täter im Holocaust. Vor diesem Hintergrund ist auch die Eingangsfrage differenzierter zu beantworten. Ästhetisierung und Erinnerung sind keine Gegensätze, und Ästhetisierung bedeutet nicht notwendigerweise Verharmlosung, sondern ist vielleicht auch das Medium, um das Unbegreifbare doch begreifen zu können.

92. Warum sterben Deutsche in Italien? Die Stunde Null, die Idee vom völligen Neuanfang Nachkriegsdeutschlands nach der Nazidikatur, ist in jeder Hinsicht, vor allem in politischer und kultureller, ein historischer Mythos, der auch für die Literatur gilt. Einen Neuanfang einer deutschen Literatur besonders in der Bundesrepublik gab es vor allem dort, wo dieser Mythos der Stunde Null selbst explizit oder implizit Thema wurde. Die neue Literatur der Bundesrepublik Deutschland hatte, nachdem man verschiedenste Ansätze, zum Beispiel an religiöse Sinnstiftungsmodelle oder an Schreibweisen aus der Vorkriegstradition anzuknüpfen, hinter sich gelassen hatte, drei wichtige Themen: die Verstrickung der Deutschen in den Nationalsozialismus und seine Nachwirkungen bis in die bundesrepublikanische Gesellschaft hinein, den Holocaust (siehe Frage 91) und schließlich die Verfasstheit der neuen westlichen, kapitalistischen Gesellschaft der Bundesrepublik. Bisweilen wurden diese Themen auch miteinander verknüpft, so zum Beispiel in Wolfgang Koeppens (1906–1996) Roman *Tod in Rom* (1954). Dieser Roman erzählt die Lebensgeschichten von Figuren, die in den Nationalsozialismus verstrickt waren, von Tätern und Opfern. In Rom treffen zwei Familien aufeinander, die Pfaffraths bzw. die Judejahns auf der einen Seite und die Kürenbergs auf der anderen. Siegfried Pfaffrath will in Rom seine Symphonie aufführen, Kürenberg soll sie dirigieren. Der Vater von Siegfried billigte die Enteignung und Ermordung von Kürenbergs Schwiegervater; sein Schwager ist der ehemalige SS-General und verurteilte Kriegsverbrecher Gottlieb Judejahn, der nicht gefasst wurde und sich nun als Waffenhändler für einen arabischen Staat in Rom aufhält. Das Panorama der Figuren wird noch ergänzt durch Judejahns Sohn Adolf, der in Rom Priester werden will. Die einen sind bereit, die Vergangenheit ruhen zu lassen, die anderen wollen nicht daran erinnert werden, wieder andere sind nach wie vor Nazis, verstecken aber ihre wahre Gesinnung.

Der *Tod in Rom* ist auch eine Anspielung auf den *Tod in Venedig*. Gerade wenn man beide Texte, den von Thomas Mann und den von Koeppen, aufeinander projiziert, erkennt man gewisse Traditionslinien, aber auch die Entwicklung der deutschen Literatur in der jungen Bundesrepublik, zu der Thomas Mann bis zu seinem Tod 1955 immer noch beitragen, die er aber nicht mehr prägen wird. Gustav von Aschenbach (siehe Frage 83) und Gottlieb Judejahn sind deutsche Schicksale, so unterschiedlich die Figuren auch sein mögen, doch gleichermaßen ebenso Ausdruck einer Mentalität, die hier vorgeführt wird und die nicht getilgt werden kann, nur weil sich äußere politische Strukturen ändern. Judejahns Ideologie und Siegfried Pfaffraths (ein Tonsetzer wie Adrian Leverkühn oder wie jener Gustav von Aschenbach, den Visconti später verfilmen wird) Symphonie sind nur zwei Pole einer deutschen Kultur, die Koeppen mit seinem Roman analysiert. Italien bleibt als deutscher Sehnsuchts- und diesmal auch Schicksalsort Projektionsfläche.

93. Wie gehen Gesellschaftskritik und Sprachartistik zusammen?

Wer die Literatur und dabei vor allem die Romanliteratur der jungen Bundesrepublik studieren will, kann einmal versuchen, herauszubekommen, wie Romane die Gesellschaft der Bundesrepublik beobachten. Dieser Fokus auf die Gesellschaft macht auch aus der Literatur der jungen Bundesrepublik im weitesten Sinne eine realistische Literatur, obschon kaum mehr etwas an den Realismusbegriff aus dem 19. Jahrhundert erinnert. Die sozialen und ökonomischen Strukturen sind ganz andere, was nicht zuletzt daran abgelesen werden kann, dass sich Kategorien wie Kleinbürgertum und Proletariat auflösen, es zu ganz anderen Formen der Partizipation an der Gesellschaft kommt und es ganz andere bürgerliche Verkehrsregeln gibt. Damit aber ändern sich auch die Erzählverfahren und die Funktionalisierung von Literatur. Die junge Bundesrepublik hat eine Fülle von neuer und neuartiger Erzählliteratur hervorgebracht, die man erst langsam zu überblicken beginnt. Zu den Autoren, die dieses Projekt vorangetrieben haben, gehören neben vielen anderen ganz prominent auch Wolfgang Koeppen (siehe Frage 92), Arno Schmidt (1914–1979), Heinrich Böll (1917–1985), Siegfried Lenz (geb. 1926), Martin Walser (geb. 1927), Günter Grass (geb. 1927) (siehe Frage 96) und Uwe Johnson (1934–1984), um nur die bekanntesten Namen zu nennen.

Heinrich Böll hat selbst heute noch eine große Fangemeinde, er hat auch die wichtigsten Literaturpreise erhalten, den Literatur-Nobelpreis 1972 und den Büchner-Preis schon 1967, doch ein großer Autor ist er wohl nicht. Sein Thema war die bundesrepublikanische Gesellschaft, ihre NS-Verstrickung, ihre totalitären Tendenzen, ihr falscher Katholizismus, aber bis auf wenige herausragende Texte (*Dr. Murkes gesammeltes Schweigen*) ist sein Erzählen zu statisch, verglichen mit dem anderer Autoren.

Es entwickeln sich viele Formen einer literarischen Beobachtung der jungen bundesrepublikanischen Gesellschaft. Im Jahr 1957 erscheint der erste Roman von Martin Walser, der schon 1951 über Kafka promoviert wurde: *Ehen in Philippsburg*. Philippsburg ist eine erfundene Großstadt, sozusagen die deutsche Modellstadt. Der Roman erzählt vor allem die Geschichte von Hans Beumann, der aus ärmlichen Verhältnissen kommt, dem es aber gelingt, als sich ihm die Chance bietet, soziale Verbindungen zu nutzen und in dieser Gesellschaft aufzusteigen. In einer solchen Gesellschaft kann ein Schriftsteller nicht bestehen, wie es der Selbstmord des erfolglosen Bertold Klaff demonstriert. Es gilt vielmehr dazuzugehören. So wird von einem exklusiven Nachtclub erzählt, zu dem die Mitglieder nur mit einem Schlüssel Zutritt haben. Er wird zu einem Modell der Gesellschaft, und so wird deutlich, wie diese Gesellschaft funktioniert, indem sie Mitgliedern Zutritt gewährt und andere ausschließt.

Auch Arno Schmidt ist ein bemerkenswerter Autor, der bis heute polarisiert. Auf der einen Seite steht eine Fangemeinde, die ihn als Kultautor verehrt, auf der anderen Seite finden sich diejenigen, die ihn ablehnen. Als er 1960 einen größeren Roman, *KAFF auch Mare Crisium*, veröffentlicht, sind diesem schon eine Reihe epischer Arbeiten vorangegangen. Der Roman hat einen Rahmen, der nur von einem Wochenendausflug am 28./29. Oktober 1959 erzählt; Karl Richter fährt mit seiner Freundin Herta Theunert in deren Isetta, einem Kleinwagen aus den 50er Jahren, zu seiner verwitweten Tante nach Giffendorf in die norddeutsche Provinz. Da Karl Herta auch davon überzeugen will, mit ihm ein gemeinsames Leben zu führen, versucht er, sie zu unterhalten, indem er ihr eine phantastische Geschichte einer Science-Fiction-Vision erzählt, in der im Jahr 1980 die Menschheit fast ausgestorben ist und nur noch die Amerikaner und die Russen auf dem Mond Stationen unterhalten, aber sich nach wie vor in einem Kalten Krieg befinden. Allein die äußere Erscheinungsform, so ungewohnt sie seinerzeit war, ist heute als Markenzeichen von Arno Schmidt sofort wiedererkennbar. Eine eigentümliche Schreibweise der Wörter, was nicht nur die Orthographie, sondern auch ihre Typographie betrifft, eine exzessive Zeichensetzung, Neologismen, das Druckbild der Seiten, das die Binnengeschichte einrückt: all das zwingt den Leser, sich auf diese stilistische wie graphische Diktion einzulassen – oder stößt ihn ab. Doch mit dieser Erzählung und ihrer überbordenden Sprachgestalt hat Schmidt doch eine spezifische literarische Abbildung der bundesrepublikanischen Gesellschaft geschaffen. Und das ist vielleicht das Bemerkenswerte an Arno Schmidt. Seine literarische Phantasie bewegt sich in den engen Grenzen überkommener Rollenbilder. Kaum jemals sind die Frauen bei ihm emanzipiert, im Vordergrund steht vielmehr der intellektuelle Mann; sprachlich aber hat Arno Schmidt ein Markenzeichen geschaffen.

94. Wo bleibt der Verfremdungseffekt bei Dürrenmatt? Die neuere Schweizer Literatur besteht nicht nur aus Max Frisch (1911–1991) und Friedrich Dürrenmatt (1921–1990). Und doch haben diese beiden Autoren ab den 60er Jahren das Bild der Schweizer Literatur so nachhaltig geprägt und gleichzeitig so bedeutsam zur deutschsprachigen Literatur der Nachkriegszeit beigetragen, dass dieser Eindruck bisweilen schon entstehen kann. Abgesehen davon, dass beide Autoren sich intensiv mit ‹ihrer› Schweiz auseinandersetzen, stehen sie auch in einem größeren literaturgeschichtlichen Zusammenhang der deutschsprachigen Literatur. Das wird zum Beispiel an der Bedeutsamkeit von Bertolt Brechts Schaffen für diese beiden Autoren offenbar. Mit Brecht wurde spätestens zur Jahrhundertmitte hin deutlich, dass es für das Theater nicht mehr darum gehen kann, Wirklichkeit abzubilden, indem man sie auf die Bühne bringt. Es kann aber auch nicht mehr darum gehen, mit neuen Formen das Publikum zu irritieren oder zu provozieren, weil auch solche Formen immer noch auf einem ‹klassischen› Theaterkonzept beruhen, das die Zuschauer in irgendeiner Weise affizieren will. Vielmehr kommt es Brecht zufolge darauf an, dem Zuschauer eine Erkenntnis über die Welt zu vermitteln. Dürrenmatt hätte Brecht wohl zugestimmt, aber dann sofort hinzugefügt, dass die Erkenntnis zu seiner Zeit wohl darin bestehen müsse, dass solche Erkenntnisse nicht mehr vermittelbar seien, weil die Welt zu komplex, zu unübersichtlich und deswegen auch zu absurd und grotesk geworden sei. Dürrenmatt hebt dabei vor allem auf eine klassische Dramenform, die Tragödie, ab, weil bei ihr am besten ein traditionelles Weltbild zum Ausdruck kommt. In der Tragödie muss es Schuld und Verantwortung geben, woraus sich der dramatische Konflikt entwickelt. In Dürrenmatts Diagnose der Gegenwart sind jedoch solche Kategorien wertlos geworden, weil die Welt immer absurder geworden ist, so dass sie nur noch grotesk dargestellt werden kann. Es ist folglich nicht mehr möglich, Tragödien zu schreiben. Statt dessen muss das Drama auch in der Tragödie dieses groteske Element berücksichtigen, und das ist nur noch in der Tragikomödie möglich, von der Dürrenmatt grandiose Beispiele geschaffen hat.

Seine berühmteste Tragikomödie ist sicherlich *Der Besuch der alten Dame*. In diesem Stück wird das Schicksal einer fiktiven Schweizer Stadt Güllen auf die Bühne gebracht. Güllen ist heruntergekommen und pleite. Eines Tages sagt sich reicher Besuch an. Claire Zachanassian, ehemals Kläri Wäscher, die mittlerweile unglaublich reich geworden ist, kommt in die Stadt. Die Bewohner versprechen sich dadurch eine Geldspritze und ökonomischen Aufschwung. Der Krämer Alfred Ill, der seinerzeit mit ihr liiert war, soll eine besondere Rolle bei dem Empfang spielen. Claire Zachanassian ist sogar bereit, Güllen eine Milliarde zu schenken, aber sie stellt eine irrsinnige Bedingung: Sie will sich Gerechtigkeit kaufen. Die Güllener sollen Alfred Ill, der sie seinerzeit schwanger hat sitzen lassen, umbringen. Zu Beginn lehnt der Bürgermeister das Angebot entrüstet ab, aber die Bewohner machen so viel Schulden, so dass sie gar nicht anders können, als das Angebot anzunehmen. Gerechtigkeit kaufen meint, jene Gesellschaft zu inkriminieren, die überhaupt erst die Grundlage für das ihr angetane Unrecht geliefert hat. Claire Zachanassian will, dass die Güllener schuldig werden, und dafür opfert sie Alfred Ill. Schuld ist keine individuelle Kategorie, sondern unfassbar geworden; sie changiert zwischen sozialer Unvermeidlichkeit und ökonomischer Konstruktion.

Brecht hat dabei auf den Verfremdungseffekt gesetzt, der es dem Zuschauer einerseits unmöglich machen sollte, das Drama kulinarisch zu genießen, und ihn andererseits in den Stand versetzen sollte, die bedingenden Strukturen zu erkennen (siehe Frage 90). Wo ist der Verfremdungseffekt bei Dürrenmatt geblieben? Der Verfremdungseffekt hat sich bei Dürrenmatt in die Handlung selbst hineinverlagert; er ist als Reigen grotesker Elemente selbst Teil des Bühnengeschehens geworden.

95. Welche Rolle spielt Inzest in Max Frischs Roman *Homo Faber*? Inzest ist ein grundlegendes Faszinosum der Literatur, das sich nicht auf eine bestimmte Epoche, einen bestimmten ideologischen Rahmen oder ein bestimmtes anthropologisches Modell einschränken lässt. So hat beispielsweise Ulrike Draesner (geb. 1962) in ihrer Erzählung *Zucken und Zwinkern* (veröffentlicht im Erzählband *Hot Dogs* 2004) ein geschwisterliches Inzestverhältnis geschildert, mit dem sie sich auf die Erzählung *Wälsungenblut* von Thomas Mann bezieht (die schon 1906 erscheinen sollte, aber aus Rücksichtnahme auf die Familie seiner Frau erst 1921 publiziert wurde), die sich ihrerseits wiederum auf Richard Wagners *Ring des Nibelungen* und insbesondere auf *Die Walküre* (uraufgeführt 1870) bezieht.

Tatsächlich scheinen sich beim Inzest anthropologische Universalien und kulturelle Spezifika miteinander zu verschränken. Der Inzest wird kulturübergreifend tabuisiert, und das Tabu changiert zwischen biologischer Vererbungslehre und sozialer Norm. In jedem Fall aber wird Inzest zum Musterfall kulturbegründender Normierung, und genau in dieser Doppelperspektive zwischen Natur und Kultur kann der Inzest auch heute noch die Literatur faszinieren.

Max Frischs Roman *Homo Faber* aus dem Jahr 1957 spielt mit Authentizitätssignalen, immerhin lautet sein Untertitel *Ein Bericht*. Der Protagonist, Walter Faber, gibt einen Bericht seines Lebens bis hin zu dem Termin einer schwierigen Operation, bei der offenbleibt, ob er sie überleben wird. Walter Faber ist ein Homo faber, heute würde man sagen: ein Macher. Er ist Ingenieur, er denkt rationalistisch und technizistisch, er verabscheut alles Kreatürliche und Natürliche und hält insofern auch Frauen auf Abstand. Er reist mit dem damals modernsten Flugzeug der Welt, was typisch für ihn ist, von New York nach Südamerika, aber das Flugzeug stürzt ab. Nach einer Reise in den Urwald kehrt Faber nach New York zurück und reist anschließend mit dem Schiff nach Europa. An Bord verliebt er sich in die junge Sabeth, mit der er anschließend eine Reise durch Europa unternimmt, die sie bis nach Griechenland, Athen, führt, wo Sabeth ihre Mutter treffen will, die dort arbeitet. Faber vermutet, Sabeth könnte seine Tochter sein, doch als er ihren Zeugungstermin errechnen will, verrechnet er, für den alles berechenbar erscheint, sich. Sabeth stirbt nach einem Sturz. Und Faber muss erkennen, dass Sabeth tatsächlich seine Tochter ist, jenes Kind mit Hanna, das er im Jahr 1936 nicht akzeptieren wollte.

Der Inzest scheint ein Residuum einer prärationalistischen Welt zu sein, das immer wieder in die moderne, technische Welt einbricht und dem Menschen die Grenzen von Berechenbarkeit und Beherrschbarkeit vorführt. Gerade eine solche Auffassung vom Inzest verleiht ihm eine moderne literarische Funktion: nämlich bestimmte Strukturen von Weltanschauungen transparent werden zu lassen.

96. Wann wurde im Allgäu Literaturgeschichte geschrieben? Schriftsteller sind die härtesten Kritiker von Schriftstellern. Das konnte man immer wieder bei der Gruppe 47 erleben. Dabei handelte es sich um eine lose Vereinigung von Schriftstellern, die jedes Jahr einmal auf Einladung von Hans Werner Richter (1908–1993) an unterschiedlichen Orten zusammenkamen, um ihre eigenen Texte zu diskutieren. Eingeladen waren neben dem Kreis von Autoren auch Gäste, insbesondere Kritiker, immer in wechselnden Konstellationen. Zudem wurde ab 1950 ein Preis verliehen, mit dem vor allem junge und noch weniger bekannte Autoren gefördert werden sollten.

Am 1. November 1958 geschah etwas Bemerkenswertes. Es las ein junger Autor, der bereits einige Gedichte und Theaterstücke veröffentlicht hatte, aber noch keinen großen Roman. Er las aus seinem neu entstandenen Roman das erste Kapitel, und alle waren begeistert von dieser neuen, bislang ungehörten Erzählkraft, die sich hier Bahn brach. Schon der erste Satz musste die Zuhörer in den Bann dieses außergewöhnlichen Romananfangs schlagen: «Zugegeben: Ich bin Insasse einer Heil- und Pflegeanstalt, mein Pfleger beobachtet mich, lässt mich kaum aus dem Auge; denn in der Tür ist ein Guckloch, und meines Pflegers Auge ist von jenem Braun, welches mich, den Blauäugigen, nicht durchschauen kann.» Die Rede ist vom Treffen der Gruppe 47 im Jahr 1958 im Historischen Gasthof Adler in Großholzleute im Allgäu. Hier las Günter Grass (geb. 1927) das erste Kapitel seines Romans *Die Blechtrommel*, der dann 1959 erschien. Damit wurde eine ganz neue Erzählerstimme hörbar, eine epische Kraft spürbar, eine Lust am Fabulieren, die zu dieser Zeit geradezu revolutionär neu war, paradoxerweise auch deshalb, weil sie auf sehr alte Romantraditionen zurückgriff, insbesondere – mit dem Helden des Romans Oskar Matzerath – auf die Tradition des Pikaro- oder Schelmenromans. Der Roman erzählt in drei Büchern Oskars Geschichte von seiner Vorgeschichte und Geburt und Kindheit im Danzig der Zwischenkriegszeit, dann im Danzig, das von den Nazis okkupiert wurde, während der Kriegszeit und im letzten Buch in der jungen Bundesrepublik. Oskars Kennzeichen besteht darin, dass nicht er sich entwickelt, sondern statisch bleibt und dafür umso besser die eigentümlichen Strukturen und katastrophischen Tendenzen seiner Umwelt beobachten und reflektieren kann. Sein Blick hat etwas Entlarvendes, das betrifft die sexuellen Triebphantasien der Erwachsenen ebenso wie ihre politische Verstrickung. Kleinwüchsigkeit und

Hellsichtigkeit, Kindlichkeit und Subversion gehen bei ihm eigentümlich zusammen und verleihen dieser Figur ein immenses narratives Potenzial, das der junge Erzähler und Autor Günter Grass souverän auszuspielen versteht. *Die Blechtrommel* hat damit nicht nur eine zu ihrer Zeit völlig neue und innovative, unübliche und provokante Form gefunden, Geschichte und nicht zuletzt das «Dritte Reich» zu thematisieren, sondern auch vom Erzählen zu erzählen und beides in unbändiger Fabulierlust aufeinander zu beziehen.

97. Sind Sportnachrichten Literatur? Wie passen eigentlich der frühe und späte Peter Handke (geb. 1942) zusammen? Der frühe Handke hatte Lust, seine Leser und sein Publikum (im Theater), aber nicht zu vergessen auch seine Schriftstellerkollegen zu provozieren, der späte Handke verlegt sich eher auf die Entfaltung einer souveränen ästhetischen Position in seinen Romanen. Was seine Literatur über die unterschiedlichsten Phasen seines Werkes hin auszeichnet, war und ist das Bemühen, mit Kunst bestehende Strukturen zu transzendieren, womit immer auch eine Reflexion der künstlerischen Möglichkeiten und Grenzen einherging und -geht. Im Jahr 1969 veröffentlichte Peter Handke in seinem Gedichtband *Die Innenwelt der Außenwelt der Innenwelt* ein Gedicht, das irritieren musste. Es bestand lediglich im Abdruck der Aufstellung einer Fußballmannschaft und hieß auch so: *Die Aufstellung des 1. FC Nürnberg vom 27.1.1968*. Man hat dieses Gedicht in Verbindung gebracht mit einer anderen Ausdrucksweise avantgardistischer Kunst, die allerdings schon sehr viel früher entwickelt wurde, nicht zuletzt von Marcel Duchamps (1887–1968), der zum Beispiel ein Urinal oder einen Flaschentrockner im Museum ausstellte, nämlich das *ready-made* oder *objet trouvé*. Tatsächlich könnte man eine solche Mannschaftsaufstellung, die Handke einer Zeitungsmeldung oder Sportnachricht entnommen hat, als ein solches literarisches *objet trouvé* bezeichnen, das keine Literatur ist, das nur zur Literatur wird, weil es in einem Gedichtband veröffentlicht wurde. Das würde bedeuten, dass man Literatur über ihren Publikationsort definiert. Dieses Gedicht ist also eine ästhetische und eine literaturtheoretische Provokation, weil es die Frage aufwirft, was denn Literatur sei oder wann bzw. unter welchen Umständen Literatur Literatur sei. Nach den gesellschaftlichen Verwerfungen, die um das Jahr 1968 zutage getreten sind, waren grundsätzliche Fragen nach dem Wesen oder Charakter, nach der Funktion und nach den

Möglichkeiten von Literatur und Kunst an der Tagesordnung. Literatur und Kunst sollten nicht mehr der literarische Text und das Kunstwerk sein, sondern Literatur und Kunst bestanden in einem permanenten Diskurs über die genannten Fragen, was denn Literatur und Kunst ausmache.

98. Ist de Sade ein Revolutionär? Der Marquis de Sade (1740–1814) ist berüchtigt. Ist doch von seinem Namen der Begriff des Sadismus abgeleitet. Und überhaupt umgibt allein seinen Namen der Mythos von sexueller Perversion. Doch de Sade war ein radikaler Aufklärer und Kritiker. Der von ihm propagierte Figurentypus des Libertins ist weniger eine literarische Phantasie als vielmehr ein philosophisches Prinzip. Auf königlichen Befehl hin verhaftet, hat selbst die Französische Revolution sein Schicksal nicht gewendet; er blieb eingesperrt, kam aber in eine Irrenanstalt, er wurde entlassen angeklagt, wieder eingesperrt, zum Tode verurteilt, wieder entlassen und unter der Regentschaft Napoleons endgültig in einer Irrenanstalt festgesetzt.

Das ist der Hintergrund, vor dem ein weltberühmtes und exorbitantes Theaterstück von Peter Weiss (1916–1982) spielt: *Die Verfolgung und Ermordung Jean Paul Marats dargestellt durch die Schauspielgruppe des Hospizes zu Charenton unter Anleitung des Herrn de Sade*. Aufgrund des langen Titels nennt man es auch kurz: *Marat/Sade*. Es wurde am 29. April 1964 am Berliner Ensemble uraufgeführt; das Stück selbst spielt am 13. Juli 1808, hat aber eine Binnenhandlung, die Ermordung des Jean Paul Marat, die 15 Jahre zuvor am 13. Juli 1793, also mitten in der Französischen Revolution, angesiedelt ist. Das Drama zeigt uns, wie de Sade in der Irrenanstalt mit den Irren selbst ein Drama aufführt.

Peter Weiss' Drama entfaltet somit eine autoreflexive Struktur: Er schreibt ein Drama, in dem ein Drama aufgeführt wird. Gleichzeitig wird aber auch diese rahmende Ebene wieder unterbrochen, zum Beispiel dadurch, dass der Mord an Marat mehrfach gespielt wird und dass ein Ausrufer auftritt, der wiederum das Konzept von de Sades Inszenierung kommentiert und erläutert. Gerade dort, wo die aktuelle Gegenwart der Ära Napoleons thematisiert wird, kann man diese Äußerungen auch auf die Gegenwart des Dramas selbst, die Zeit der Bundesrepublik in der Adenauer-Ära, beziehen, insbesondere dort, wo es um das Verhältnis einer stabilen bürgerlichen Gesellschaft und die Bedingungen einer Revolution geht. Das Stück im Stück zeigt einen Ausschnitt aus der Revolution, aber gerade jenen Ausschnitt, in dem die Revolution auf sich selbst zurückschlägt. Der Rahmen hierzu verhält sich antithetisch. In der Napoleonischen Ära sind Revolutionen überflüssig geworden. Vor diesem Hintergrund können verschiedene Formen von Revolution gegeneinandergehalten werden, insbesondere die politischen Positionen von Marat auf der einen Seite und von de Sade auf der anderen. Marat steht dabei für das sich radikalisierende, totalitäre System, de Sade hingegen für eine triebgeleitete Konzeption von Befreiung.

So wird deutlich: Auch Peter Weiss steht in der Tradition von Brecht. Aber Weiss geht mit *Marat/Sade* doch einen Schritt darüber hinaus, denn diese selbstbezügliche Struktur erlaubt es ihm, die Handlung zu verfremden, aber dennoch ein extrem spektakuläres Theaterstück auf die Bühne zu bringen. Weiss problematisiert so die Möglichkeit und Voraussetzung einer Revolution im Zusammenhang mit den Triebstrukturen in einer Gesellschaft. Insofern werden Revolution und Sexualität überblendet, zum Beispiel in den Begriffen Revolution und Kopulation oder dort, wo sich de Sade auspeitschen lässt oder die Mitspieler eine Kopulation selbst vorspielen. Am Ende des Dramas gerät das Stück im Stück außer Kontrolle. Ob das selbst noch Teil von de Sades Konzept der Inszenierung ist, kann man nicht mehr sagen. Der Direktor der Anstalt, Coulmier, versucht die Situation unter Kontrolle zu bringen, de Sade aber «steht hoch auf seinem Stuhl und lacht triumphierend».

99. Kann Kassandra Mitglied des ZK werden? Es gehört zum Wesen von Diktaturen, dass sie alle Lebensbereiche durchdringen und kontrollieren und mithin auch die Trennlinie zwischen Politik und Kunst aufheben. Die Kulturpolitik der DDR liefert dafür viele Beispiele, von denen das berühmteste sicherlich der sogenannte Bitterfelder Weg ist. Die Bezeichnung geht auf ein Treffen eines Autorenkollektivs des Mitteldeutschen Verlages in Bitterfeld im Jahr 1959 zurück. Seinerzeit ging es um die Frage, wie man Werktätigen den Zugang zu Literatur und Kunst ermöglichen sollte, was zugleich die Gegenrichtung mit einschloss, wie Literatur und Kunst auf die Darstellung der Werktätigen verpflichtet werden könnten. Es ging darum, den sozialistischen Realismus als ästhetische Norm politisch zu institutionalisieren.

Christa Wolf (1926–2011) folgt mit ihrem frühen Roman *Der geteilte Himmel* aus dem Jahr 1963 dem Bitterfelder Weg, sucht aber gleichzeitig eine eigenständige ästhetische Konzeption zu verwirklichen. Christa Wolfs Erzählkraft, ihr sprachlicher Stil, ihre ästhetische Souveränität machen sie zu einer großen deutschen Schriftstellerin des 20. Jahrhunderts, vielleicht sogar bedeutender als ihr großes Vorbild Anna Seghers (1900–1983). Aber politisch hat sich Christa Wolf niemals vom Sozialismus gelöst und auch nicht klar zwischen sozialistischem System und DDR getrennt, selbst als dieser Staat im Untergang begriffen war. Sie war von 1963 bis 1967 Kandidatin des Zentralkomitees der SED. Sie hat sich an diesem Staat immer wieder abgearbeitet, und daraus ist vielleicht einer der am stärksten beeindruckenden Texte der DDR-Literatur entstanden, mit einer Strahlkraft weit über die DDR-Literatur hinaus, nämlich die Erzählung *Kassandra*, zusammen mit einer Folge von vier *Frankfurter Poetik-Vorlesungen* mit dem Haupttitel: *Voraussetzungen einer Erzählung: Kassandra*. Beide Bücher sind 1983 zeitgleich in der Bundesrepublik und in der DDR erschienen.

Die Verwendung mythologischer Stoffe hat in der DDR-Literatur eine gewisse Tradition, ließ sich doch in solchen Stoffen ein aktuelles Problem darstellen und gleichzeitig ins Überzeitliche heben. So konnte man im Ansatz Kritik üben, aber zugleich ein klassizistisches Moment für sich reklamieren. Dies spielt auch in Christa Wolfs *Kassandra* eine Rolle, doch ihre Mythos-Rezeption lässt sich darauf nicht reduzieren. Christa Wolf ging es auch um ein beispielhaftes Frauenschicksal. Was mit Kassandra geschieht, geschieht in der Folge mit allen Frauen, die sich um gesellschaftliche Anerkennung bemühen. Christa Wolf kann mit Kassandra drei Problemfelder miteinander verschränken und gleichzeitig abhandeln. Zum Ersten geht es um die Verfasstheit dieses Staates Troja und dabei insbesondere um die Frage, wie es um die – von einer sozialistischen Gesellschaftsordnung versprochene – Vermittlung von Individuum und Gesellschaft steht. Zum Zweiten geht es dabei aber auch um das Problem des Wettrüstens und der Kriegsdymaniken, die am Beispiel des Trojanischen Krieges dargestellt werden. Die dritte Ebene ist die entscheidende Ebene, die für Christa Wolfs Schreiben immer wichtiger geworden war – heute würde man sie die gendertheoretische Ebene nennen. Sie liefert zugleich die Interpretationsvorgaben für die anderen Ebenen. Es geht um das Verhältnis von Männern und Frauen in vielerlei Hinsicht. So kann das Verhältnis zwischen Individuum und Gesellschaft zugleich als Verhältnis der Frau zur Gesellschaft der Männer dargestellt werden. So kann die Logik des Krieges zugleich als männliche Logik desavouiert werden. So können die gesellschaftlichen Fehlläufe zugleich als mangelnde Emanzipation und Integration der Frau in die Gesellschaft gewertet werden. Damit eröffnet Christa Wolf eine völlig neue Perspektive. Sie kann die gesellschaftspolitischen Probleme der sozialistischen Gesellschaft aus einer feministischen Perspektive neu beleuchten.

Es gibt noch eine letzte Ebene, die wiederum die drei bereits erwähnten umgreift. Die Seherin Kassandra, die vor dem Krieg warnt und die von den kriegslüsternen Männern in den Machtpositionen des Staates nicht gehört wird, diente Christa Wolf auch als ein ausgezeichnetes Modell einer schriftstellerischen Selbstverständigung. Somit konnte sie nicht nur eine eigene Position reklamieren, sondern diese zugleich auch für sich selbst problematisieren. Und so kann Christa Wolf genau diesen Zwiespalt ausdrücken: Sie will einerseits dazugehören und gleichzeitig Gehör finden, sie will Teil der Macht und ihre Kritikerin sein.

100. Warum beschimpft Thomas Bernhard Österreich? Der Begriff ‹Hassliebe› beschreibt das Verhältnis von Thomas Bernhard (1931–1989) zu Österreich ganz gut und reicht doch bei weitem nicht aus. Kaum ein Autor war so obsessiv auf sein Heimatland bezogen wie Bernhard, kein Autor hat sein Land in Interviews und anderen Texten, zum Beispiel Preisreden, so mit Hass überzogen wie Bernhard, und gleichzeitig spürt man bei ihm wie bei kaum einem anderen Autor, dass er von Österreich nicht loskommen konnte. Insofern muss man sich davor hüten, Thomas Bernhards Invektiven gegen Österreich und das Österreichische als Ausdruck einer persönlichen Antipathie abzutun oder in ihnen nur den Wunsch nach werbeträchtiger Provokation von Aufmerksamkeit zu sehen. Vielmehr ist diese Hassliebe selbst auf ein schriftstellerisches Prinzip zurückzuführen.

Vielleicht kann man sich diese Konstellation am letzten großen Text Bernhards, der zu seinen Lebzeiten ‹veröffentlicht› wurde, deutlich machen – nicht obwohl, sondern gerade weil dort das Provokationspotenzial sehr deutlich ausgeprägt ist. Auf Veranlassung des damaligen Burgtheaterdirektors Claus Peymann, mit dem Thomas Bernhard in Theaterprojekten immer wieder zusammengearbeitet hatte, hat Thomas Bernhard zur Hundertjahrfeier des Wiener Burgtheaters im Jahr 1988 sein letztes Drama *Heldenplatz* geschrieben. Es wurde am 4. November 1988 uraufgeführt und löste schon vor seiner Uraufführung einen veritablen Theaterskandal aus. Zitate, die aus dem Zusammenhang gerissen oder falsch wiedergegeben waren, machten die Runde und bewiesen angeblich, wie böse Thomas Bernhard auf Österreich schimpft. Thomas Bernhard war bei der Uraufführung anwesend, aber schon stark von seiner Lungenkrankheit gezeichnet. Er starb bald darauf am 12. Februar 1989.

Das Stück erzählt von der Trauerfeierlichkeit nach dem Selbstmord des Wiener Professors Josef Schuster, der nach Oxford, wo er schon während der Nazizeit im Exil war, umziehen wollte, weil er es im politischen Klima Österreichs nicht mehr aushalten konnte. Das Stück spielt in der Gegenwart seiner Aufführung, also 1988. In drei Szenen unterhalten sich die Angestellten, sodann seine Töchter und sein Bruder, Professor Robert Schuster, und schließlich bei einem Leichenschmaus die Familie mit Gästen, unter anderem auch die Witwe und ihr Sohn, über den Verstorbenen, seinen Selbstmord, seine Gründe und über die Situation in Österreich. Österreich sei nach wie vor entweder nationalsozialistisch oder katholisch. Am Ende des Dramas hört das Publikum das, was die Witwe Schuster nur in ihrem Inneren hört: das Jubelgeschrei über den ‹Anschluss› vom Heldenplatz herauf. Nichts habe sich also in den 50 Jahren seit dem Anschluss geändert. Das Jubelgeschrei wird immer lauter, Frau Schuster bricht tot zusammen. Das Stück ist zu Ende.

101. Warum will ein Autor Gott werden? Eine Literaturgeschichte der Gegenwart zu schreiben ist eigentlich ein Ding der Unmöglichkeit, weil Gegenwart das Gegenteil von Geschichte ist. Man kann nur Tendenzen beobachten. So hat die Literaturkritik nach der Wende die Erwartung nach dem großen Wende-Roman geweckt und dabei vielleicht die vielen Wende-Romane übersehen. So hat die Literaturkritik zu bestimmten Zeiten darüber geklagt, dass das Erzählen zu sehr in den Hintergrund gedrängt worden sei, was den Blick für jene Texte schärft, die wieder die Lust am Fabulieren feiern. Ein Autor, der mit jedem seiner Texte das Fabulieren auf grandiose Weise feiert, war Herbert Rosendorfer (1934–2012).

Gleichermaßen muss Literatur auf veränderte Kontexte reagieren, insbesondere auf ein sich schnell veränderndes Feld von Medienkonkurrenz, indem sie entweder – mehr oder weniger erfolgreich – ihre Form verändert (Beispiel: Netzliteratur) oder ihre Medienträger (Literatur im Netz, elektronische Bücher) oder ihre Distributionsmedien (Literatur im Fernsehen). Damit hängt auch immer die Selbsteinschätzung der Literatur zusammen: Welche Funktion und welche Bedeutung spricht die Literatur sich selbst zu? Ein herausragendes Beispiel, wie die Lust am Erzählen neu inszeniert, aber gleichzeitig die Reaktualisierung literarhistorischer Probleme beständig produktiv genutzt werden kann und wie daraus ein völlig neues und in ihrem Selbstbewusstsein nicht mehr zu übertreffendes Selbstverständnis der Literatur resultieren kann, liefert Helmut Krausser (geb. 1964).

Seit seinem ersten Roman, *Könige über dem Ozean*, aus dem Jahr 1989 interessiert sich Krausser für die Nachtseiten der menschlichen Psyche. Er steht damit in einer romantischen Tradition, deren Erzählelemente er aufgreift und äußerst innovativ und produktiv in seinen Geschichten verwendet. Sein großer Durchbruch kam 1993 mit dem Erfolg des Romans *Melodien*, der auf zwei Zeitebenen die erfolgreiche Suche eines Zauberers nach den absoluten Melodien, mit denen man die Menschen emotional beherrschen kann, und die Versuche in der Gegenwart des Romans, sie wiederzuentdecken, schildert. Musik, Doppelgängertum, Leidenschaft, Liebe, Sex und Tod sind die Themen, die Helmut Kraussers Werk durchziehen. Musik wird dabei grundsätzlich zum Modell, die pathetischen Potenziale von Kunst zu reflektieren. Und Pathos meint dabei eine sowohl formal als auch inhaltlich bestimmte Wirkdisposition, die Texte auf ihre Rezipienten ausüben können. Damit geht eine Aufwertung des Künstlers einher, die zugleich zu seinem eigenen schriftstellerischen Selbstverständnis beiträgt. Helmut Krausser verfolgt dabei ein ebenso pathetisches wie emphatisches Konzept des Künstlers, das er auch für sich in Anspruch nimmt.

Im Jahr 2003 veröffentlicht Helmut Krausser seinen Roman *UC*, in dem er all diese Elemente in bislang nicht da gewesener Form verdichtet und damit nicht nur einen Höhepunkt innerhalb seiner Werkgenese erreicht, sondern auch ein markantes Beispiel für die wiederentdeckten narrativen Möglichkeiten (in) der Gegenwartsliteratur gibt. Der Roman erzählt zunächst die Geschichte des ebenso genialen wie arroganten, des ebenso sexbesessenen wie reichen Stardirigenten Arndt Hermannstein. Dieser Mann wird eines Tages lose verdächtigt, Jahre zuvor eine Schulkameradin vergewaltigt und getötet zu haben. In dieser Situation rät ihm eine Freundin, den Vortrag des Schriftstellers Sam Kurthes (ein fast vollständiges Anagramm von Helmut Krausser) zu besuchen. Beide kommen in immer engeren Kontakt miteinander, und Sam Kurthes erweist sich allmählich als geheimnis- und machtvolle Figur. Zudem schreibt er ein Buch über einen Dirigenten, der Arndt Hermannstein nachempfunden ist und der Arndt-Hermann Stein heißen soll. Nun ist aber auch Sam Kurthes die Figur eines Autors, und so ist zu fragen, welche Instanz denn für Sam Kurthes die Funktion einnimmt, die er selbst für Arndt Hermannstein/Arndt-Hermann Stein einnimmt. Wer macht ihn zu einer literarischen Figur? Das ist die reizende Idee des Romans, die formal komplex ist, aber die narrativ in einer unglaublich spannenden Geschichte umgesetzt wird. Eine solche Instanz könnte Gott sein, und tatsächlich stellt Kurthes die Frage nach dieser Instanz: «Sag mir, wie ich dich nennen soll.» Und er bekommt als Antwort: «Helmut.» Natürlich ist das ein Verweis auf den Autor. Und Helmut Krausser versucht, diese Idee in seinen Tagebüchern zu relativieren, indem er eine Analogie bemüht. Natürlich verhalte sich ein Autor zu seinen Figuren wie Gott zu den Menschen. Aber so harmlos ist es nicht: Denn damit wird ein literarisches Phantasma, ein Modell der schriftstellerischen Selbstverständigung geschaffen, das den Autor – wie schon in bestimmten Ausprägungen der Romantik – als Gott imaginiert. Das ist sicherlich eine reizvolle Idee – und mehr. Es ist ein Beweis, wozu Literatur auch noch in der Lage ist.

Erwähnte Literatur

Ariès, Philipp: Geschichte des Todes. München 1980.

Bertaux, Pierre: Friedrich Hölderlin. Eine Biographie. Frankfurt a. M. 1974.

Bronfen, Elisabeth: Nachwort. In: dies. (Hg.): Die schöne Seele. Entdeckung der Weiblichkeit um 1800. München 1992, S. 372–416.

Campe, Rüdiger: Konversation, poetische Form und der Staat. In: David E. Wellbery u. a. (Hgg.): Eine neue Geschichte der deutschen Literatur. Berlin 2007, S. 370–377.

Eibl, Karl: Das monumentale Ich – Wege zu Goethes ‹Faust›. Frankfurt a. M. 2000.

Fest, Joachim C.: Die unwissenden Magier. Über Thomas und Heinrich Mann. Berlin 1985.

Greiner, Martin: Die Entstehung der modernen Unterhaltungsliteratur. Studien zur Entstehung des Trivialromans. Reinbek b. Hamburg 1964.

Jäger, Georg: Die Leiden des alten und neuen Werther. Kommentare, Abbildungen, Materialien. München/Wien 1984 (= Hansers Literatur-Kommentare 21).

Jaumann, Herbert: Nachwort. In: Martin Opitz: Buch von der Deutschen Poeterey. Studienausgabe. Hg. v. Herbert Jaumann. Stuttgart 2006, S. 191–213.

Kiermeier-Debre, Joseph u. Fritz Franz Vogel (Hgg.): Die Entdeckung der Wollust. Erotische Dichtung des Barock. München 1995.

Koopmann, Helmut: Thomas Mann – Heinrich Mann. Die ungleichen Brüder. München 2005.

Kühn, Dieter: Ich, Wolkenstein. Eine Biographie. Frankfurt a. M. 1991.

Mertens, Volker: Der Gral. Mythos und Literatur. Stuttgart 2003.

Mommsen, Katharina: Kleists Kampf mit Goethe. Heidelberg 1974.

Müller, Jan-Dirk: Spielregeln für den Untergang. Die Welt des Nibelungenliedes. Tübingen 1998.

Müller-Seidel, Walter: Penthesilea im Kontext der deutschen Klassik. In: Walter Hinderer (Hg.): Kleists Dramen. Neue Interpretationen. Stuttgart 1981, S. 144–171.

Muschg, Walter: Nachwort des Herausgebers. In: Alfred Döblin: Die drei Sprünge des Wang-lun. Chinesischer Roman. München 1989, S. 481–502.

Neumann, Gerhard: Lektüren der Liebe. In: Gerhard Neumann u. Heinrich Meier (Hgg.): Über die Liebe. Ein Symposion. München 2001 (= Veröffentlichungen der Carl Friedrich von Siemens Stiftung, Bd. 8, SP 3233), S. 9–80.

Niefanger, Dirk: Barock. Lehrbuch Germanistik. 2. Aufl. Stuttgart u. Weimar 2006.

Segebrecht, Wulf: Das Gelegenheitsgedicht. Ein Beitrag zur Geschichte und Poetik der deutschen Lyrik. Stuttgart 1977.

Stollberg-Rilinger, Barbara (Hg.): Was ist Aufklärung? Thesen, Definition, Dokumente. Stuttgart 2000.

Titzmann, Michael: Bemerkungen zu Wissen und Sprache in der Goethezeit (1770–1830). Mit dem Beispiel der optischen Kodierung von Erkenntnisprozessen. In: Jürgen Link u. Wulf Wülfing (Hgg.): Bewegung und Stillstand in Metaphern und Mythen. Stuttgart 1984, S. 100–120.

Trunz, Erich: Deutsche Literatur zwischen Späthumanismus und Barock. München 1985.